Erik Lorenz
Weltwach

ERIK LORENZ

Mit offenen Augen ins Abenteuer

Mit 35 farbigen Abbildungen

MALIK

Mehr über unsere Autoren und Bücher:
www.malik.de

Inhalte fremder Webseiten, auf die in diesem Buch
(etwa durch Links) hingewiesen wird,
macht sich der Verlag nicht zu eigen.
Eine Haftung dafür übernimmt der Verlag nicht.

ISBN 978-3-89029-433-9
© Piper Verlag GmbH, München 2021
Bildteilfotos: Erik Lorenz, außer S. 1, 2–3 oben, 3 unten (Marcus Fornell),
12 oben, 13 Mitte (Bastian Kruse), 13 unten (Falk Wernsdorf),
16 oben (Simon Gincberg), 16 unten (Annette Nehberg-Weber).
Satz: Uhl & Massopust GmbH, Aalen
Gesetzt aus der Arno Pro und der League Gothic
Litho: Lorenz & Zeller, Inning am Ammersee
Druck und Bindung: GGP Media GmbH, Pößneck
Printed in Germany

Auf Felsen sitzen, über Fluten träumen,
Still sich ergehn auf schatt'gem Waldespfad,
In nie von Menschen noch beherrschten Räumen,
Die selten, nie ein Sterblicher betrat,
Erklimmen einsam des Gebirges Grat
Mit wilden Herden, die nicht Ställe brauchen,
Am Abgrund stehn, am schäum'gen Wasserbad,
Das ist nicht Einsamkeit, das heißt, sich tauchen
In die Natur, die Seel' in ihre Seele hauchen.

Lord Byron, Ritter Harolds Pilgerfahrt

INHALT

Der skeptische General –
Aufbruch in den Himalaja 9
    LEBENSLEKTION: Entdeckergeist wecken 18

Anfänge mit Hindernissen 31
    LEBENSLEKTION: Scheitern lernen 47

Vom Zauber der ersten Stunden 55
    LEBENSLEKTION: Muße wagen und nach innen reisen 65

Unterwegs ohne Plan und Verstand 89
    LEBENSLEKTION: Vorbereiten, aber richtig 101

Abenteuer leben: von Gipfelstürmern
und Wüstenwanderern 111
    LEBENSLEKTION: Verzichten, um zu gewinnen 120

In Europas letzter Wildnis Schritt
für Schritt ins Abenteuer 133
    LEBENSLEKTION: Sich auf den Weg einlassen 141

Das Malheur am Mount Mayon	147
LEBENSLEKTION: Angst wagen – und überwinden	159
Wie ein australischer Farmer mein Leben veränderte	173
LEBENSLEKTION: Unterschiede wertschätzen	199
Die Gastfreundschaft des Taxifahrers	213
LEBENSLEKTION: Allein, aber nicht einsam sein	230
Kleine Alltagsflucht im Königsforst	241
LEBENSLEKTION: Verantwortung tragen	250
Den ersten Schritt tun	265
Dank	281
Literatur	283

DER SKEPTISCHE GENERAL – AUFBRUCH IN DEN HIMALAJA

General Kumar schaute uns erstaunt an. »Ihr wollt von hier bis nach Leh fahren?«

»Ja. Und noch weiter.«

Er schüttelte den Kopf. Der weißhaarige Mann, seit einigen Jahren pensioniert, hatte 1962 im Indisch-Chinesischen Grenzkrieg an vorderster Front gekämpft und Truppen befehligt, hatte im eisigen Schnee Zehen verloren, Helikopter und Flugzeuge geflogen, dem Grauen ins Auge geblickt und gewaltige Verantwortung getragen. Er erschien uns als ein Mann, der wusste, was er geleistet hatte, und in sich ruhte.

Aber jetzt wirkte er fassungslos.

»Das ist die gefährlichste Straße der Welt. Ist euch das klar?«

Marcus, Bastian und ich wechselten verunsicherte Blicke. Ich wartete nur darauf, dass es draußen schlagartig dunkel wurde und Blitze übers Firmament zuckten.

»Die gefährlichste …?«, murmelte ich unentschlossen. »Nun …«

»Das sind Hunderte Kilometer steilster Gebirgspässe: Abgründe, Straßen aus Schlamm und Geröll, Hangrutsche, reißende Flüsse, menschenleere Wildnis.«

»Wir werden vorsichtig sein.«

»Das solltet ihr! Erst vor zwei Monaten ist der Sohn unseres Nachbarn dort hochgefahren. Aber er ist auf einer Kiesstraße ausgerutscht.« General Kumar schlug mit der linken Handfläche auf den rechten Handballen, um den Aufschlag zu veranschaulichen. »Er verstarb. Sein Schädel war gebrochen.« Er schüttelte den Kopf, während er sich kurz in Erinnerungen an den Verstorbenen verlor. Ich schluckte schwer. Und musste an ein anderes Gespräch an einem anderen Ort denken. Es hatte mir ähnliches Unwohlsein bereitet wie General Kumars Sorge um uns. Denn der General war nicht der erste Zweifler.

Von einem Freund hatte es schon vor unserem Aufbruch nach Indien skeptische Fragen gehagelt: »Durch den Himalaja mit dem Motorrad? Ich wusste gar nicht, dass du so gut Motorrad fahren kannst!«

Ich zuckte bescheiden mit den Schultern.

»Wo hast du denn das Fahren durchs Gelände gelernt?«

»Och ...«

»Nein, im Ernst! Was braucht man dafür mehr: Talent oder Erfahrung?«

Da der Freund nicht lockerließ, änderte ich meine Taktik. Statt Bescheidenheit täuschte ich nun Desinteresse vor und tat so, als wollte ich seiner Fragerei keine übermäßige Aufmerksamkeit schenken. Talent oder Erfahrung – welch beschränkter Kleingeist kommt denn auf so eine Frage? Wie hat Napoleon sein Geschick in Politik und Kriegsführung erlangt? Wie Sokrates seine Fähigkeiten in Philosophie? Ganz einfach, es steckte ihnen im Blut. Und genauso war es bei mir mit dem Motorradfahren. Diesen Eindruck versuchte ich jedenfalls gegenüber meinem Freund zu erwecken.

Die Wirklichkeit sah geringfügig anders aus. Das wurde mir kurz nach unserer Ankunft in Indien schmerzlich klar, als wir die Maschinen für unsere Expedition auf einem Hinterhof in

Neu-Delhi von einem freundlichen Mann entgegennahmen. Nachdem wir Zelte, Verpflegung und sonstige Ausrüstung verpackt und an den Motorrädern befestigt hatten, saßen wir auf und klappten die Ständer hoch. Da wir nicht sehr zuversichtlich waren, dass es uns gelingen würde, die Maschinen souverän zu starten und anzufahren, schoben wir sie ächzend – in ausgeschaltetem Zustand – vorwärts. Wir konnten spüren, wie sich die verwunderten Blicke des Verleihers in unsere Rücken bohrten. Unsere Füße erreichten kaum den Boden, sodass wir uns voll und ganz darauf konzentrieren mussten, nicht umzukippen. Wenigstens noch nicht jetzt – nicht hier.

Wir drehten uns ein letztes Mal nach dem Verleiher um und winkten fröhlich. Er hob seine Hand zu einem zögerlichen Abschiedsgruß. Als wir im Schneckentempo um die nächste Ecke steuerten, verschwand er aus unserem Sichtfeld. Wir schnauften erschöpft. Und erleichtert. Immerhin waren wir nicht aufgeflogen.

Doch nun war die Stunde der Wahrheit gekommen. Wir starteten die Motoren, fuhren vorsichtig an, verließen die gassenartige Nebenstraße … und fanden uns wenig später mitten im Verkehrschaos von Neu-Delhi wieder. In einem endlosen Strudel aus sechsspurigen Straßen voller Lastwagen, Tuk-Tuks, Fahrrädern und Kühen, die sich weder für die Spuren noch für die Fahrtrichtung interessierten. Wildes Hupen statt Blinken, plötzliches Von-links-außen-nach-rechts-innen-Schneiden, hier eine Vollbremsung, dort eine Beinahekarambolage. Mittendrin, im Herzen des Stroms, im Zentrum einer riesigen, staubigen Kreuzung: wir – drei deutsche Greenhorns auf großer Tour, die einmal mehr ihre Maschinen abgewürgt hatten.

Selten habe ich mich so verloren und dem Schicksal ausgeliefert gefühlt wie auf diesen Kreuzungen Neu-Delhis. Alles floss an uns vorbei, unvorhersehbar, ohne Richtung, ohne Struktur und natürlich auch ohne Rücksicht.

Ich begann mich zu fragen, wie ich diese Reise jemals überstehen sollte. Denn die Wahrheit war: Ich konnte gar nicht Motorrad fahren. Hatte es noch nie gekonnt. Meine beiden Reisegefährten ebenso wenig. Wir waren zwar in Südostasien mit halb automatischen Motorrollern durch die Gegend gedüst, aber nicht mit Motorrädern. Keiner von uns besaß einen Motorradführerschein – oder auch nur irgendeine Art von Erfahrung oder Ahnung. Nicht gerade beste Voraussetzungen für einen wochenlangen Trip über lebensgefährliche Straßen, quer durch das gewaltigste Gebirge überhaupt.

Zweifel waren also durchaus angebracht. Und von denen hatte General Kumar reichlich. Er war der Vater eines engen Freundes von Marcus und hatte uns zusammen mit seiner Frau am Ende unserer ersten Tagesetappe aufgenommen. Er lebte in Chandigarh, rund zweihundertsechzig Kilometer nördlich von Neu-Delhi, aus dessen Verkehrschaos wir uns nur mühsam herausgekämpft hatten. Eine unserer Leitlinien für diesen Trip war, nie bei Dunkelheit zu fahren, aber weil unsere mangelnden Fahrkünste in Kombination mit verstopften, von Schlaglöchern, Tieren und Geisterfahrern übersäten Highways kein rasches Fortkommen zuließen, hatten wir die Regel schon am ersten Abend brechen müssen.

Am darauffolgenden Morgen hatten wir dem General und seiner Frau beim Frühstück von unseren Plänen berichtet: Wir wollten von hier aus weiter nach Shimla fahren, der Hauptstadt des indischen Bundesstaates Himachal Pradesh, von dort auf dem NH22 – einem Gebirgshighway, der als eine der »tödlichsten Straßen der Welt« gilt – gen Kinnaur, durch die zerklüftete Mondlandschaft des Spiti Valley, eines der am dünnsten besiedelten Gebiete Indiens, über etliche weitere Zwischenstationen und Umwege bis nach Leh im Herzen Ladakhs und von dort weiter in Richtung Tibet.

All das lag an diesem Morgen noch vor uns, und während General Kumar auf uns einredete, schien die Herausforderung minütlich zu wachsen. Der General ließ einen Reigen aus Warnungen auf uns niederprasseln: »Überholt nie links! Fahrt bei Regen außerordentlich vorsichtig! Zeltet nicht unterhalb von Hängen, besonders nicht bei Regen, denn es gibt ständig Hangrutsche! Prüft, bevor ihr durch Flüsse fahrt, ihre Tiefe! Und wenn ihr es tut, fahrt mit konstantem Tempo im ersten oder zweiten Gang hindurch! Haltet unter keinen Umständen an! Sonst läuft Wasser durch den Auspuff in den Motor, und dann war's das!«

Während er versuchte, seine eigenen Zweifel zu besänftigen, indem er uns in den wenigen Minuten, die ihm noch blieben, bestmöglich auf all die tödlichen Gefahren vorbereitete, wuchsen die meinen ins Unermessliche. Worauf hatten wir uns da nur eingelassen? Nein, nicht *eingelassen*, das klingt, als wären wir Opfer äußerer Umstände gewesen. Eher: Was hatten wir uns da bloß *eingebildet*?

Nachdem wir dem General und seiner Frau versprochen hatten, all seine Hinweise zu beherzigen, brachen wir auf. Die beiden winkten uns mit bangen Gesichtern hinterher, nicht unähnlich dem Motorradverleiher am Tag zuvor. Ich glaube nicht, dass sie damit rechneten, uns jemals wiederzusehen.

Die ersten Tage waren elektrisierend und zermürbend zugleich. Die Straßen wurden langsam steiler, als wir die Ausläufer der Berge erreichten, aber sie blieben voll – voller waghalsiger Fahrer, die sich mehr auf ihr Schicksal als auf objektive Wahrscheinlichkeiten zu verlassen schienen. Selbst in engsten Kurven, die um Felsvorsprünge herumführten, mussten wir stets damit rechnen, von einem auf uns zurasenden Lastwagen oder Motorradfahrer überrascht zu werden.

Schon am zweiten Tag verzeichneten wir einen ersten Sturz: Marcus musste unmittelbar vor einem Schlagloch eine Vollbremsung machen und rutschte weg. Die Fahrzeuge hinter ihm reagierten gerade noch rechtzeitig. Das Ergebnis: zerrissene Kleidung, ein blutiger Arm, ein kaputter Scheinwerfer und viel verbogenes Metall. Zum Glück nichts Schlimmeres. Trotzdem kehrten die Fragen immer wieder zu mir zurück: Was taten wir hier? Warum um Himmels willen strebten wir mit alten indischen Royal-Enfield-Maschinen auf das Dach der Welt zu? Und warum wollte überhaupt irgendjemand irgendetwas Derartiges tun?

Wieso brechen Menschen auf, um sich sehenden Auges in Situationen zu begeben, die andere nur als »haarsträubend« bezeichnen würden? Warum besteigen einige von ihnen unter größter Mühsal einen Berg, auf dessen Gipfel nicht viel mehr als eine gute Aussicht und eine kalte Nasenspitze warten, während andere sich mit dem Ausblick von der heimischen Fensterbank aus begnügen? Was treibt jene an, die auf ihren Abenteuern bis ans Äußerste gehen, aber auch jene, die jenseits von Gefahr und Übermut die Welt erkunden?

Fragen wie diese habe ich mir schon oft gestellt, nicht nur hier auf dem Motorrad. Und ich habe sie nicht nur an mich gerichtet, sondern auch an zahlreiche andere Reisende, Weltenbummler, Abenteurer. Ich möchte ihre Motivationen und Denkweisen verstehen, in ihre Erlebnisse und Erkenntnisse eintauchen und herausfinden, mit welchen Einstellungen und Hoffnungen sie sich in die Welt hinausbegeben. Deshalb habe ich vor einiger Zeit das Projekt www.weltwach.de ins Leben gerufen, eine Onlineplattform rund um die Themen Abenteuer und Reisen. Herzstück ist der gleichnamige Podcast, in dem ich mit meinen Gästen über ihre Expeditionen, ihre Weltsicht und die Faszination außergewöhnlicher Orte spreche. Viele von ihnen kommen auch in diesem Buch zu Wort und lassen uns an ihren Erfahrungen und ihrem Verständnis vom Reisen teilhaben. Denn darum geht es mir: zu erkunden, wie Reisen uns hilft, die Welt in ihrer Vielfalt besser zu verstehen, und wie wir jenseits des heimischen Komforts mehr über uns selbst herausfinden können.

Einige Einsichten verdichte ich nachfolgend zu sogenannten Lebenslektionen, die selbstverständlich nicht auf alles eine

Antwort geben können. Ich durfte noch nicht vom Baum der Erkenntnis kosten, nein, ich versuche lediglich, einige der Lektionen festzuhalten, die ich auf meinen Reisen erfahren habe oder die mir meine Gesprächspartner mit auf den Weg gegeben haben. Das heißt nicht, dass ich ihnen selbst stets gerecht werde. Aber das ist auch nicht mein Anspruch. Sie dienen mir vielmehr als Richtschnur, als gedankliche Stupser, die ich mir gelegentlich vergegenwärtige, wenn ich versucht bin, es mir zu leicht zu machen.

Für mein eigenes Abenteuer fehlte mir an jenem Tag auf dem Motorrad ein tieferes Verständnis: Mir fiel kein vernünftiger Grund ein. Ich wusste nur, dass ich es tun *wollte*, dass ich – warum auch immer – dafür brannte, diesen irren Traum zu verwirklichen, mit dem Motorrad durch den Himalaja zu fahren.

Bald wandelte sich das Bild: Der Verkehr auf den Gebirgsstraßen nahm ab, bis er ganz versiegte, und wir gelangten in Landschaften, die jedes Motorradfahrerherz höherschlagen lassen: die märchenhaft verwitterten Felsen bei Sarchu; das weite, zuweilen grüne Nubra-Tal mit seinen Obstgärten und Sanddünen, eingefasst von zerklüfteten, teils gletscherbedeckten Bergen, deren Hänge je nach Licht und Wolken in allen Farben schimmerten; der bitterkalte Salzsee Pangong Tso im Hochland von Tibet, blau leuchtend inmitten sandfarbener Felskolosse. Die einzigen Menschen, die wir jetzt noch zu Gesicht bekamen, waren die Bewohner abgelegener Dörfer, die nach wie vor tief in alten buddhistischen Traditionen verwurzelt sind, Trucker mit ledrigen Gesichtern, die hier in den Monaten, in denen die Straßen frei von Schnee sind, unentwegt ihre Fracht über die Berge bringen, und alle paar Tage eine Gruppe von Motorradfahrern. Wobei insbesondere Letztere regelmäßig dafür sorgten, dass wir uns hier fehl am Platz fühlten. Denn diese Gruppen bestanden meist aus rund einem Dutzend Fahrern, deren Anblick uns an RoboCop erinnerte:

von Kopf bis Fuß in dunkle Schutzkleidung und Schoner gehüllt, mit Ersatzreifen, Benzinreservekanistern und Jacken mit Aufklebern, die in großen Buchstaben eine »Himalaya Expedition« verkündeten.

Sie waren also auf »Expedition«. Und wir? Wir fuhren ohne Schoner, dafür in gewöhnlichen Trekkinghosen und Regenjacken, ohne Reservekanister oder -reifen oder sonst eine Art von Plan B. Leichtsinnig? Aus heutiger Sicht würde ich sagen: schon möglich. Andererseits hatte uns unsere Naivität überhaupt bis hierher gebracht. Hätten wir vorher zu viel gegrübelt, hätten wir uns wohl niemals in den Verkehr Neu-Delhis hineingetraut. Statt zaghaft abzuwägen, waren wir einfach losgefahren, hatten den Umstand, dass sich niemand an die Regeln hielt, innerhalb kürzester Zeit akzeptiert und uns vom Strom mitreißen lassen.

Der General sollte recht behalten: Gute Asphaltstraßen gab es hier oben nur selten. Meist fuhren wir über staubige Schotterpisten, oft über grobes Felsgeröll, manchmal durch feinen Sand oder rutschigen Schlamm. Dabei war die Fahrbahn häufig nur drei oder vier Meter breit und wurde auf der einen Seite von einer rohen Felswand und auf der anderen von einem senkrechten, Hunderte Meter tiefen Abgrund flankiert. Manchmal schraubten sich Straßen und von Bächen überspülte Schotterpisten über Stunden hinweg in engen Serpentinen in die Höhe, Hunderte Meter, Tausende Meter, bis die Luft so dünn war, dass die Maschinen kaum noch genug Zug hatten, um die Steigung zu schaffen. Dazu die Kopfschmerzen, Anzeichen einer leichten Höhenkrankheit, die klare Luft, der weite Blick – es fühlte sich an, als würden wir wahrlich auf das Dach der Welt hinauffahren. Die Vorstellung, wie hoch wir waren, ließ mich zusätzlich schwindeln. Wir passierten den Chang La, den Kardung La und den Taglang La, die mit jeweils über 5300 Metern zu den höchsten befahrbaren Gebirgspässen der Erde gehören. Wir übernachteten in abgelegenen, tausend

Jahre alten Klosteranlagen mitten im Nirgendwo und erlebten dort die eindrucksvollen Vajrayana-Zeremonien der Mönche und tranken mit ihnen Buttertee. Entgingen nur wenige Kilometer einem gewaltigen Felsrutsch, der die Straße über Tage versperrte, bis das Geröll vom Militär weggeräumt wurde. Zelteten an kristallklaren Gebirgsseen, umgeben von schroffen Sechs- und Siebentausendern. Fuhren durch Flüsse, passierten militärische Stützpunkte, beobachteten Artillerieübungen dicht an den konfliktreichen Grenzen zu Pakistan und China, die hoch über uns ganze Bergflanken zum Explodieren brachten. Und stets flatterten an unseren Lenkern zwischen den Spiegeln Bänder mit tibetischen Gebetsfahnen, die uns Glück bringen sollten.

Jeder Berg, jede Hochebene, jedes Tal war auf seine Art atemberaubend. Es war die mit Abstand spektakulärste Landschaft, die ich je gesehen hatte, und ich kann mir keine Motorradstrecke vorstellen, die beeindruckender und zugleich herausfordernder wäre. Es fühlte sich berauschend an: das Aufheulen des Motors, das schwerelose Dahingleiten auf der endlosen Asphaltbahn, die Geschwindigkeit, der um die Nase wehende Fahrtwind, die Leichtigkeit. Und die rückenstauchende Schwere, der erbitterte Kampf, wenn die Räder nicht über den Asphalt schwebten, sondern sich durchs Gelände kämpften. Dann fühlten wir zwar nicht wie beim Gehen jeden Kiesel und jede Wurzel, aber wir spürten doch mehr als im Auto den Wind, den Regen und vor allem die Landschaft, die Oberfläche der Erde und ihre Wandlungsfähigkeit. Die Bodenwellen sandten Stöße über Gummi und Metall bis in die Arme und Schultern, der Geruch von Wäldern, Weiden und den höchsten Wüsten der Welt strömte ungefiltert in unsere Nasen und veränderte sich dabei genauso schnell wie die Landstriche, durch die wir fuhren. Dazu die Möglichkeit, Strecke zu machen und danach abzusteigen, mit einem zufriedenen Seufzen den Helm abzunehmen und in einen ganz neuen Ort einzutauchen, die Offenheit und die Herzlichkeit der Einheimischen zu genießen. Und dann einmal mehr den Blick hinaufwandern zu lassen zu den schneebedeckten Gipfeln hoch über uns und in die Ferne, wo die nächste Passstraße sich in die Unendlichkeit zu schrauben schien.

An all das denke ich, wenn mir im Alltag der eine oder andere Holperstein in den Weg geworfen wird, wenn im Büro die Hölle losbricht oder eine kostspielige Autoreparatur ansteht. Eine Sekunde des Besinnens nur, dann bin ich wieder dort, in Indien, dann tauche ich erneut ein. Und spüre, wie meine innere Unruhe sich in Windeseile auflöst und ich ausgefüllt werde von einem Gefühl großen Reichtums. Denn die Bilder, die vor meinem inneren Auge entstehen, sind echt: Ich habe sie aufgenommen, ich habe all das erlebt. Und dabei erfahren, was es heißt, sich lebendig zu fühlen.

Es ist ein Gefühl, das mit jeder Reise, mit jedem Abenteuer wächst. Und mir die Frage nach dem Warum im Nachhinein immer wieder aufs Neue beantwortet.

LEBENSLEKTION

Entdeckergeist wecken

Buzz Aldrin hatte sprichwörtlich »alles« gesehen. Er war ein Mann von Welt – mehr noch als der gewandteste Kosmopolit. Denn er hatte sie, die Welt, nicht nur auf unzähligen Reisen betrachtet, sondern in ihrer Gänze – auf einem der aufregendsten Trips der Menschheitsgeschichte.

Im Jahr 1969 betrat er im Rahmen der Apollo-11-Mission zwanzig Minuten nach Neil Armstrong als zweiter Mensch den Mond, um Fotos aufzunehmen, Gesteinsproben zu sammeln, Forschungsgeräte aufzubauen, vor allem aber, um es getan zu haben. Um zu zeigen, dass der Mensch den Mond erreichen kann. Um den menschlichen Entdeckerdrang auch hier draußen, im Weltall, zu stillen. Mit dieser Großtat hatte er seinen lebenslangen Bedarf an Abenteuern doch sicher gedeckt – möchte man meinen.

Nicht ganz. Vor ein paar Jahren sprang mir sein Name plötzlich von den Newsseiten im Internet ins Auge: in Berichten über seine jüngste Unternehmung in einer der unwirtlichsten Gegenden der Erde. Er hatte den Südpol besucht, dabei einen Schwächeanfall erlitten und musste wegen Atemnot von einem medizinischen Evakuierungsflug gerettet werden. Zu diesem Zeitpunkt war er sechsundachtzig Jahre alt. Damit ist er der älteste Mensch, der je den Südpol erreicht hat, wie er später erfuhr. Lässt sich die Reise zum Mond in gewisser Weise noch als entdeckerische Notwendigkeit im Dienste eines höheren Zwecks betrachten, so kann man die Südpolreise wohl nur noch mit chronischem Fernweh erklären.

Warum gab es für ihn offenbar kein »genug«? Warum wollte er mehr sehen, mehr erleben, egal, wie groß die Mühe auch war? Warum reichte ihm selbst die Erde in ihrer ganzen Pracht nicht? Und warum brechen wir überhaupt immer wieder auf? Auf meinem Motorrad auf den Pisten des Himalajas konnte ich mir solche Fragen oberflächlich beantworten. Mit dem Wind im wehenden Haar und unendlicher Weite vor den Augen fällt es nicht schwer, sich dem Gefühl von Freiheit und Grenzenlosigkeit hinzugeben und sich selbst zu bestätigen, dass dies das einzig wahre Leben sei.

Etwas später allerdings verlor die Sache an Klarheit, als ich – meine Nasenlöcher verklumpt vom Staub zurückliegender Hochebenen – mit aufgerissenem Mund nach Luft schnappte, während die Maschine unter mir wie ein wild gewordener Rodeogaul von Felsbrocken zu Felsbrocken sprang. Die Steine waren unsichtbar, verbargen sich im weiß schäumenden Wasser des Flusses, den ich gerade durchqueren wollte. So klammerte ich mich nach Kräften an den Lenker, gab weiter Gas und hoffte, dass ich irgendwie durchkommen würde. Angesichts meiner überschaubaren Fahrkünste hatte ich mich schon vor dem Trip darauf eingestellt, ins sprichwörtliche »kalte Wasser« geworfen zu werden. Aber dabei blieb es nicht. Denn selbstverständlich kam ich nicht heil durch den Fluss. Als mein Vorderrad auf einen besonders großen Stein traf, war Schluss. Es gelang mir zwar, den Flug über den Lenker zu vermeiden, aber als ich schließlich zum Stehen kam, kippte ich mit schmerzlicher Langsamkeit – und einem bedauerlichen Mangel an Eleganz – zur Seite. Mein Fuß trat auf der Suche nach Halt ins Leere. Natürlich, ausgerechnet jetzt, da ich einen gebraucht hätte, war da kein Stein. Der Fuß verschwand in den Fluten, und der Rest meines Körpers folgte ihm nach, inklusive Maschine und Gepäck.

Einige Stunden später bettete ich mich in meinem Zelt zur Nachtruhe und spürte, wie sich die Nässe in Kälte verwandelte, wie meine Zeltaußenwand langsam gefror, während ich im klammen Schlafsack versuchte, die betäubenden Kopfschmerzen zu ignorieren. Voller Sehnsucht erinnerte ich mich an eine kleine Begebenheit in der Heimat, in der ich mich genau an einen Ort wie diesen, hier im Himalaja, gewünscht hatte. Ich dachte daran, wie ich mir, tief in einen Stuhl gesunken, ein paar Schweißtropfen aus dem Gesicht gewischt und bedauert hatte, dass sie mir nicht von der Sonne über der iranischen, glutofenähnlichen Lehmziegelstadt Yazd oder der Hitze des jordanischen Wadi Rum aus den Poren getrieben worden waren, sondern dass mich lediglich ein banales Komplott aus einer Studiohalle ohne Klimaanlage, erbarmungslosen Scheinwerfern und dem deutschen Hochsommer am Ende eines langen Drehtags leiden ließ. Ich war müde. Und sehnte mich vage nach der Ferne. Nach dem Rauschen der Wellen, die an einen einsamen Strand schwappen und die zahllosen kleinen Steinchen sanft klickern lassen. Nach dem verlorenen Schrei eines Vogels hoch oben, weit über den Baumkronen, die so dicht sind, dass kein Blick sie zu durchdringen vermag. Nach der

Sicht aus dem Zelt auf einen unberührten Fluss, gespeist aus dem leuchtend weißen Gletscher, der sich hinter der Wiese am anderen Ufer erhebt. Und nach köstlichem Essen und herzlichen Menschen und ...
Tief versunken in die schönsten Reiseklischees, entfuhr mir ein erschöpfter Seufzer. Der Aufnahmeleiter Gustav war dagegen noch genauso munter wie zwölf Stunden zuvor, als er mit schwungvollen Schritten ins Studio gekommen war. Ich kannte ihn seit Jahren als Workaholic, der jeden Tag von früh bis spät schuftete, auch an den meisten Wochenenden, und jede Minute davon genoss. Dabei war er ständig in allen Ecken Deutschlands unterwegs – aber nur dort, denn von einer Handvoll kurzer, unvermeidbarer Ausflüge in unsere Nachbarländer abgesehen hatte er unsere Heimat noch nie verlassen. Er war Freiberufler, was für ihn den gewaltigen »Vorteil« mit sich brachte, dass er keinen Urlaub nehmen musste.

Noch halb in meine Gedankenfetzen vertieft, fragte ich ihn: »Wo würdest du eigentlich deinen Urlaub verbringen, wenn du mal einen machen würdest?«

»Nirgends. Weil ich keinen mache«, gab er zurück.

»Und wenn man dich zwingen würde?«

»Würde ich mich weigern! Lieber gehe ich für zwei Wochen ins Gefängnis! Da weiß ich immerhin, was mich jeden Tag erwartet.«

Ich lachte und wischte den Kommentar mit einer erschöpften Handbewegung beiseite. Ich hoffte noch immer, zumindest einen Hauch von Fernweh bei ihm feststellen zu können. »Ehrlich, welches Ziel würde dich am ehesten interessieren?«

»Keines! Warum sollte ich reisen wollen?«

Ich öffnete den Mund und schloss ihn wieder. Ich spürte, wie meine Gedanken langsam arbeiteten. Dann erst begriff ich: Er meinte es ernst! Ich betrachtete ihn interessiert. Konnte es wirklich sein, dass er nie seine Nase in die Welt mit ihrer flimmernd ungewissen Vielfalt hinaushalten, nie den Duft der Frei-

heit und der unendlichen Faszination schnuppern wollte?
»Das Beste, was einem beim Reisen passieren kann, ist, dass man sich selbst verändert«, sagte mir der Schriftsteller Ilija Trojanow in einem Gespräch für meinen »Weltwach«-Podcast, aber das schien Gustav wenig zu reizen. Ich glaubte ihm. Dafür kannte ich ihn gut genug. Er wäre tatsächlich lieber ins Gefängnis gesteckt worden, als auf eine Reise geschickt zu werden. Aus seiner Sicht ergab das durchaus Sinn: Nicht nur graute ihm vor den kleinen und großen Herausforderungen des Reisens, nein, er konnte auch aufrichtig nicht verstehen, was verlockend daran sein sollte, sich mit ständiger Ungewissheit und gelegentlicher Ungemütlichkeit herumschlagen zu müssen.

Nie zuvor war mir derart deutlich vor Augen geführt worden, wie unterschiedlich stark ausgeprägt unsere Neugierde auf die Welt sein kann. Gustav war sicherlich ein Extremfall. Obwohl ich ein wenig fassungslos war, wollte ich nicht versuchen, ihn zu missionieren. Sicherheitshalber schwieg ich ganz. Genauso wie jetzt im Zelt oben im Himalaja. Was hätte ich auch sagen sollen? Meine beiden Reisegefährten waren nebenan in ihren eigenen kleinen Zelten längst eingeschlafen. Ich dagegen schaute stumm und zitternd auf die langsam gefrierende Zeltwand, die im Licht meiner Stirnlampe zu funkeln begann, und ärgerte mich über meinen Sturz in den Fluss. Momente wie dieser unfreiwillige Abgang waren auf der Tour keine einsamen Ausreißer, sondern kehrten mit einer bemerkenswerten Regelmäßigkeit wieder. Und mich beschlich langsam der Eindruck, dass das Freiheits- und Fernwehgerede zu kurz griff als Erklärungsversuch dafür, weshalb zur Hölle ich freiwillig hier war. Ich bin weder ein Adrenalinjunkie noch übermäßig leichtsinnig. Auch wenn unsere Motorradtour einen anderen Eindruck erwecken mag, ich kenne mich gut genug, um zu wissen, dass es keine Suche nach oberflächlichem Nervenkitzel war, die mich zu dieser Tour und anderen antrieb. Das Gleiche galt für meine beiden Freunde.

Die Gründe mussten woanders liegen.

Bereits unsere Vorfahren wurden in Zeiten von Unsicherheit und Unwissenheit häufig von Abenteuern überrascht oder wagten sie gar sehenden Auges, um ihre Ziele zu verfolgen. Es lag, so möchte man meinen, einfach in der Natur des Menschen, dass wir uns nicht damit zufriedengaben, ganze Erdteile nicht zu kennen und viele natürliche Phänomene nicht wissenschaftlich erklären zu können. Hätte es Christoph Kolumbus nicht gegeben, wäre wohl ein anderer als vermeintlicher Entdecker der Neuen Welt berühmt geworden. Dabei waren viele der großen Entdecker und Forscher wie Charles Darwin und Alexander von Humboldt weniger von Abenteuerlust getrieben als von der Leidenschaft für das Aufspüren von geografischem wie fachlichem Neuland. Sie waren in allererster Linie Wissenschaftler, die auszogen, um menschliches Wissen zu mehren. Und brachten die dafür notwendige Bereitschaft für abenteuerliche Reisen mit.

Aber auch später, als die meisten großen geografischen Geheimnisse gelüftet waren, brachen Menschen immer wieder auf und stellten sich Herausforderungen: Grenzgänger, die innere und äußere Barrieren durchstoßen wollten, getrieben vom Willen, die höchsten Gipfel, die lebensfeindlichsten Wüsten, die entlegenen Pole zu erreichen. Teils zur Selbstbestätigung, teils, um stellvertretend für ihre Nation die Landesflagge an Orte zu tragen, wo niemand zuvor seinen Fuß hingesetzt hatte, und teils als Ausdruck einer persönlichen Sinnsuche.

Welcher Art auch immer die Abenteuerreise, welchen Ursprungs auch immer die Motivation, sie alle verbindet, dass sie nicht nur bereit, sondern begierig darauf waren, die Komfortzone zu verlassen und sich gewaltiger Mühsal auszusetzen. Es muss also Faktoren jenseits von naturwissenschaftlicher Neugierde oder geografischem Entdeckungs- und Eroberungseifer geben, die darüber entscheiden, warum sich einige Menschen ins Ungewisse stürzen.

Einen Großteil unserer sechs Millionen Jahre zurückreichenden Geschichte haben wir jagend und sammelnd verbracht, auf der stetigen Suche nach einem besseren Platz zum Leben, nach einem größeren Territorium zum Jagen, einer nomadischen Lebensweise folgend, die wir immer noch in uns tragen. Manche mehr, manche weniger. Tendenziell waren wir aber unsere gesamte Geschichte hindurch immer wieder unterwegs zum nächsten Horizont, selbst wenn wir über genügend Ressourcen verfügten, um uns niederlassen zu können. Kein Säugetier zog – ohne dass es überlebensnotwendig gewesen wäre – so viel umher, wie wir es getan haben. Das gilt für unsere wandernden Vorfahren. Das gilt für Entdecker, die auf unbekannte Meere hinaussegelten, ohne zu wissen, was sie auf der anderen Seite erwartete. Und das gilt für jene unter uns, die heute Berge besteigen, Flüsse befahren, Kontinente durchqueren. Mit rastloser Energie hat über Jahrtausende hinweg immer ein Teil von uns erkundet, erobert und kartografiert.

Im Verhältnis zu einer Zeitspanne von sechs Millionen Jahren sind die zehntausend Jahre zurückliegende Abkehr vom Nomadentum und unsere heutige Vorstellung von Zivilisation nicht mehr als ein sprichwörtlicher Wimpernschlag. Es überrascht deshalb wenig, dass die Wissenschaft vor einigen Jahren belegt hat, dass unser Antrieb herauszufinden, was hinter der nächsten Wüste, hinter dem nächsten Ozean, ja, jenseits unseres Planeten liegt, auch genetisch bedingt ist. Forscher haben die Wege der menschlichen Migration anhand von DNA-Analysen nachgezeichnet und sich dabei mit dem Gen DRD4 beschäftigt, das im Gehirn bei der Dopaminregulierung mitwirkt und damit unsere Lernfähigkeit und unser hirneigenes Belohnungssystem beeinflusst. Bei zwanzig Prozent aller Menschen tritt eine harmlose Mutation dieses Gens auf: DRD4–7R. Wissenschaftler stellten einen Zusammenhang fest zwischen dieser Genvariante und Eigenschaften wie Neugierde und Rastlosigkeit. So neigen Menschen mit der

Mutation mehreren Studien zufolge eher dazu, Risiken einzugehen, sich für neue Orte, Ideen, Nahrungsmittel oder auch Beziehungen zu interessieren. Sie sind aufgeschlossener und lieben Veränderung, Bewegung und Abenteuer.

In nomadisch lebenden Kulturen wie jenen der amerikanischen Ureinwohner war das Gen weiter verbreitet als bei sesshaften Völkern wie den Jakuten. Eine interessante Untersuchung wurde auch mit den Ariaal durchgeführt, einem ursprünglich nomadischen Volk in Nordkenia. Ein Teil von ihnen, der weiterhin nomadisch lebt und über das Gen verfügt, ist meist besser ernährt als jene nomadisch lebenden Stammesmitglieder ohne das Gen. Diejenigen allerdings, die sesshaft sind und über das Gen verfügen, sind tendenziell schlechter ernährt als jene Sesshaften ohne das Gen. Das heißt, Träger des Gens verkümmern in einer stabilen Umwelt, in der sich das Leben in festen Bahnen bewegt, während sie unter ungewissen, sich wandelnden Bedingungen aufblühen.

Ist DRD4–7R also das Forscher- beziehungsweise Abenteuergen, das darüber entscheidet, ob wir am Ofen sitzend unsere Heimeligkeit genießen oder als Superpfadfinder in die Welt aufbrechen? Liegt das Abenteuer folglich tatsächlich in der Natur des Menschen – beziehungsweise einiger Menschen? Seine wirkliche Bedeutung ist in der Wissenschaft umstritten, aber das Gen mag zumindest ein Faktor gewesen sein, der Reinhold Messner auf Berge und Rüdiger Nehberg in den Dschungel trieb und manch andere von uns auf Klettersteige oder Segelboote – oder auf die Schotterpisten und in die eiskalten Flussgewässer des Himalajas.

Aber es wäre zu einfach, den Entdeckerdrang des Menschen auf ein einzelnes Gen zu reduzieren. Zusammen mit anderen Genen könnte es zwar das Fundament für unsere Rastlosigkeit legen, mindestens ebenso wichtig ist aber noch eine andere Fähigkeit: unsere Vorstellungskraft und Fantasie. Während Tiere auf ihren Land-, Luft- und Wasserwanderungen von

Futter- und Fortpflanzungstrieben geleitet werden oder gleich ganz standorttreu sind, fragen wir Menschen uns immer wieder, welche Erfahrungen wohl hinter dem nächsten Horizont warten mögen. Unser Körper ist darauf ausgerichtet, weite Strecken zu überwinden, und unser Gehirn vermag, abstrakt zu denken und sich immer neue Aufgaben für unsere Beine zu überlegen. Diese Stimmen des Unterbewusstseins können leise flüstern oder penetrant auf uns einreden, bis wir ihren Ideen und bohrenden Fragen nachgeben und uns auf Antwortsuche begeben. Ja, was wäre, wenn ... ?

Die Ursache für die Fähigkeit zur Imagination sehen Forscher in unserer Kindheit: Weil wir ungefähr anderthalb Jahre früher abgestillt werden als etwa Gorillas, Orang-Utans und Schimpansen, wächst unser Gehirn deutlich langsamer als bei unseren nächsten Verwandten. Deshalb dauert unsere Kindheit länger und beginnt die Pubertät später (bei Gorillas und Schimpansen nach drei bis fünf Jahren, bei uns nach etwa zehn Jahren). So haben wir mehr Zeit, uns im Schutz unserer Eltern auszuprobieren und nicht nur unser Geschick, sondern eben auch unser Vorstellungsvermögen zu entwickeln. Im Gegensatz zu Tieren, deren Spiele vorwiegend auf das Herausbilden von Basisfähigkeiten wie der Jagd, der Flucht und dem Kampf abzielen, stellen wir frühzeitig hypothetische Überlegungen an: Was wäre, wenn ich das Loch im Ostseestrand so tief buddeln würde, dass ich mich vollständig hineinlegen könnte? Was wäre, wenn ich beim Fangenspielen die Rolle meines liebsten Comichelden einnehmen würde? Kann ich die Luft lange genug anhalten, um bis zum Ende des Schwimmbeckens zu tauchen? Von solchen Fragen scheint es nur noch ein kleiner Schritt zu sein bis zu den visionären Überlegungen großer Entdecker und Abenteurer: Ist es möglich, ohne künstlichen Sauerstoff auf den höchsten Gipfel der Welt zu gelangen? Wird es mir gelingen, als erster Mensch die Wüste Gobi zu durchlaufen? Kann ich es schaffen, tausend Kilometer ohne Geld und

Proviant durch Deutschland zu wandern und mich nur von dem zu ernähren, was ich unterwegs finde? Als Kinder sind wir offen für zahlreiche Antworten auf unsere Fragen. Wir probieren aus, erkunden, erforschen – und finden Lösungen. Doch neigt sich unsere Kindheit dem Ende entgegen, verlieren viele von uns Stück für Stück die Fähigkeit – und den Willen –, neue Wege zu beschreiten, sich auf Unbekanntes einzulassen, überrascht zu werden. Wir suchen – das bemerke ich jedenfalls immer wieder an mir selbst – Sicherheit im Bekannten, in den Erfahrungen, die wir selbst bereits gesammelt haben, und in denen unserer Mitmenschen. Unterwegs in fremden Städten oder Ländern können das zum Beispiel Bewertungsportale oder Reiseführer sein. Wir bewegen uns im Denken und Handeln auf vordefinierten Spuren.

Das gilt sowohl fürs Reisen als auch für viele andere Tätigkeiten und Lebensbereiche. In meiner früheren Arbeit im strategischen Management habe ich zahlreiche Einblicke in die Arbeitsweisen und Entscheidungsprozesse von Konzernen erhalten und dabei ein ums andere Mal erlebt, wie sich die überwältigende Tendenz von Entscheidungsträgern, bewährten Mustern zu folgen, negativ auf die Innovationskraft ihres Unternehmens ausgewirkt hat. Das Gleiche trifft für unsere Lebensentscheidungen zu. Von der Freizeitgestaltung bis zur Berufswahl neigen wir dazu, konform mit dem zu agieren, was üblich ist, also den »gesellschaftlichen Erwartungen« zu entsprechen. Das schafft Orientierung und Sicherheit. Es kann uns aber auch davon abhalten, unsere Begabungen voll zu entfalten und unsere Wünsche zu verfolgen.

Um daraus auszubrechen, braucht es Mut, innere Kraft, Inspiration und die Fähigkeit zum Perspektivwechsel. Es braucht den Willen, sich zumindest hier und da ein Stück weit vom anerkannten Status quo zu lösen. Es braucht eine Besinnung auf unseren frühkindlichen Entdeckergeist. Aber wie können wir den wiedererwecken? Die gute Nachricht: Wir müssen an keiner Wunderlampe rubbeln, sondern können ihn trainieren. Es liegt allein bei uns. Die schlechte: Das kostet Überwindung und die Bereitschaft zum Risiko. Nicht weil wir blind alles auf eine Karte setzen, sondern weil wir genau die Stützpfeiler entfernen müssen, an die wir uns so gern lehnen. Das bedeutet zum Beispiel, vorher mal nicht zu recherchieren und unterwegs nicht den Reiseführer zu konsultieren, sondern stattdessen einfach loszugehen und zu schauen, was passiert – ob bei der Restaurantsuche in Venedig oder dem Erkunden eines indischen Molochs. Auch auf die Gefahr hin, die eine oder andere bittere Pille zu schlucken. Mut zum Unmut.

Wir könnten sogar noch einen Schritt weitergehen und uns an einem Ort, den wir nicht kennen, absichtlich verirren. Wir könnten Google Maps auf dem Smartphone ausschalten, in einen öffentlichen Bus steigen, dessen Route wir nicht wissen, und ihn an einer Station verlassen, deren Namen wir noch nie gehört haben. Wir könnten weitergehen, spontan um eine Ecke biegen und den vierten oder neunten Menschen ansprechen, der uns begegnet, mit ihm über seine Nachbarschaft ins Gespräch kommen und uns davon verblüffen lassen, in welcher himmelstrebenden Welt aus Glas und Beton oder in welch bunt schillerndem Markttreiben wir gelandet sind. Wenn wir wagen, uns zu verirren, setzen wir uns dem Gefühl aus, verwundbar und hilflos zu sein, und zwingen uns damit, uns selbst zu vertrauen. Wir werden uns unserer Umgebung bewusst, achten auf Details und Hinweise, die wir sonst verpasst hätten. So gehen wir auf eine kleine Entdeckungsreise mit uns selbst, ohne zu wissen, was uns erwartet. Wir öffnen uns neuen Erfahrungen und Gedanken, lassen uns durchdringen von neuen Umgebungen und dem Lachen fremder Menschen, von ihrem Anblick und ihren Geschichten.

Ilija Trojanow empfiehlt, bei der Suche nach dem eigenen Reiseabenteuer die Form der Wahrnehmung zu ändern, also das Gegenteil vom alltäglich Üblichen zu tun. Für jene, die stets mit dem Auto fahren, sei eine Reise mit dem Fahrrad oder zu Fuß extrem befruchtend. Wer ständig mit Smartphone und Computer arbeite, verschaffe sich womöglich eine schöne Erfahrung, indem er die Geräte zurücklässt und sich in eine »digitalfreie Zone« begibt. Ob ein anderes Körpergefühl oder eine andere Wahrnehmung des Fremden – man solle immer das suchen oder sich auferlegen, was man sonst nicht kennt, denn: »Reisen ergibt eigentlich keinen Sinn, wenn man seinen Horizont nicht erweitert. Dabei ist Horizont nicht nur geografisch gemeint, sondern tatsächlich auch technisch, philosophisch und körperlich.«

Das Entscheidende ist also, unsere eingefahrenen Spuren gelegentlich zu verlassen. Ich denke an einen kleinen Bach zurück, in dessen Lauf ich als Kind gemeinsam mit meinem Vater gern Zweige warf. Wir schauten ihnen zu, wie sie vom Wasser davongetragen wurden: auf drei oder vier kleine Felsstufen zu, in die das Wasser kleine Rillen gegraben hatte. In den Rillen gewann das Wasser an Geschwindigkeit, der Zweig, der eben noch sanft dahingeglitten war, machte einen Satz und rauschte durch die erste Furche und dann durch die nächste, und dann war er fort. Ein schöner Anblick – und stets der gleiche. Denn der Lauf des Wassers war vorherbestimmt und damit auch die Reise des Zweiges.

Wie Wasser, das über einen Felsen fließt, bilden auch wir für uns kleine Rinnen. Allmählich schneiden sich diese Rinnen tiefer und tiefer in den Felsen hinein, bis sie zu Schluchten werden, deren Verläufe sich kaum noch ändern lassen. Je mehr Zeit wir an einem Ort damit verbringen, wieder und wieder die gleichen Dinge zu tun, desto mehr Leben verpassen wir. Und desto schwerer wird es uns fallen, unsere Denk- und Handlungsmuster zu durchbrechen. Wem es aber gelingt, seinen Entdeckergeist zu bewahren oder wiederzufinden, der wird das Neue begrüßen, statt es als Bedrohung wahrzunehmen. Und sich so die Aussicht auf ein Leben verschaffen, das mal stürmisch sprudelnd und mal beschwingt dahinfließend, selten aber fad ist – ob draußen in der Welt oder daheim.

# ANFÄNGE MIT HINDERNISSEN

Endlich: Ankunft im Paradies. Von einer Holzterrasse aus, die über dem Hang schwebt, betrete ich den gemütlichen Bungalow. Nachdem ich die gläserne Flügeltür geschlossen habe, lasse ich den Rucksack von meinen Schultern gleiten und die plötzliche Ruhe in stillen Wellen über mich ziehen. Zwei internationale Flüge liegen hinter mir, dazu eine siebenstündige Busfahrt, eine unruhige Fährfahrt, eine ausgedehnte Tuk-Tuk-Fahrt. Und schließlich ein fünfminütiger Fußweg durch den Dschungel. Alles, um hierherzugelangen: zu einem dieser Handvoll Bungalows, die das Resort auf der thailändischen Insel Koh Chang bilden, für das ich mich entschieden habe. Sie sind lose über den Hang verteilt und fügen sich mit ihren spitz zulaufenden Bastdächern perfekt in die wogende, knarrende Waldwelt ein, die sie umhüllt.

Auf dem großzügigen Doppelbett liegen Blüten und geschickt zu Schwänen gefaltete Handtücher. Kunstvolle Ornamente zieren die handgefertigten Holzschränke und -regale, die in den zurückhaltenden Farben von dunkler Baumrinde und des hellen Sandstrands gehalten sind. Ein perfekter Rückzugsort für Frischverliebte – und für einen Autor, der in Ruhe die Ideen für ein neues Buchprojekt fließen lassen will.

Ich nicke zufrieden. Ja, hier werde ich ...

Ein Geräusch auf der Terrasse unterbricht meinen Gedanken. Ich blicke durch die Flügeltür nach draußen. Und sehe einen Affen mitten auf der Terrasse sitzen. Er muss vom Dach gesprungen und frisch gelandet sein. Dankbar freue mich über die wundervolle Begrüßung.

Doch die Idylle währt nur ein paar Augenblicke. Mit einem raschen Satz springt der Affe auf einmal vorwärts und rammt seinen Kopf gegen die Glasscheibe. Er beginnt sich an ihr zu schaffen zu machen. Verblüfft weiche ich einen Schritt zurück. Mein Besucher fletscht die Zähne und schlägt mit den kleinen Pfoten gegen das Glas, gegen den Holzrahmen. Ich schaue einen Moment zu und hadere, ob ich hierbleiben soll, um mir das seltsame Schauspiel anzusehen, oder mich lieber vorübergehend ins Badezimmer zurückziehe, damit das Tier das Interesse an mir verliert und verschwindet. Aber vermutlich wird es sowieso eher von irgendeinem Essensduft angezogen, der mir entgeht, ihm jedoch verheißungsvoll um die Nase wabert.

Plötzlich hält der Affe inne – und tut dann etwas, womit ich nicht gerechnet habe: Er springt hoch, packt den Türknauf, hält sich daran fest und beginnt an ihm zu rütteln. Nun bin ich es, der einen Satz nach vorn macht. Ich stürze auf die Tür zu und drehe innen am Knauf rasch den kleinen Knopf, der die Tür verschließt. Der Affe rüttelt weiter, bleckt die Zähne und faucht mich an. Zunehmend perplex, betrachte ich ihn, während ich sicherheitshalber den bebenden Knauf weiter festhalte. Die Augen des Tiers funkeln wild, aber was mich noch mehr fesselt, ist das zerfetzte und vernarbte Fleisch um sein Maul herum. Auf der linken Seite fehlt ein großes Stück der Oberlippe, was den Eindruck, dass der Affe dem Wahnsinn anheimgefallen ist, noch verstärkt.

Ich nehme den Nervenkitzel auf mich und bewege meinen Kopf noch näher an die Scheibe heran. Nur wenige Zentimeter und eine dünne, unsichtbare Schicht trennen mich von dem verunstalteten Wesen, das sich weiter in Rage an der Tür abarbeitet. Plötzlich lässt es von dem Knauf ab und beginnt an dem kleinen Metallstift herumzufingern, der die Mitte der Flügeltür im Boden arretiert. Ich erkenne sofort: Sollte es dem Tier gelingen, den Stift hochzuziehen, wird das Schloss am Knauf unwirksam werden und sich die Tür aufschwenken lassen. Von innen kann ich den Stift nicht packen, aber auch von außen scheint der Affe Schwierigkeiten zu haben, ihn zu fassen zu kriegen.

Die Idylle, die mich kurzzeitig umgab, ist wie eine Seifenblase zerplatzt. Stattdessen finde ich mich mitten in einem Horrorfilm wieder. Das Monster mit der zerfetzten Visage ist so wild entschlossen, zu mir hineinzugelangen, dass es mir die Hände feucht werden lässt. Bilder eines durch meinen Bungalow rasenden, beißenden, kratzenden, krankheitsübertragenden Fellknäuels blitzen durch meinen Kopf. Ich halte die Luft an. Und weiß, dass ich mich für den gesamten restlichen Aufenthalt nicht mehr sicher fühlen werde. Nicht hier drinnen. Nicht draußen auf der Terrasse, auf der ich doch Tag um Tag sitzen und schreiben wollte. Und auch nicht, wenn ich gezwungenermaßen über die Holzstege und Waldpfade schlendere, die sich zwischen den Bäumen hindurchschlängeln und von den Bungalows zur Rezeption mit dem kleinen Restaurant führen. Zweifellos wird mich auf dem Fußweg jedes Rascheln im Blätterdach zusammenzucken lassen – und es raschelt viel, das habe ich schon auf dem Herweg festgestellt, denn eine ganze Affenhorde lebt und liebt und lacht hier lautstark im Geäst.

So viel ist klar: Nicht jede Reise empfängt uns mit offenen Armen, nicht jeder Trip hüllt uns wie eine wohlig weiche Decke ein und heißt uns lächelnd willkommen. Am Flughafen spüren wir noch das angenehme Kribbeln, das mit den meisten Aufbrüchen einhergeht, ausgelöst von Vorfreude und Vorahnung, von Erwartungen und Hoffnungen. Welche Erlebnisse, welche Begegnungen mögen warten – und welche Erkenntnisse? Was werden wir über die Welt erfahren, was wird bleiben?

Doch was uns häufig erst einmal erwartet, sind kleine Rückschläge. Jedenfalls habe ich immer wieder die Erfahrung gemacht, dass aus den verschiedensten Gründen insbesondere am Anfang so manches schiefgehen kann. Dann sticht und reibt die Reise, hält mal unerwarteten tierischen Besuch und mal andere Widrigkeiten bereit: vermeidliche und unvermeidliche Hindernisse, die einen wie feine, durchsichtige Tentakel davon abhalten, sich wie geplant vom ersten Moment an widerstandslos auf die neue Umgebung einzulassen. Sind sie überwunden, ist die Freude umso größer. Ohnehin handelt es sich rückblickend zumeist um harmlose, eher unterhaltsame Episoden. Auch ich bin unverbesserlich, nehme mir jedes Mal vor, mich in das nächste große Abenteuer wie ein Sprinter beim Startschuss hineinzustürzen. Nur um dann ins Taumeln zu geraten, jedenfalls für ein paar Schritte, bevor der Reiseflow schließlich einsetzt.

Manchmal haben die Startschwierigkeiten vielmehr emotionale als physische Gründe. Reisebuchautor Thomas Bauer erzählte mir von seinen Erlebnissen auf dem Shikoku-Weg, einem der ältesten Pilgerwege Japans. Gleich zu Beginn der Wanderung kaufte er sich in einem Geschäft die angemessene Ausstattung, mit der auch die Einheimischen auf dem Weg unterwegs sind: einen mit Plastik überzogenen Strohhut, ein kimonoähnliches Baumwollhemd, einen verzierten Wanderstab, ein Stempelbuch und zweihundert *osame-fuda*, Wunschzettel, die in den Tempeln deponiert werden können. All das hatte der Tradition gemäß die Farbe Weiß, »die Farbe des Todes, verstanden als Auflösung der Begierden, als Überwindung der Anhaftungen und Übertritt zum Nirwana«, wie Thomas in seinem Buch *Fremdes Japan* erläutert.

Statt sich dank dieser Montur allerdings wie ein richtiger Pilger inklusive der dazugehörigen spirituellen Intensität zu fühlen, kam Thomas sich zunächst verkleidet vor. Während er unsicher einen Schritt vor den anderen setzte, erwartete er, dass ihn jeden Augenblick jemand anhalten und fragen würde, was er sich bei dieser Maskerade dachte. Thomas fühlte sich wie ein Schauspieler, der sich erst in seine neue Rolle einfinden musste, bevor der Weg ihm seine Geheimnisse und Weisheiten offenbaren würde. Nachdem er eine Weile unterwegs gewesen war, folgte der äußeren schließlich auch die innere Wandlung zum Pilger, und die Pilgerreise konnte endlich beginnen.

Nicht nur in Japan fühlte Thomas sich auf die Probe gestellt: »Bei den meisten meiner Abenteuerreisen hatte es am Anfang geknirscht.« Jedes Mal war der Denk- und Wahrnehmungsprozess, den er zwischen dem Reisebeginn und dem Ankommen im Unterwegssein durchmachte, der gleiche: »eine Purifikation, eine umfassende Wandlung, eine Hinwendung ohne Wenn und Aber«. Im Gespräch für meinen Podcast fügte er hinzu, dass zu dieser Hinwendung auch gehöre, dem Drang zu widerstehen, darüber nachzugrübeln, wie es wohl gerade zu Hause oder im Büro aussehen möge. Man müsse sich körperlich, vor allem aber im Kopf auf das Unterwegssein einstellen. Am Ende seien gerade die Reisen mit Startschwierigkeiten besonders schön geworden, hätten mit jedem Kilometer mehr von ihren Reizen offenbart.

Von solch einer Offenbarung fühlte ich mich meilenweit entfernt, als ich mit Falk und Bastian am einzigen Gepäckband von Gällivares Provinzflughafen im Norden Schwedens stand und trotz der Gesellschaft meiner beiden Freunde zunehmende Einsamkeit empfand. Weil die anderen Fluggäste einer nach dem anderen ihr Gepäck vom Band wuchteten und uns zurückließen. Es war das gleiche Gefühl, wie ich es vor vielen Jahren beim Sportunterricht in der Grundschule hatte, wenn zwei meiner Mitschüler vor dem Rest der Klasse standen und abwechselnd die geschicktesten Kicker in ihre Mannschaft wählten. Um mich herum wurde es einsam, während sich einer nach dem anderen zu seinem Team begab. Und mich zurückließ. Jede Entscheidung ein kleiner Stich, jedes Mal, wenn einer meiner Freunde ging, ein kleiner Verrat.

In jener Nacht in Nordschweden waren es nicht die Klassenkameraden, die mich verrieten, sondern die mit uns am Gepäckband stehenden Passagiere. Ihre Reihen hatten sich längst gelichtet. Bis schließlich nur noch Bastian, Falk und ich übrig blieben. Die Aussätzigen. Die Zurückgelassenen. Die allem Anschein nach einzigen Menschen in einem winzigen, von dichten Fichtenwäldern umgebenen Flughafengebäude, das nach unserem bisherigen Eindruck irgendwo am Ende vom Ende der Welt lag.

Es war nach Mitternacht. Wir waren müde. Und demoralisiert. Die von Vorfreude und Abenteuerlust genährte Aufregung, mit der wir einen halben Tag zuvor in Düsseldorf in die erste von mehreren Maschinen gestiegen waren, hatte sich mittlerweile wie die Luft aus einem beschädigten Reifen verflüchtigt. Mit desillusionierten Blicken starrten wir auf das Gepäckband, das noch für ein paar letzte Augenblicke leer vor sich hin ratterte und schließlich mit einem müden Seufzer stehen blieb.

Aus und vorbei.

Zeit, der Wahrheit ins Auge zu blicken. Wie bei einer unschönen Diagnose. Unsere hieß: Gepäckverlust. Ein Schock, schwer zu verdauen, vor dem sich wohl jeder fürchtet, der auf ein Gepäckband starrt. Und zugleich – zugegeben – ein Klassiker, mit dem gelegentlich zu rechnen ist. Aber wir hatten viel vor. Und detaillierte, über Monate ausgearbeitete Pläne für jede Etappe, um unser Pensum zu schaffen. Mit jedem Tag, den wir nun verloren, würden wir einen von nur drei Puffertagen einbüßen. Was uns später teuer zu stehen kommen konnte.

Nach einiger Suche trieben wir doch noch eine Flughafenmitarbeiterin auf. Die uns zwar nichts zum Verbleib unseres Gepäcks sagen konnte, aber immerhin so viel Mitleid empfand, dass sie uns drei Zahnbürsten spendierte. Und uns ein Taxi rief, das uns in ein Hotel brachte, in dem wir am nächsten Morgen den Koch überredeten, uns zum anderthalb Stunden entfernten Flughafen von Kiruna, der nördlichsten Stadt Schwedens, zu fahren. Dorthin ging ein Flug, der womöglich unser Gepäck an Bord hatte, das, so wussten wir mittlerweile, bei der Zwischenlandung in Amsterdam hängen geblieben war. Und tatsächlich, welch wohliger Anblick: Dort standen unsere drei Rucksackkolosse!

Anderthalb Stunden später waren wir wieder zurück am Hotel, das geradewegs auf den Ausgangspunkt der nächsten Reiseetappe blickte: den Busbahnhof. Wo just im Moment unserer Rückkehr mit einer halben Stunde Verspätung einer von zwei täglich verkehrenden Bussen einfuhr, die uns zu unserem Ziel bringen sollten (den ersten hatten wir längst verpasst). Einer von uns sprintete zum Fahrer und flehte ihn an, er möge fünf Minuten warten. Wir anderen schleppten die Rucksäcke ins Hotelfoyer und begannen, vorgepackte Beutel auszusortieren: Kleidung für den Rückflug, dazu eine Socke hier, eine überflüssige Ersatzbatterie da, auch die Papiere mit den Daten und Umsteigezeiten für die Rückflüge blieben hier – denn auf einer Tour, wie wir sie planten, zählte jedes Gramm. Wir gaben alles im Hotel ab und spurteten zum Bus. Geschafft. Und trotz Gepäckdesaster nur einen halben Tag verloren.

Der Überlandbus brachte uns vorbei am Muddus-Nationalpark und durch den Stora-Sjöfallet-Nationalpark bis zur Fjällstation Ritsem an den Ufern des Akkajaure. Schon seit Stunden waren wir durch keine nennenswerte Siedlung mehr gekommen. Wir stiegen auf eine kleine Fähre um und waren damit im Begriff, die Zivilisation endgültig hinter uns zu lassen. Kaum ein Dutzend Menschen befand sich an Bord, Bastian, Falk und mich eingeschlossen.

Das Boot glitt ratternd über die glatte Wasseroberfläche des Sees, in der sich der tiefblaue Himmel spiegelte. Vor uns, am anderen Ufer, erhob sich das Akka-Massiv in den blauen Dunst, am Fuß von Wald ummantelt, die Gipfel schneebedeckt. Dort begann der Sarek-Nationalpark, das Ziel unserer Reise. Weil eine Tour durch seine Weidendschungel und reißenden Furten als eines der großen Naturabenteuer Europas gilt, wird der Sarek gern etwas reißerisch als »Europas letzte Wildnis« beschrieben. Das ist zwar streng genommen nicht ganz korrekt, bringt aber zum Ausdruck, was uns erwartete: vollkommene Abgeschiedenheit. Eine endlose Landschaft aus kargen, gletscherbedeckten Bergen, eiskalten Gebirgsflüssen und von struppigem Heidekraut überwucherten Ebenen. Auf zweitausend Quadratkilometern.

Wir wollten diese unberührte, ursprüngliche Landschaft auf einer selbst zusammengestellten Route durchmessen. Wir wollten Gletscherwasser trinken und Elchen begegnen und abends am Lagerfeuer sitzen, umgeben von unendlicher Weite und fernen Horizonten. Nichts dabei außer unseren monströsen Dreißigkilorucksäcken samt Zelt und Verpflegung für die nächsten drei Wochen. Unterwegs würde es keine Imbissbuden geben, genauso wenig wie markierte Wege, Handyempfang oder sonst irgendwelche Möglichkeiten, auszusteigen oder auf Hilfe von der Außenwelt zu hoffen. Wir würden ohne doppelten Boden unterwegs sein. Da blieb nicht viel Raum für Fehler. Schon ein verstauchter Knöchel konnte zum Problem werden, eine gröbere Nachlässigkeit würde die Natur unnachgiebig bestrafen.

Es sollte für uns alle das bisher größte Abenteuer werden. Dementsprechend gründlich hatten wir uns vorbereitet. Wir hatten jede einzelne Mahlzeit jedes einzelnen Tages so zusammengestellt, dass das Verhältnis von Gewicht zu Kalorien möglichst günstig war. Haferflocken mit Milchpulver und einer Prise Kakao, alles aufs Gramm genau abgewogen, für jeden Tag in separaten Beuteln verpackt. Schwarzes Dosenbrot. Astronautennahrung. Proteinriegel. Trockenfrüchte. Nüsse. Und wir waren die Route wieder und wieder durchgegangen, hatten anhand von Karten und Beschreibungen in tagelanger Arbeit ein zwanzigseitiges Textdokument mit Wegmarken zusammengestellt und ausgedruckt, das hoffentlich verhindern würde, dass wir uns verirrten.

Trotzdem waren unsere Mitmenschen vor unserem Aufbruch weit weniger zuversichtlich gewesen als wir selbst. Wir konnten nicht leugnen, dass sie mit ihrer Mischung aus bohrenden Fragen und gleichermaßen bewundernden wie skeptischen Blicken Zweifel gesät hatten, nicht unähnlich dem Gespräch, das ich mit einem Freund vor dem Aufbruch in den Himalaja geführt hatte. Als ich unsere Sarek-Reiseidee drei Wochen davor erstmals einem Kollegen schilderte, betrachtete er mich von oben bis unten, als wollte er herausfinden, wie groß meine Überlebenschancen waren. Er machte nicht den Eindruck, als würde ihm das, was er sah, imponieren. Eher, als wollte er sich einprägen, wie ich aussah. Nahm er insgeheim schon Abschied?

»Drei Wochen?«, fragte er. »Keine Wege? Nur Wildnis? Keine Möglichkeit, Hilfe zu rufen? Dann müsst ihr ja Experten im Umgang mit GPS-Geräten sein!«

Ich nickte zögerlich. »Selbstverständlich.« Was nicht weiter von der Wahrheit hätte entfernt sein können. Niemand von uns hatte je ein GPS-Gerät bedient, und wir planten auch nicht, eines mitzunehmen.

»Und das Navigieren mit Karte und Kompass wurde euch wohl in die Wiege gelegt.«

»In die Wiege vielleicht nicht, aber ... « – gewinnendes Lächeln, zuversichtliches Zwinkern – »das kriegen wir schon hin.«

»Und …«

Ich legte ihm eine Hand auf die Schulter, um ihn zum Schweigen zu bringen, und sagte mit aller Selbstsicherheit, die ich aufbringen konnte: »Mach dir mal keine Sorgen.«

Nach dem Feierabend spurtete ich nach Hause und initiierte eine Skypekonferenz mit meinen beiden Reisepartnern.

»Wie ist das eigentlich mit der Navigation?«, platzte es aus mir heraus. »Könnt ihr mit Karte und Kompass umgehen?«

»Noch nicht«, sagte Falk, »aber das kann ja nicht so schwer sein.«

»Nicht so schwer? Unser Leben könnte davon abhängen!« Meine Stimme klang ein wenig schrill. »Bastian, was ist mit dir?«

»Ich habe das bei der Bundeswehr gelernt.«

Gott sei Dank! Ich lehnte mich erleichtert zurück, aber Bastian war noch nicht fertig: »Ich würde mir vier von zehn Punkten geben.«

»Vier von zehn? Was soll das heißen?«

Nun saßen wir also auf der Fähre, mit zu Schlitzen verengten Augen in die vor uns liegende Wildnis starrend, umgeben von der Aura wahrer Abenteurer, bereit zu beweisen, was wirklich in uns steckte. Eine gute Gelegenheit, um sich ein letztes Mal die erste Etappe einzuprägen. Ich kramte aus meinem Rucksack einen Beutel hervor, in dem ich all die Dinge aufbewahrte, an die ich mit wenigen Handgriffen gelangen wollte. Ich zog das Bündel Zettel mit der Routenbeschreibung hervor, entfaltete die zwanzig Seiten – und stellte fest, dass es nur noch zehn waren. Sie begannen bei Tagesetappe neun. Ich wühlte erneut in dem Beutel. Nichts.

Eine böse Ahnung beschlich mich. Ich ließ meine Augen unauffällig zu Bastian und Falk wandern – hatten sie schon etwas bemerkt? Nein, sie schauten immer noch in die Natur. Ich wühlte weiter. Aber die Papiere waren fort. Ich musste sie in der Eile im Hotel versehentlich mit ausgepackt haben.

»Wenn du schon dabei bist, magst du mir deine Karte geben?«

Beim Klang von Bastians Stimme zuckte ich zusammen. Ich nickte. Und suchte nach der Karte, dem wichtigsten Utensil des gesamten Trips. Maßstab 1:100 000, wasserfestes Papier, mit Folienstiften aufgetragene Anmerkungen, Markierungen, kleine Post-its. Ein Meisterwerk der Routenplanung.

Ich schürzte ungläubig die Lippen. Auch die Karte war fort. Zum Glück hatten wir sicherheitshalber zwei gekauft. Falk musste die zweite haben. Allerdings wagte ich nicht, ihn danach zu fragen und damit meinen Lapsus zuzugeben, noch nicht.

»Und gib mir gern auch gleich den Kompass«, sagte Bastian.

Ich blickte aus dem Beutel auf: »Den Kompass?«

»Ja. Ich will schon mal ...«

»Du hast doch gesagt, dass *du* einen Kompass kaufen willst.«

»Ach ja?«

»Ja! Du hast mich von Globetrotter aus angerufen und bestätigt, dass du dich um den Kompass kümmern wirst.«

»Aber du hast doch in unserer Skypekonferenz gesagt, du hättest einen Kompass.«

»Richtig. Und ich habe auch gesagt, er sei ein Überbleibsel meiner Grundschulzeit und ich wolle ihm ungern mein Leben anvertrauen!«

»Und deshalb hast du ihn nicht mitgenommen?«

»Ja! Deshalb, und weil du zugesagt hast, einen Qualitätskompass zu kaufen!«

»Ich habe aber keinen gekauft.«

Ich atmete tief durch. Auch wenn dieses Gespräch nicht gerade den Eindruck erweckt, hatten wir uns ausführlich auf diesen Trip vorbereitet, alle Details immer wieder besprochen, von der Ausrüstung über die Verpflegung und Streckenführung bis hin zu der Frage, wer ein Feuerzeug, wer eine Nagelschere und wer eine Notklorolle mitbringen würde. Um absolut sicherzustellen, dass wir genau das mithatten, was wir unbedingt brauchten – nicht mehr und nicht weniger. Nun waren wir endlich hier und drohten an den grundlegendsten Dingen zu scheitern. Ohne Routenbeschreibung und Kompass würde es unmöglich sein ...

»Zum Glück habe ich aus langer, schmerzvoller Erfahrung gelernt, mich auf keinen von euch zu verlassen«, schaltete sich Falk ein. Mit einem gänzlich berechtigten Siegerlächeln hob er einen wunderschönen – den wunderschönsten! – Kompass in die Luft, zusammen mit seiner eigenen Karte.

Unsere Rettung. Der Trip konnte weitergehen.

Trotzdem hatte ich nach diesem Gespräch das betrübliche Gefühl, dass unsere Überlebenschancen entschieden gesunken waren. Nun ja. Wir würden es schon schaffen. Ich ließ meinen Beutel unauffällig in meinen Rucksack zurückgleiten und heftete meinen Blick wieder auf die Berge vor uns, die schon viel näher gekommen waren.

Die verlorene Karte und Streckenbeschreibung ließ ich unerwähnt.

Manchmal sind es unerwartete Hindernisse, die uns herausfordern, wie der unfreundliche Empfang des wild gewordenen Affen in dem thailändischen Inselparadies, der nach einer Weile schließlich von meiner Tür abgelassen hatte und mich entgegen meiner anfänglichen Befürchtung auch nicht mehr behelligen sollte. Und manchmal ist die Überforderung selbst verschuldet, wie etwa bei unserer Feuertaufe auf den Straßen Neu-Delhis. Was will man auch erwarten, wenn man sich ohne jede Erfahrung mitten in Delhi auf ein Motorrad setzt? Einige Leser mögen im ersten Kapitel aufgestöhnt und sich im Geiste an die Stirn gegriffen haben: Dieser Irrsinn soll Inspiration sein?

Nun, man mag es als Inspiration oder Warnung auffassen. Für mich sind derlei Eskapaden zweierlei: Zum einen sind sie augenzwinkernder Ausdruck einer gewissen Kompromisslosigkeit, wenn es darum geht, Ziele zu verfolgen und die eigenen Reserven auszutesten. Wir wollten nicht schon wieder vorsichtig sein, sondern frei. Wir wollten herausfinden, wie weit wir kommen würden.

Zum anderen sind diese Anekdoten Beispiele dafür, dass der Anfang noch so stockend sein kann – nach wenigen Tagen sieht die Welt sprichwörtlich anders aus. Denn wie holprig der Start auch sein mag, ist er einmal überwunden, tritt eine neue Selbstsicherheit an die Stelle der Zweifel. Auch anscheinend unüberwindbare Hindernisse, die einen vom Traumabenteuer abhalten, können sich in Luft auflösen. Das soll nicht zu selbstmörderischer Unvernunft aufrufen, sondern dazu ermutigen, einmal bewusst auszuloten, wo wir unsere eigenen Grenzen verorten und was wir uns selbst zutrauen.

Die Himalaja-Tour erwies sich schlussendlich als die großartigste Reise, die ich bisher unternommen habe. Einer von uns zog sich bei einem Sturz ein paar Schürfwunden zu, bei uns anderen beiden war es gelegentlich haarscharf. Aber der Lohn für das Risiko war gewaltig. Und nebenbei habe ich auf den schlechtesten Straßen der Welt Motorrad fahren gelernt. Heute kann ich mir keine Strecke vorstellen, die mich noch abschrecken würde.

Hindernisse und Rückschläge lauern bei jedem Abenteuer, sie gehören dort genauso dazu wie zum Leben selbst. Reisen ist nicht nur schön. Ich sehe mich eingepfercht in einen viel zu kleinen philippinischen Überlandbus, begraben unter zwei schnatternden Frauen, einem Kind, zwei Koffern, einem Sack Reis und einem Hühnerkäfig – alles aufeinandergestapelt in meinem Schoß. Ich sehe mich in der kambodschanischen Provinz Kampot umringt von verwahrlosten Hunden, die ihre Kreise langsam enger um mich ziehen und deren Schnappen ich nur mithilfe eines mächtigen Knüppels entkomme. Ich sehe mich nach verpassten Flügen und Zügen heimat- und planlos in chinesischen McDonald's-Filialen übernachten, der Kopf immer wieder im Sekundenschlaf nach vorn sackend, in Richtung halb verspeister Big'N'Tasty-Burger und geschmolzener McFlurrys, die ich nur bestellt habe, um noch ein oder zwei Stunden länger bleiben zu dürfen. Ich sehe mich in Indien infolge einer Lebensmittelvergiftung einen Teil meiner Würde einbüßen. Und ich sehe mich mit Blutegeln behängt wie ein unansehnlicher Weihnachtsbaum durch den Dschungel von Laos spurten in der vergeblichen Hoffnung, schnell genug zu sein, damit sich nicht noch mehr von diesen Saugern auf mich werfen können.

Ja, ich sehe viele Mühen und Nöte. Bei der Erinnerung an manche fühle ich mich noch Jahre später hundeelend, andere entpuppten sich wenigstens im Nachhinein als veritable Abenteuer. Es bleibt nur zu lernen, solche Unebenheiten und Umwege als Teil der Strecke zu akzeptieren, genauso wie die Möglichkeit, (rechtzeitig) zu scheitern.

Meiner ersten größeren Herausforderung musste ich mich bei meiner ersten Australienreise stellen. Ich hatte das Abitur gerade abgeschlossen und einen Plan gefasst, wie es viele junge Erwachsene tun, die mit einem Paukenschlag nach der Schule ins Leben starten wollen: hinaus in die Welt, für ein Jahr!

Australien bot sich wegen seiner schieren Größe und Vielfältigkeit und der zahlreichen verfügbaren Jobs an. Ein Freund, Paul, schloss sich mir an. Ein Freund von ihm, Tom, stieß kurz darauf ebenfalls dazu. Mir war es recht. Zu dritt würde sich sogar mein größter Traum finanzieren lassen: einen Van zu kaufen und mit ihm Australien einmal vollständig zu umrunden.

Ich begann mit der monatelangen Planung, legte Strecken fest, überprüfte, wann wir wo sein mussten, um mit dem Klima zu reisen und um für bessere Verdienstmöglichkeiten jeweils in der Erntezeit vor Ort zu sein. Besonders die Regenzeit im Norden wollte ich meiden, weil dann Überschwemmungen wichtige Verbindungsstraßen für Wochen unpassierbar machen konnten.

Ankunft in Sydney. Autobesichtigungen. Bankkonto eröffnen. Postfach einrichten. Prepaidhandy kaufen. Steuernummer beantragen. Weitere Autobesichtigungen. In der ersten Woche Down Under waren wir oftmals ein Dutzend Stunden auf den Beinen, liefen von Kings Cross ins Zentrum, zurück und wieder hinein. Es war anstrengend, aber unsere ambitionierten Pläne beflügelten uns. Zumindest mich. Bei Paul wurden die Sehnsucht nach seiner neuen Freundin in Berlin und der Stress zu einem brodelnden Gemisch, das ihn bei jeder Gelegenheit vor den Hostelcomputer oder in Internetcafés zog. Jeder Hauch von Heimat war ihm willkommen. Immer wieder mussten wir auf ihn warten, während ich mir nichts sehnlicher wünschte, als mich mit Leib und Seele in die neue Erfahrung zu stürzen und keinen Gedanken an zu Hause zu verschwenden.

Als wir endlich den idealen Campervan gefunden hatten und kurz vor dem Kauf standen, verkündete Paul, sein Liebeskummer sei zu groß, er wolle zurück nach Deutschland. Und zwar so schnell wie möglich. Sofort.

»Nach nur einer Woche?«, fragte ich ungläubig.
Nicken.
»Aber wir wollten doch ein ganzes Jahr hierbleiben!«
Schulterzucken.
So sollte es denn sein. Ich versuchte nicht, ihn umzustimmen, für mich galt »Ganz oder gar nicht«, und ich hatte längst das Gefühl, dass er nie ganz hier sein würde. Also besser gar nicht.

Doch nun meldete sich Tom zu Wort. Lavierend erläuterte er, dass er – als letzter Teamzugang – davon ausgegangen war, dass wir ja auch ohne ihn immerhin noch zu zweit wären. Dass

er folglich eine verzichtbare Ergänzung unseres Tandems bildete.
»Was willst du damit sagen?«, fragte ich.
Er gab unumwunden zu, dass er nicht, wie bisher behauptet, vorhatte, sein Studium nach unserer geplanten Rückkehr im nächsten Jahr zu beginnen, sondern sich schon für das kommende Semester eingeschrieben hatte. »Ich dachte, das würde keine Rolle spielen, weil ... «, fuhr er fort.
»Was heißt das?«, unterbrach ich ihn. »Wann beginnt dein Semester?«
»In drei Wochen.«
Ich war wie vom Donner gerührt. Ich fühlte mich hintergangen. Der eine war eingeknickt, mürbe gemacht von einer wenige Tage alten Liebe. Der andere war von Anfang an unehrlich gewesen. Warum zum Teufel hatte Tom nicht einfach die Wahrheit gesagt?
Alle mühevoll ausgearbeiteten Pläne und gesetzten Ziele fielen wie ein Kartenhaus in sich zusammen. Alle Routen, die ich vorbereitet hatte, waren für das Budget von drei Personen ausgelegt. Für mich allein würde eine Komplettumrundung nicht bezahlbar sein, schon gar nicht in einem Campervan.
Ich musste mich sammeln. Kurz darauf kaufte ich anstelle eines Vans einen günstigeren Ford Kombi. Nun sehnte ich den Tag herbei, an dem ich die anderen beiden verabschieden würde, denn erst wenn ich auf mich allein gestellt war, konnte diese Reise für mich richtig beginnen.
Als es jedoch so weit war und ich plötzlich ganz allein im Auto saß, erfüllte mich ein Gefühl großer Leere. Was sollte ich tun? Wohin sollte ich fahren? Nach Norden? Nach Süden? Was, wenn ich tausend Kilometer in die eine Richtung fuhr, nur um festzustellen, dass ich besser in die andere gefahren wäre? Und wen kümmerte es? Der nächste Mensch, dem ich etwas bedeutete, war Zehntausende Kilometer entfernt, und WhatsApp und Co. waren noch nicht erfunden. Egal, was ich

tat, niemand würde es erfahren, niemand würde die Erfahrung mit mir teilen. Es fühlte sich alles so sinnlos an. So war das nicht geplant gewesen! Zunächst entschied ich mich für die nahe gelegenen Blue Mountains. Ich klappte die beiden hinteren Sitze des Ford um, kaufte eine Matratze, Koch- und Gasgeschirr und fuhr weit in den Nationalpark hinein. Ich stellte mein Auto auf tief im Wald gelegenen Rastplätzen ab, unternahm lange einsame Wanderungen durch bergige Eukalyptuswälder, die sich bis zum Horizont und weit darüber hinaus erstreckten, saß in der Abenddämmerung in Gesellschaft von Wombats und Kängurus am Lagerfeuer, hörte nachts die Bäume knarren und den Wind in den Blättern säuseln. Eine Woche ging das so. Eine ganze Woche ohne ein einziges Gespräch, von einer kurzen Einkaufstour abgesehen. Ich setzte mich bewusst der Einsamkeit aus, lieferte mich mir selbst aus, gewissermaßen als Schocktherapie. Ich kam an. Sortierte mich. Setzte mir neue Ziele. Und fühlte mich schließlich bereit für den Trip, auch wenn er anders verlaufen würde als geplant.

LEBENSLEKTION

Scheitern lernen

Die Welt beschenkt uns Reisende freimütig und häufig, aber so manche besondere Erfahrung müssen wir ihr erst abtrotzen. Dann wird das Reisen mühsam. Es drohen körperliche Verausgabung, emotionale Täler, finanzielle Rückschläge. Wir werden beklaut, von Halsabschneidern über den Tisch gezogen, erhalten keine Aufenthaltsgenehmigung, hängen fest, weil der Zug schon fort ist und kein Bus mehr fährt. Manche meinen: Grund genug, zu Hause zu bleiben. Andere entgegnen: längst nicht das übelste Los, das wir ziehen können! Schriftsteller

Matthias Politycki sagte mir, das Wesentliche, das uns das Reisen schenke, sei »ab und zu mal eine Niederlage«.

Tatsächlich? Klar ist: Meine geschilderten Erlebnisse sind da halbwegs harmlose Schlaglöcher auf einer ansonsten immer noch recht ebenen Straße. Die Dinge können auch mit einer ganz anderen Vehemenz schiefgehen, besonders dann, wenn wir sichere, bekannte Räume verlassen. So, wie es Reiseschriftsteller und Trekkingspezialist Bruno Baumann tat, der sich 1996 nach einem langen Fußmarsch in einer nahezu ausweglosen Situation wiederfand. Mitten in der Wüste Gobi, in allen Richtungen bis zum Horizont und weit darüber hinaus umgeben von nichts als Sandbergen, setzte er mit letzter Kraft einen Fuß vor den anderen. »Ich war auf einem Achttausender«, erzählte er mir, »weil mich die Todeszone interessierte. Dort ist es tatsächlich verlockend, oben einfach sitzen zu bleiben. Man schläft ein. Das ist so ein langsames, angenehmes Hinübergehen. In der Wüste hingegen, da trocknest du lebendigen Leibes aus. Es ist brutal schmerzhaft. Du wirst wahnsinnig!«

Baumann begann Fehler zu machen, lief im Kreis. Er visualisierte sich immer wieder die nächste Wasserstelle, um sich dazu zu bewegen, trotz der Qualen weiterzugehen. Er war dorthin gereist, um das scheinbar Unmögliche zu versuchen: diese Sandwüste im Alleingang zu durchqueren in der Hoffnung, mit dem jeweils letzten Tropfen gerade so die jeweils nächste Wasserstelle zu erreichen. Diese Wasserstellen kannte er aufgrund einiger Karawanenreisen, die er Jahre zuvor unternommen hatte, unter anderem mit der UNESCO. Er hatte die Orte in seinem GPS-Gerät gespeichert und sie durch eine Linie verbunden – und glaubte nun, einen Schlüssel zu besitzen.

Nie zuvor, erklärte Baumann, hatte ein Mensch vorsätzlich versucht, eine Wüste solo zu durchmessen. Natürlich gebe es Berichte von Wüstenfahrern, deren Autos liegen geblieben sind und die sich dann irgendwie durchgeschlagen hätten. Aber das seien kurze Strecken gewesen. Die Strecke, die er im

Sinn hatte, umfasste fünfhundert Kilometer voller hoher Sandberge. Irgendwo mittendrin: eine Handvoll Wasserstellen. Wie schnell würde er laufen können? Wie viele Kilometer konnte er täglich schaffen mit einem großen Gewicht auf dem Rücken? Mit wie wenig Wasser konnte er dabei überleben? Er kannte die Antworten nicht – und unternahm einen Schritt ins Unbekannte. Der bereits auf dem Abschnitt zwischen Startpunkt und erster Wasserstelle zum Desaster wurde. Etwa hundert Kilometer Luftlinie lagen zwischen beiden Orten, aber eine Luftlinie ist in der Wüste relativ. Man geht im Zickzack, steigt im Wüstensand aufwärts und abwärts. Vier Tage ging das so, etwa hundertzwanzig Kilometer legte Baumann dabei zurück. Dann waren seine Wasserreserven beinahe versiegt.

»Die Folge war: Ich bin fast verdurstet«, erzählte er. »Aber ich hatte das Glück, das Drama zu überleben. Es gelang mir, mich mit letzten Kräften zu einer der mir bekannten Wasserstellen zu retten. Von dort bin ich nach Süden abgebogen und aus der Wüste geflüchtet. Was blieb, war ein Trauma, das mir ganz klar meine Grenzen aufzeigte.«

Baumanns Schlussfolgerung: »Nie wieder Wüste!« Doch einige Zeit später kehrte er zurück, zunächst mit Kamelen und auf sicheren Routen.

Jahre vergingen, der emotionale Abstand zu seiner Nahtoderfahrung wurde größer, sein Wissensschatz wuchs durch immer neue Wüstenexpeditionen an. Und seine Einstellung zum Scheitern wandelte sich. »Ich begriff, dass ich durch dieses Scheitern, diesen ersten Versuch, dieses Fastverdursten einen ungeheuren Erfahrungsschritt gemacht hatte. Etwas, das ich nicht im Sandkasten hätte üben und antizipieren können. Dadurch, dass es keine Vorgänger gab, habe er sich nicht die Erfahrungen anderer zunutze machen können. »Wenn du dir heute vornimmst, den Mount Everest zu besteigen, gibt es Hunderte Vorgänger. Die haben alle Bücher geschrieben, fotografiert. Da ist jede Stelle beschrieben.« Natürlich sei es immer noch schwierig und lebensgefährlich, man könne viele Tode sterben, »aber das ist alles andere als unbekannt«. Sein Aufbruch sei im Vergleich dazu eine Innovation gewesen. »Und Innovation – das ist in allen Bereichen so – ohne Fehler gibt es nicht.« Die Ausrüstung sei nicht optimiert, die Strategie nicht ideal gewesen. Aus diesen Erfahrungen lernte Baumann. Trotzdem dauerte es sieben Jahre, bis er sich entschied, einen zweiten Versuch zu unternehmen. 2003 war es schließlich so weit. Über zwanzig Jahre hinweg hatte er das Wüstengehen perfektioniert und bewegte sich nun mit schlafwandlerischer Sicherheit durch die Sandgebirge. »Ich musste das GPS-Gerät nur alle zwei Stunden einschalten, konnte mich am eigenen Schatten orientieren. Ich konnte die Dünen lesen, ihre Formen interpretieren und antizipieren, wie sich das Gelände dahinter entwickeln würde.«

Und so gelang der zweite Versuch. In zwei Wochen durchquerte er das sandige Herzstück der Gobi, eine der, wie er heute sagt, für ihn »wichtigsten Lebenserfahrungen überhaupt. Eine Transformation – wie ein ganzes Leben, komprimiert auf zwei Wochen.« Ohne den ersten Versuch, ohne das Ausloten von Grenzen und das Zurückweichen wäre sie nie möglich gewesen. »Scheitern ist ein Begriff, den wir in erster Linie als negativ sehen«, meint Baumann. »Versagen.« Ihm habe seine Lebenserfahrung gezeigt, dass Scheitern auch das genaue Gegenteil sein kann. »Nämlich Erfolg. Ein entscheidender Zwischenschritt für ein höhergestecktes Ziel, das man nicht auf Anhieb, nicht im ersten Schritt erreichen kann. Weil das Ziel zu groß und der Schritt ins Unbekannte zu weit ist. Dieser Zwischenschritt, den wir oft als Scheitern bezeichnen, ist meist der entscheidende Erfolgsbaustein.«

Auch für Reinhold Messner gehört das Scheitern »einfach mit dazu«. Er sagte mir, wenn er nicht bereit sei zu scheitern, dann sei er dem Tode ausgeliefert. »Das heißt, wenn ich merke, das wird zu gefährlich, durch Lawinengefahr oder auch Krankheit, oder es funktioniert etwas nicht, was ich vorbereitet, aber nicht genügend geprüft habe, dann muss ich bereit sein aufzugeben, wenn ich nicht einen Schritt zu weit gehen will. Und ich habe allein an den Achttausendern dreizehn Mal aufgegeben.«

Für jeden dieser Versuche musste er trainieren, Partner finden, die Finanzierung sicherstellen, die Ausrüstung vorbereiten und testen, anreisen, anmarschieren, sich akklimatisieren. Aus dieser Komplexität heraus resultierten auch Verpflichtungen – gegenüber seinen Partnern und gegenüber seinen eigenen Zielen. Trotzdem schätzt er, dass er bei etwa einem Drittel seiner Abenteuer sein Ziel nicht erreicht hat und gescheitert ist. Im Rückblick habe er gescheiterte Reisen aber tendenziell positiver in Erinnerung als die erfolgreichen, denn gelernt habe er beim Scheitern mehr.

Ist Scheitern also toll? Erstrebenswert? Reizvoll?

Nein, Scheitern ist Mist. Es tut weh, wirft zurück, sät Zweifel. Es ist »eine Grenzerfahrung, die sich anfühlt wie der Tod inmitten des Lebens«, meint die Psychotherapeutin und Autorin Irmtraud Tarr. Zudem gehen wir mitnichten aus jeder Krise positiv hervor und wartet nicht nach jeder Pleite das große Glück. Und wenn doch, ist das oft ein langwieriger Prozess.

In ihrem Artikel »Die Kunst des Scheiterns« für das Magazin ZEIT Wissen schildert Claudia Wüstenhagen, »was der Druck, Fehler zu vermeiden, in Menschen auslösen kann«. Die Angst vor dem Versagen quäle fast jeden irgendwann einmal und halte gerade in Deutschland »viele Menschen davon ab, Träume zu verwirklichen: ein eigenes Unternehmen gründen, ein Buch schreiben, Mode entwerfen – es wäre so schön. Aber was, wenn es nicht klappt?« Wir leben in »einer Leistungsgesellschaft, in der Menschen an ihren Erfolgen gemessen und für ihre Niederlagen verurteilt« würden. In »kaum einem anderen Land der Welt« würden »Misserfolge so sehr geächtet wie hier«.

Wäre es also nicht viel erstrebenswerter, das Scheitern zuzulassen? Es einzukalkulieren? Denn allzu oft wagen wir etwas nicht, weil wir nicht sicher sind, ob wir es schaffen werden. Dabei gilt im Reisen wie im Leben: Sind wir unserer Selbst im Angesicht einer Herausforderung vollkommen sicher, ist sie womöglich zu klein. Erst wenn es ungemütlich wird, sind wir gefordert, erst wenn etwas schiefgeht, schöpfen wir unser Potenzial aus. Erst indem wir etwas tun, für das wir uns nicht »gut genug« fühlen, besteht die Möglichkeit, Schritt für Schritt unsere Grenze des Machbaren zu verschieben. Oder wie Bergsteigerin Helga Hengge es in unserem »Weltwach«-Gespräch ausdrückte: »Bei einem Abenteuer muss es auch Momente geben, in denen wir uns die Sinnfrage stellen. Momente, in denen wir zweifeln und uns fragen, warum wir das alles eigentlich machen.« Das bedeute nicht, dass es nicht der richtige Weg sei. »Es bedeutet, dass man genau auf dem richtigen Weg ist und dass man sich etwas ausgesucht hat, das größer ist als man selbst, eine Herausforderung, bei der man über sich selbst hinauswachsen kann.« Das versuche sie auch im alltäglichen Leben zu beherzigen in Momenten, in denen sie denkt, sie habe sich übernommen. Weil es zu hart, zu schwierig sei. »Wenn man dann die Kraft und den Mut findet, weiterzumachen und zu kämpfen, dann hat man für das Leben wirklich was gewonnen.«

Nehmen wir also zweierlei hin: Scheitern ist ein notwendiger Zwischenschritt bei vielen ehrgeizigen Vorhaben. Und: Wenn wir ein solches Vorhaben angehen, sollten wir es in dem Bewusstsein und mit der Bereitschaft tun, scheitern zu können und zu dürfen. Wir sollten uns erlauben, einen Schritt zurück zu machen, umzukehren, unsere Meinung zu ändern, statt stur an einem Ziel festzuhalten, während längst alle Anzeichen auf Abbruch stehen. Das hat viel mit unserem Ego zu tun. Und für einige von uns mit etwas Übung. Nicht jeder ist mit einer Schutzhaut gesegnet, die dafür sorgt, Misserfolge abzustreifen und weiterzumachen, statt ewig zu grübeln. Claudia Wüstenhagen zufolge stecke die Antwort in einem einfachen Satz, der allerdings schwer zu beherzigen sei: »Ich habe versagt, aber ich bin kein Versager.« Die Kunst bestehe darin, »Fehler zuzugeben, aber seinen Selbstwert nicht ans Richtigmachen zu knüpfen«.

Suchen wir uns also gelegentlich Aufgaben, die wir uns kaum zutrauen, bei denen wir fürchten müssen zu scheitern. Eine hundert Kilometer weite Wanderung ohne längere Pause. Eine gesicherte Klettertour auf einem Steig in den Bergen. Eine Woche mit Sack und Pack abgeschieden in der Wildnis. Scheitern wir tatsächlich, gibt uns das die Gelegenheit, unseren Umgang mit Schlappen zu trainieren. Indem wir kurz innehalten. Ihre Ursachen selbstkritisch analysieren, ohne sie persönlich zu nehmen. Und uns anschließend für einen neuen Weg öffnen – und dann zur nächsten Unternehmung aufbrechen.

VOM ZAUBER DER ERSTEN STUNDEN

Am Anfang einer Reise steht die Aufregung. Sie ist besonders groß, wenn uns das Abenteuer in einen uns unbekannten Teil der Welt führt. Denn wenn man dort ankommt, ist man erst mal fremd. Und damit unsicher, verwundbar. Und empfänglicher für das, was unsere Augen und Ohren uns mitteilen. Welche Geschichte erzählt uns die Architektur über die Vergangenheit dieses Ortes und das Leben, das seine Bewohner führen? Welchen Tätigkeiten gehen diese Menschen nach? Was scheint sie zu erfreuen oder zu sorgen? Wirken sie glücklich? Ganz banal: Wo ist der richtige Weg, wie komme ich von A nach B?

Nach diesen ersten oberflächlichen Impressionen beginnt man langsam zu verstehen. Danach wird es Zeit, genauer hinzuschauen und erste Gespräche zu führen. Small Talk, Austausch, ein Geben und Nehmen kleiner Einblicke. Vielleicht begehen wir den einen oder anderen Fehler, auch das regt angenehm auf, hält wach.

So waren für mich die ersten Tage in Sydney regelrecht elektrisierend. Nach wenigen Stunden hatte ich mein altes Leben vergessen, war bereit für das andere, das Neue, und sog alle Eindrücke begierig auf: die einzigartigen Pflanzen, die gelassenen Menschen, die weißen Kakadus, die zu Dutzenden auf Ampeln saßen oder krächzend über die Straßen flogen, die Flughunde des Botanischen Gartens.

In Puerto Princesa, der Hauptstadt der philippinischen Provinz Palawan, schlich ich dagegen am ersten Abend ängstlich umher. Die Straßen in den Außenbezirken waren gesäumt von Hütten, die im Dunkeln lagen, davor zwielichtige Gestalten im Halbschatten. Ich nahm vor allem das Unstrukturierte, Unklare wahr und fühlte mich fremd, wie ein Aussätziger. Doch schon einen Tag später konnte ich viele Beobachtungen besser zuordnen, das Fremde wurde begreiflich, ein neues Lebensgefühl entwickelte sich, die anfängliche Unsicherheit verschwand.

Nie wieder ist man so empfänglich für Eindrücke und Unterschiede wie in der Anfangsphase einer Reise, nie wieder schlägt das Pendel im Angesicht des Neuen so vehement zwischen Anziehung und Abweisung aus. In den ersten Tagen können wir über das Fremde noch besonders gut staunen, können uns immer wieder sprachlos fühlen bei Beobachtungen, die wir nicht einordnen können und die wir schon Tage später mit einem lässigen Schulterzucken zur Kenntnis nehmen werden. Dabei muss gar nichts Großartiges passieren. Wir müssen nur beobachten und das Fremde genießen. Und natürlich vermeiden, mit allzu viel Gepäck in Form von aufgetürmten Erwartungen anzureisen. Wem das gelingt, für den sind die ersten Tage etwas Besonderes, Unwiederbringliches. Es ist wie bei einem Lieblingsfilm, den man zehn Mal geschaut hat und von dem man sich wünscht, ihn noch einmal mit frischen Augen sehen zu können. Wie gern würde ich wieder durch die alte laotische Königsstadt Luang Prabang wandern und meinen Blick zum ersten Mal von Tempel zu Tempel gleiten lassen. Aber die Eindrücke der ersten Begegnung mit einem Ort kehren nie zurück, nachdem man ihn sich zu eigen gemacht hat – außer vielleicht als Erinnerung. Von dieser ersten Begegnung an überschreiten wir Schritt für Schritt kleine Schwellen, die vom Unvertrauten schließlich ins Vertraute führen. Deshalb können wir kurz nach der Ankunft an einem Tag mehr wahrnehmen als später in einer ganzen Woche. Wir kennen die üblichen Preise noch nicht, suchen nach kleinen Momenten des Verstehens, winken noch nicht routiniert ab. Wir halten beim Vorbeistreifen an den Einheimischen unbewusst nach einem Lächeln Ausschau, nach einem Zeichen, das uns das Gefühl gibt, willkommen zu sein. Oder wir halten nach gar nichts Ausschau, sondern machen es wie Andreas Altmann, der auf meine Frage, wonach er suche, wenn er an einem neuen Ort ankomme, antwortete: »Ich habe kein Ziel! Ich bin einfach da. Natürlich, jeder Mensch hat in jeder Sekunde einen riesigen Computer im Kopf, der fortwährend selektiert.« Aber Altmann tue das nicht bewusst, schon gar nicht an Orten, an denen er überhaupt nichts wisse – und an denen er diese Unkenntnis auch ein Stück weit nach außen vermitteln wolle. Denn meist reise er nicht offiziell als Reporter, »meistens bin ich nur der dumme August. Irgendein Niemand, der zufällig da ist und beobachtet.«

Manchmal erfahren wir gleich zu Beginn einen Dämpfer, der unsere Freude am Fremden nachhaltig zu trüben droht. Wenn wir schon am Flughafen unfreundlich empfangen werden und von den Beamten nur grimmige Gesichter kassieren, verändert sich unser Wahrnehmungsfilter, wir werden skeptischer, kritischer, und das Land wird es ein wenig schwerer haben, uns von seiner Schönheit zu überzeugen.

Nicht skeptisch, aber durchaus grimmig war ich an meinem ersten Tag in der chilenischen Atacama-Wüste. Die Eindrücke dieses Tages prägen mein Bild von dieser Landschaft bis heute: rau, abweisend, eine eindrucksvolle Ödnis aus Sand und Geröll. In diesem Fall wurde der anfängliche Schock jedoch nicht von unfreundlichen Flughafenmitarbeitern oder anderen garstigen Menschen ausgelöst, sondern war durch und durch selbst verschuldet. Denn ich stieg gleich am ersten Morgen nach meiner Ankunft auf ein Fahrrad, um die Gegend zu erkunden. Was gemütlich und harmlos klingt, fühlte sich gänzlich anders an, als ich – ohne akklimatisiert zu sein – mit Jetlag in zweieinhalbtausend Meter Höhe über staubige Pisten strampelte, über groben Schotter, durch tiefen Sand, Berge rauf und runter, von starken Böen, die für die Region typisch sind, mal gebremst und – leider seltener – mal angeschoben. Das alles unter der Dunstglocke sengender Wüstenhitze, deren Luft so trocken ist wie nirgendwo sonst. Denn die Atacama gilt als trockenste Wüste der Welt. Lediglich ein Fünfzigstel der Niederschlagsmenge des US-amerikanischen Death Valley kommt hier runter.

Es wurde eine in ihrer Intensität unerwartete Herausforderung, die mich an den Rand der Erschöpfung brachte und in der Folge eine mehrtägige Regeneration nötig machte. Die mich fluchen ließ, auf meine Unüberlegtheit, auf meine arglose Lust, mich im Umland San Pedros mal umzusehen, auf die Wüste und die Steine und die dünne Luft. Aber die mir auch immer wieder Momente der Vollkommenheit schenkte, die ich bis heute in mir trage, Momente, die mir die Mühe aufgedrückt hat wie ein Brandzeichen.

Ich besuchte an diesem ersten Tag einige der Spots, die jeder Tourist aufsucht: das Valle de la Luna, das Valle de la Muerte, auch den Salar de Atacama, eine riesige Salzebene, in deren kleinen Lagunen man sich zwischen schwimmenden Salzplatten treiben lassen kann wie im Toten Meer, in guter Nachbarschaft zu Flamingos und Alpakas. Aber ich erkämpfte mir diese Orte selbst, in meiner eigenen Zeit, durch meine eigene Kraft. Und schärfte so meine Fähigkeit, mich von ihnen bezaubern zu lassen. Oft traf ich entgegen der gängigen Abläufe der Tourenveranstalter ein: Das Valle de la Luna, das Mondtal, wird von ihren Bussen normalerweise am späten Nachmittag angesteuert, pünktlich zum Sonnenuntergang. Aussteigen, genießen, einsteigen, zurückfahren. Ich war früher dort und nahezu allein, stellte mein Rad ab, durchstreifte die bizarre Landschaft mit ihren von tiefen Erosionsfurchen durchzogenen Bergflanken und wirbelte bei jedem Schritt vom knochentrockenen Boden Staub auf, den der unermüdliche Wind hoch in die Luft und weit fort beförderte – meine eigene kleine Staubwolke, die mir folgte wie einer Banditenbande beim Ritt durch den Wilden Westen. Ich erkundete mal sandige, mal salzverkrustete Pfade, betrachtete die Formen und Schatten und die dunkle Bergkette, die sich am Horizont entlangzog. Hier und da erhoben sich perfekt geformte Kegelvulkane mit schneebetupften Spitzen, jeder von ihnen ein idealer Kandidat für Mordors Schicksalsberg samt den kargen Ebenen zu seinen Füßen. Dazu das Licht: grell und gleißend. Kein grauer Himmel, kein von Wolken gefilterter und stumpf gemachter Schimmer – nur Licht und sandiges Geröll und trockene Hitze.

Am Abend wurde ich von der Erschöpfung hinweggerafft, aber was für eine Ankunft, was für eine vermeintliche Ewigkeit! Dieser erste Tag kam mir wie mehrere Wochen vor, ich begann diesen Ort zumindest ein kleines bisschen zu verstehen und war damit bereit für die tatsächlich anstehenden Wochen meiner Reise, für weitere Streifzüge durch die Wüste und die angrenzenden Anden.

Auch der Autor und mehrfache Gast meines Podcasts Matthias Politycki berichtet in seinem Buch *Schrecklich schön und weit und wild* von dieser Intensität des Ankommens, von der Macht der ersten Begegnung oder des ersten Anblicks: »Wer durch die schmale Schlucht auf die jordanische Ruinenstadt Petra zuschreitet und in einer Biegung plötzlich einen Ausschnitt des Schatzhauses sieht, wird von diesem Initiationserlebnis so geprägt, dass es vermutlich alle weiteren Eindrücke – die bei einer verlassenen Felsenstadt ja gewaltig ausfallen – überstrahlt. Petra wird sich in der Erinnerung zu diesem einen Bild zusammenziehen.«

Zweifellos, das Wesen eines Landes und seiner Menschen zu begreifen kann eine Lebensaufgabe sein, und dennoch lernen wir nie wieder auf einen Schlag so viel über unser Ziel wie in jenen ersten Momenten – vor allem nämlich, dass es wahrhaftig ist. Bevor wir aufbrechen, sind viele andere Länder für uns nicht real: Wir wissen aus Atlanten, von *National Geographic* und den Tagesnachrichten, dass es sie gibt, aber für uns existieren sie nur als Konzepte in unseren Köpfen. Selbst nach der Lektüre von Hunderten Büchern über Indien hätte ich nur ein theoretisches, lebloses Verständnis des Landes und seiner Kultur erhalten. Aber indem ich durch die Straßen Neu-Delhis lief und die Gerüche und den Lärm wahrnahm und das verrückte Treiben beobachtete, erwachte der Ort für mich zum Leben. Wenn das immer wieder geschieht und wir auf diese Weise immer mehr Teile der Landkarte für uns erhellen, dann begreifen wir, dass die Welt nicht nur eine von Staatsgrenzen durchschnittene Karte mit rund zweihundert Staaten ist, sondern ein Ort, der über ein unendliches Faszinationspotenzial verfügt.

Jener Zauber der ersten Begegnung umfing mich auch bei meiner Ankunft in Jordanien und hat sich regelrecht in meine Erinnerung eingebrannt. Es war meine erste Reise in den Mittleren Osten, und alles, was ich an diesem Tag sah, erweiterte mein Weltverständnis um ein weiteres Mü.

Als ich morgens um vier am Flughafen in Amman ankam, wartete bereits der Fahrer auf mich, den ich für die erste Etappe gebucht hatte. Es war ein älterer Mann mit einer rotweiß karierten *kufiya*, dem traditionellen arabischen Kopftuch. Er brachte mich nach Süden. Bald schon wurden in der sanften Dämmerung links und rechts weite Ebenen sichtbar, die sich dahinter im grauschwarzen Nichts verloren. Ich konnte nicht erkennen, ob es Felder oder Steppen oder Felsen waren, sah nur die konturlosen Flächen – wie ein karges Bühnenbild ohne jede Verzierung. Kein Stern funkelte am Himmel.

Die einzigen Lichter stammten von kleinen Reflektoren, die in der Fahrbahnmitte eingelassen waren, und von vereinzelten Gebäuden irgendwo in den Ebenen. Einsame Lichter im grauen Dämmer. Ein Gefühl von Grenzenlosigkeit. Irgendwo im Nirgendwo, weit abseits von der Straße, stand eine Moschee, innen bereits hell erleuchtet. Um Viertel vor sechs hörte auch mein Fahrer den inneren Ruf zum Gebet. Er bog zu einer Tankstelle ab, verkündete: »Zehn Minuten. Ich will beten!«, sprang hinaus und verschwand um eine Ecke, vermutlich in den Gebetsraum. Als er zurückkehrte, murmelte er noch immer, die Gebetskette in der Hand, die er zum Abschluss küsste.

Auf der Weiterfahrt erzählte er, dass er schon seit sechsundzwanzig Jahren Fahrer sei. »Früher war es eine gute Arbeit. Früher kamen viele Touristen zu uns. Aber seit Amerika in den Irak einfiel und einige unserer Nachbarländer im Chaos versanken, bleiben sie aus. Obwohl die Probleme doch nur um uns herum bestehen und es hier bei uns sicher ist!« Mittlerweile sei es schwierig, mit Fahrten wie dieser und als Guide Geld zu verdienen, aber er wolle keinen anderen Job, er habe immer mit Touristen gearbeitet. »Leider scheuen sich viele Menschen grundsätzlich vor dem Mittleren Osten – es ist ein Ort mit Problemen.«

Während links von uns der rote Feuerball über dem dunstigen Horizont aufstieg, säumten immer wieder kleine Siedlungen die Straße: einfache Geschäfte, leer stehende Garagen und Verschläge, Schutt, Ruinen, Reifenstapel. Ab und zu eine Tankstelle. Sonst nichts. Viele Wohnhäuser wirkten verlassen. Anders dagegen die Handvoll Beduinensiedlungen, die aus ein paar Zelten, Vieh und gelegentlich einem Pick-up bestanden. Dahinter erhoben sich Hügel. Sie hatten die gleiche Sandsteinfarbe wie die knochentrockene Landschaft, durch die wir fuhren und die abgesehen von ein paar strohigen Grasbüscheln vollkommen steinig war. Und das, obwohl es in Amman erst vor wenigen Tagen nach heftigen Regenfällen Überschwemmungen gegeben hatte, die Autos fortgespült und Menschen das Leben gekostet hatten. Ich fragte mich, wie hier irgendetwas oder -jemand leben konnte.

»Eine mühevolle Existenz«, bestätigte mein Fahrer. »Die Menschen achten auf ihr Vieh, hüten die Schafe. Manchmal ziehen sie mit ihren Zelten umher, manchmal schlafen sie daheim in ihren Häusern.«

»Und die übrigen Menschen? Wie verdienen die ihr Geld?«, wollte ich wissen.

Er zuckte mit den Schultern. »Manche haben ein kleines Geschäft oder sind beim Militär angestellt.«

Der Morgendunst schien sich aufzulösen. Das Blau breitete sich am Himmel aus, vereinzelte Bäume und Straßenschilder warfen lange Schatten. Irgendwann bogen wir rechts ab. Die Straße führte bergauf, und das gleißende Sonnenlicht verschwand hinter einer dichten Wand aus Nebel. Plötzlich waren wir mitten in den Wolken. Wir konnten kaum die Motorhaube ausmachen, während wir über Hänge und durch Dörfer fuhren.

Dann erreichten wir Dana Village, ein kleines fünfhundert Jahre altes Dorf. Es liegt in atemberaubender Lage auf einem Plateau über einer tiefen Schlucht, die von hier aus schon zu erahnen war. Der Wagen holperte über die verwaiste Straße aus groben Natursteinen, bis er schließlich hielt.

Dana Village ist ein bezauberndes Dorf, gedrungen und verwinkelt wie ein kleines Labyrinth, erbaut aus Steinen im typischen Ockerton der umliegenden Landschaft. Große Teile waren verfallen. Von den meisten Gebäuden standen nur noch einzelne Bögen oder Mauern, was der Siedlung die Anmutung einer teilweise freigelegten Ausgrabungsstätte verlieh. Aber mittendrin befanden sich ein paar instand gesetzte Häuser. Drei oder vier davon waren Unterkünfte. Ich stieg im Dana Tower Hotel ab. Das Gasthaus war in sich selbst ein kleines Labyrinth mit schmalen Gängen und Treppen zwischen immer wieder miteinander verbundenen Gebäuden und angebauten Ziegelverschlägen. Jedes ihrer Dächer war zu einer Terrasse ausgebaut und mit Bänken und uralten Sesseln bestückt worden. Decken, mit grober Nadel zusammengenäht und mit Stöcken zu Sonnensegeln aufgespannt, würden später am Tag Schatten spenden. Noch war niemand wach, es war sieben Uhr – und frisch. Fröstelnd setzte ich mich auf eine der Dachterrassen und wartete. Langsam lösten sich auch hier die Wolken auf.

Nachdem der Sohn des Eigentümers mich begrüßt hatte, ich das Frühstück aus Fladenbrot, Hummus und Schwarztee vertilgt und mein winziges Zimmer bezogen hatte, brach ich zu einer ersten Erkundung auf. Ich folgte der holprigen Straße durch Dana. Schon nach drei Minuten hörten die Gebäude auf, die Straße wurde noch holpriger. Anstatt aus festen Steinen bestand sie nun aus grobem Schotter und losem Geröll. Und sie führte abwärts, schlängelte sich in gewundenen Bahnen den Hang hinab in die Schlucht hinein, in die der Blick nun freigegeben wurde – eine atemberaubende Aussicht in eine wildschöne Landschaft. Die Sonne stand mittlerweile hoch am Himmel und ließ die zerklüfteten Felsen in Farben schimmern, die die Gesteinsschichten klar erkennen ließen: unten hell, beinahe weiß, weiter oben rotbraun, beinahe wie Rost, ganz oben an einigen Stellen wiederum weiß. Immer wieder wurden sie von Seitenschluchten durchschnitten. In der Ferne wurde die Felslandschaft niedriger, mäßigte sich und ging in eine Ebene über, als hätte sie kurz vor dem Horizont an Kraft verloren.

Ich begann abzusteigen, vorbei an den Überresten uralter Natursteinmauern. Mit jeder Biegung, die der schmaler werdende Pfad nahm, boten sich neue Perspektiven auf die Schlucht, als wollte sie ihre Geheimnisse nur in kleinen Portionen offenbaren. Als ich glaubte, zwei Drittel der Höhe zurückgelegt zu haben, blieb ich auf einem Felsvorsprung stehen. Die Berge ragten hoch über mir auf. Die Sonne drückte. Ich hörte Vogelzwitschern, das Summen vereinzelter Fliegen und das fortwährende, von der anderen Hangseite kommende Jaulen eines Hundes. Die so karg erscheinende Landschaft lebte.

Gebetsgesänge, ihrem Klang nach zu urteilen vom Band abgespielt, hallten aus der Schlucht herauf. Etwas später passierte ich eine einsame Farm. Wobei der Begriff »Farm« etwas hochgegriffen ist. Kniehohe Natursteinmauern, nach oben hin ergänzt von einem einfachen Zaun, einige Granatapfel- und Olivenbäume, dahinter ein Unterschlupf aus grauen Ziegeln. Und irgendwo ein Abspielgerät. Ich hielt nach einem Menschen Ausschau, entdeckte aber niemanden.

Kurz darauf vernahm ich Rufe und Glockenbimmeln. Ich kam um eine Kurve und sah etwas, das sich Karl May nicht besser hätte ausdenken können: Ein Mann mit dunkelbrauner ledriger Haut und einem tiefschwarzen Schnurrbart saß in staubiger Armeekleidung auf einem Maultier. Auf dem Sattel, einem mit einer Decke verhüllten Holzgestell, auf und ab wippend, ritt er einer Herde Ziegen hinterher, die er mit »Brrr!«-Lauten und abgehackten »Hoah!«-Rufen den unwegsamen Hang schräg hinauf-, vor mir auf den Pfad und dann weiter in die Schlucht hineintrieb. Er winkte mir zu, und wir versuchten, ein paar Worte zu wechseln. Da ich kein Arabisch spreche und sein Englisch rudimentär war, beschränkte sich der Austausch auf einfachste Fragen mit offensichtlichen Antworten, begleitet von freundlichen Gesten: Ja, er treibe die Ziegen in die Schlucht hinein. Ja, ich würde die Schlucht erkunden. Nein, ich wolle nicht bis nach Feynan, sondern würde in ein paar Stunden umkehren und in Dana übernachten. Ich erfuhr, dass sein Name Mahamud war. Was mich fesselte, war sein Gesicht. Ein Gesicht voller Leben. So viel Kargheit und Sonne und Luft und Mühe und Freude, so viele Unterschiede zu meiner eigenen Geschichte, so viele Gedanken und Erinnerungen, die ich nicht einmal erahnen konnte.

Nachdem wir uns verabschiedet hatten, blickte ich ihm nach. Ich sehe das Bild noch heute vor mir, als schaute ich auf eine Fotografie. Der Esel, der urtümlich wirkende Mann, der seinen Lebensunterhalt mit seinen Ziegen verdiente und auf dem Maultier davonwackelte, umgeben von einer zerklüfteten, Ehrfurcht einflößenden Landschaft. Es war eine kleine Szene, alltäglich und unbedeutend, und doch beeindruckte sie mich, weil sie nicht nur ein Anblick war, sondern ein Einblick in eine andere Welt, die ich für diesen einen kurzen Moment streifte. Sie führte mir vor Augen, wie weit ich mich in nur wenigen Stunden von meinem Leben zu Hause entfernt hatte. Ein halber Tag Anreise mit Flugzeug und Auto für ein anderes Leben, für eine andere Wirklichkeit, in der viele Selbstverständlichkeiten keine Bedeutung hatten.

Ich lief noch etwas weiter, setzte mich am Boden der Schlucht in den Schatten eines Felsens und rastete. Der Schatten tat gut. Ich wischte mir den Schweiß von der Stirn, atmete durch, lauschte der friedlichen Stille. Spürte die weite Landschaft unter einem noch weiteren Himmel. Fühlte Dankbarkeit dafür, dass mir diese Eindrücke geschenkt worden waren. Und dass ich sie nicht Tage oder Wochen hatte suchen müssen, sondern nach wenigen Stunden mühelos einsammeln durfte wie leuchtende Beeren am Wegesrand.

LEBENSLEKTION

Muße wagen und nach innen reisen

Absolute Ruhe. Nichts lärmte, nichts hetzte. Kein Geräusch – außer dem sanften, rhythmischen Rauschen der immer wieder neu geborenen Wellen, die eine nach der anderen ihren

Rücken krümmten für den kurzen Ritt zur Küste. Dieser Ritt fiel hier recht bescheiden aus, denn die Wellen rasten nicht schwungvoll vom offenen Meer heran, sondern hatten nur ein paar Dutzend Meter, um Fahrt aufzunehmen, bevor sie den Sandstrand erreichten. Der Grund: Wir befanden uns an einer Lagune. Vor uns verbargen sich Korallenbänke im Meer und erhoben sich Kalksteinfelsen aus dem Wasser, die die Lagune einrahmten und die Elemente ihrer Kraft beraubten. Ein geschützter idyllischer Ort, nein, mehr noch: ein Paradies.

Zusammen mit drei Freunden saß ich irgendwo auf einem winzigen felsigen Eiland des Bacuit-Archipels vor der Küste der philippinischen Insel Palawan. Ein Fischer, den wir in einem nahe gelegenen Dorf kennengelernt hatten, hatte uns mit seinem Boot hergebracht – und würde uns hoffentlich in einigen Tagen wieder abholen. Mit im Gepäck: ein paar Liter Wasser, Snacks und einige Fische vom Dorfmarkt, die wir am offenen Feuer zubereiten würden. Unser Plan: hier sein, nichts tun. Innehalten, durchatmen, genießen. All die üblichen Verlockungen des Reisealltags hinter uns lassen. Kein Strom, kein fließendes Wasser, keine Busse, keine Bars, keine Fruchtshakes, keine Pancakes. Keine Menschenseele außer uns. Nur der Strand, das Meer, ein bescheidener Palmenwald, einige Felsen und unsere Hängematten. Es war unser ganz privates Robinson-Crusoe-Abenteuer, zugegeben ohne die hoffnungslose Einsamkeit. Die Frage, ob die Gestrandeten überleben würden, stellte sich nicht.

Der Kontrast zu den mit Eindrücken vollgestopften Reisewochen, die hinter uns lagen, war mehr als willkommen. Ich dachte an die letzte Bustour vor wenigen Tagen: eine wilde Raserei über Stock und Stein, die über ausgewaschene Schotterpisten führte, mitten durch tiefen Dschungel, stets begleitet von einer dichten Staubwolke, die uns immer wieder einholte, durch die scheibenlosen Fenster drang und unsere Augen und Nasenlöcher verklebte. Unsere Arme, Beine und Rücken stießen unentwegt gegen die Metallstangen, die die Sitze umrandeten, Blutergüsse entstanden, vermutlich wurde die eine oder andere Plombe aus den Zähnen gerüttelt. Dazu panische Hühner in Käfigen, schreiende Kinder auf Schößen und derbe Synthesizermusik, die aus überforderten Lautsprechern plärrte. Grund genug, jetzt die Stille besonders dankbar über uns fluten zu lassen. Ich lehnte mich an eine Palme, atmete tief durch und schaute hinaus auf das Wasser, den Kalkstein und den wolkenlosen Himmel – und nahm vage wahr, wie die Zeit ihre Bedeutung verlor, wie das unentwegte Ticken der Uhr in meinem Kopf leiser wurde, wie die Stunden und Minuten, in die wir unsere Tage zerschneiden, zerflossen und eine unbestimmte Größe zurückließen: Zeit. Wir hatten nicht viel oder wenig davon, sondern einfach: Zeit. Es war herrlich.

Genau an diese Tage dachte ich zurück, als mir der Abenteurer und Unternehmer Jochen Schweizer im Gespräch davon erzählte, wie er zu einer ganz anderen Zeit, an einem ganz anderen Ort gedankenversunken auf dem Boden gesessen hatte. In diesem Fall nicht an eine Palme gelehnt, sondern an einen Felsen, die Füße nicht im Sand vergraben, sondern in einem Schlafsack, den Blick nicht auf eine Lagune gerichtet, sondern auf eine weite trockene Ebene irgendwo in der Sahara. Der Weg hierher war für ihn deutlich weiter und beschwerlicher gewesen als unsere Anreise zum philippinischen Archipel: Er war Mitte der Siebzigerjahre mit einem Motorrad von Deutschland nach Afrika aufgebrochen. Geleitet von schlechten Karten, vagen Informationen und seinem Kompass, durchquerte er die Sahara und erreichte schließlich Lomé, die Hauptstadt von Togo. Für ihn war sie ein Paradies, das alle Klischees des bunten, lebendigen Afrikas erfüllte.

Ein noch größeres Abenteuer wartete viele Monate später auf der Heimfahrt. Neuntausend Kilometer lagen insgesamt vor ihm, mehr als die Hälfte davon führte durch eine Landschaft, in der die Temperaturen im Winter tagsüber bei vierzig bis fünfzig und nachts unter null Grad liegen konnten. Die schwierigste Etappe in dieser lebensfeindlichen und weitgehend unbewohnten Umgebung war die zu großen Teilen unbefestigte Tanezrouft-Piste. Sie führte mitten durch die Zentralsahara. Im Ersten Weltkrieg von französischen Truppen als Versorgungslinie angelegt, gab es auf dieser Strecke über Hunderte Kilometer hinweg keine Markierungen oder andere Anhaltspunkte – bis auf eine Handvoll mit Sand gefüllter Benzinfässer, die es nicht zu verfehlen galt. Sonst würde der kostbare Treibstoff- und Wasservorrat bald knapp werden. Nicht ohne Grund wird dieses Gebiet auch als »Land des Dursts« bezeichnet. Es durfte nichts schiefgehen.

Schweizer liebte das Motorradfahren und die damit verbundene Freiheit. Die Schutzlosigkeit. Die Kühle eines Felsschattens, den Duft eines Buschs, den heißen, steten Wind der Sahara, das Erspüren der Untergrundbeschaffenheit. Diese Freiheit fand ein jähes Ende, als er unweit des nördlichen Nigerbogens einen aufwendigen Umweg vermeiden wollte, dem Kompass folgend in militärisches Sperrgebiet geriet – und als vermeintlicher Spion verhaftet wurde. Die malischen Soldaten nahmen ihm seinen Pass und seinen Motorradschlüssel ab, übersahen jedoch, als sie sein Gepäck durchsuchten, sowohl seinen Zweitpass als auch seinen Ersatzschlüssel. Nach einer Woche wagte er die Flucht: Verfolgt von einem Geländewagen und von Schüssen, die ins Leere gingen, raste er in die Wüste zurück und entkam seinen Verfolgern. War er für gewöhnlich nur morgens und abends ein paar Stunden unterwegs, um die größte Hitze zu meiden, fuhr er diesmal den ganzen Tag hindurch, um möglichst viel Abstand zur Polizeistation zu gewinnen. Er badete weiter in der gewaltigen Leere des offenen Geländes. »Du bist allein«, erzählte Schweizer mir, »aber nicht einsam. Diese große Leere empfand ich als beglückend.«

Gegen Abend sah er am Horizont einen Berg, oder eher einen Hügel, der sich vielleicht dreihundert Meter über die

Geröllebene erhob. Als er ihn erreicht hatte, fuhr er ein Stück bergan, bis es nicht mehr weiterging. Er ließ das Motorrad stehen, nahm seinen Schlafsack und stieg in zwanzig Minuten bis hinauf zum Gipfel. »Dort oben habe ich dann geschlafen.«
Und plötzlich, nach Monaten des Abenteuers, nach Tagen der Haft, nach Stunden schweißtreibenden Fahrens über Stein und Sand, fügten sich Schweizers Umwelt und sein Innenleben zu einem der prägenden Momente der gesamten Reise.
»Die Sterne waren nicht über mir, sondern ich war mittendrin. Die Luft ist trocken über der Sahara, weshalb die Sterne viel heller und klarer sind als bei uns. Man sieht sie ungefiltert. Ich saß dort oben, am höchsten Punkt eines unendlichen Raumes, der sich um mich herum und über mir erstreckte, und fühlte mich eins mit allem. Meine einzige Verbindung zur Realität und zur Welt war dieses Motorrad, das irgendwo weiter unten stand, das ich aber von hier aus nicht sah. Ich war vollkommen allein. Es gab keine Lichtquelle, nirgendwo.«
Mit den ersten Sonnenstrahlen erwachte Schweizer. »Es war kalt dort oben. Noch immer in meinem Schlafsack, lehnte ich mich an die Felsen und schaute in die Ferne. Ich hatte vielleicht hundert Kilometer Rundumsicht. Da war nichts. Vollkommene Leere.« Er dachte darüber nach, wie gefährlich die Situation war, in der er sich befand, hier, mitten im Nirgendwo, allein mit einem Motorrad. »Ich wusste, ich kann nur weiter nach Norden. Meine Ressourcen – Wasser, Benzin – waren begrenzt. Und dennoch saß ich dort oben und war vollkommen glücklich. Das war einer der intensivsten Momente meines Lebens. Mir wurde klar, dass Freiheit und Selbstbestimmung unabdingbare Paradigmen für mich waren. Und das sind sie geblieben, bis heute.«
Schweizer war in Lomé in seinem Zelt von einem Mann mit einem Messer überfallen worden, er war festgenommen worden, auf ihn war geschossen worden. Er hatte Tausende Kilometer Wüste überwunden. Aber der kraftvollste Moment der

Reise war ein Moment vollkommener Stille. Ein Moment, in dem er zur Ruhe kam.

Bei aufreibenden Reisen wie seiner stehen oft die Herausforderungen an die Psyche und den Körper im Vordergrund. Wir liefern uns unserer Umgebung komplett aus, lassen uns von ihr einhüllen, legen in ihr unter Umständen beträchtliche Distanzen zurück, oft Wochen am Stück, Tag und Nacht. Derweil spüren wir uns selbst im Raum, in der Bewegung, ob ganz leicht nur, fast wesenlos, weil die Gipfelluft oder Meeresbrise an uns vorbei- und um uns herumströmt, oder heftiger, weil wir den Felsen oder den Sand fühlen, weil wir das mächtige Blätterrauschen vernehmen. Dies kann überall dort geschehen, wo wir unseren Routinen, die unsere Sinne und Instinkte verkümmern lassen, entkommen.

Doch selbstverständlich geht es beim Reisen nicht nur um das Ringen mit der Natur, sondern auch ums Ankommen und Ruhefinden. Oft sind es wie bei Jochen Schweizer die stillen Momente, die eine ungeahnte Kraft entwickeln. Jedenfalls dann, wenn wir ihnen die Möglichkeit dazu geben, anstatt lediglich Alltagshektik in Reisestress umzuwandeln.

Reiseschriftstellerin Carmen Rohrbach berichtete mir, dass es ein Traum von Wildnis und Einsamkeit war, der sie nach Kanada lockte. Dort verbrachte sie einen ganzen Winter völlig isoliert in einer abgelegenen Blockhütte an einem glasklaren See, umringt von rauen Bergen. »Ich wollte in der kanadischen Wildnis leben wie früher die Fallensteller«, sagte sie, »und die Härte der Natur spüren.« Stets habe sie das Gefühl begleitet, sie werde beobachtet. »Von den Bergen, den Tieren, den Bäumen. Ich wuchs mehr und mehr in diese Gemeinschaft hinein. Deshalb fühlte ich mich auch nicht einsam, sondern umschlossen, dazugehörend.« Sie schloss Freundschaft mit Eichhörnchen und Meisenhähern und beobachtete, wie die Natur sich veränderte, während die Monate verstrichen. Noch heute erinnere sie sich gern an das Rauschen des Windes zurück, an die dramatischen Sonnenuntergänge, die unterschiedlichen Stimmungen des Sees, an den Hauch von Ursprünglichkeit, der ihr eine Ahnung verschafft habe von dem Leben, das die Trapper hier einst geführt haben mochten.

Ein vorübergehender Ausstieg aus unserer Zivilisation, die Auseinandersetzung mit essenziellen Themen, die in unserem Alltag kaum noch einen Platz haben, die Geborgenheit in der Einsamkeit, all das kann beruhigend, gar reinigend auf unseren Verstand wirken. Denn hier, in der Natur, liegen die Wurzeln unseres Wohlbefindens. Auch Reinhold Messner sucht die »Einsamkeit der letzten unberührten Wildnislandschaften dieser Erde«, um ganz er selbst zu sein. In seinem Buch *Mein Weg* schreibt er: »Ich muss von Zeit zu Zeit aus der krank machenden Hektik unserer westlichen Zivilisation aussteigen, ich muss mich diesem giftigen, stinkenden Sog entziehen, um mich und andere nicht zu gefährden. Um mich ausdrücken zu können, muss ich die Welt mit meinen Schritten ausmessen. Nur so kann ich selbst ermessen, wer ich bin, wo ich hingehöre.« Und Weltenbummler Achill Moser sagte in einem unserer Interviews, wir bräuchten die Natur nicht nur als Produktionsfläche, sondern »unbedingt und vor allem auch für unsere Seele. Wir wissen alle, wenn wir in einem Wald an einem Fluss entlangspazieren, dann macht diese Natur etwas mit uns. Wir werden ruhiger, gelassener, wenn wir uns drauf einlassen.«

Einer Umfrage zufolge, die 2015 im Auftrag der Bundesregierung zum Thema Naturbewusstsein durchgeführt wurde, gehört für vierundneunzig Prozent der erwachsenen Deutschen die Natur zu einem guten Leben dazu. Und das ist kein aktueller, kurzlebiger und schon gar nicht auf Deutschland begrenzter Trend: Bereits Henry David Thoreau, Amerikas großer Naturschriftsteller, ging nach eigener Aussage »in die Wälder, denn ich wollte wohlüberlegt leben; intensiv leben wollte ich, damit ich nicht in der Todesstunde innewürde, dass ich nicht gelebt hatte«. Schauen wir noch weiter zurück, stoßen wir auf die alten Ägypter, die ihren Patienten zur schnelleren Genesung Spaziergänge in üppigen Gärten verschrieben. Woran liegt es, dass uns Natur so guttut? Der Homo sapiens sei in einer viel wilderen Welt als unserer heutigen erwachsen geworden, erläuterte Karin Kraft in einem Interview für das *ZEITmagazin*. Sie ist Professorin an der Universität Rostock und Inhaberin von Deutschlands einzigem Lehrstuhl für Naturheilkunde. Im Gespräch mit Journalistin Anke Sparmann schlussfolgerte sie, dass seither zu wenige Generationen vergangen seien, als dass sich unser Fühlen und Denken dem städtischen Leben angepasst hätte. Wir seien noch immer geprägt auf Landschaften, in denen frühe Vorfahren Schutz, Nahrung, Wasser fanden.

Kraft, die während des Interviews mit Sparmann durch einen Wald wanderte, fragte: »Hören Sie?« Und meinte damit das Rascheln, Knacken, Plätschern und Zwitschern, das die beiden umgab, eine behagliche Klangkulisse, die Steinzeitmenschen signalisiert habe, dass keine Gefahr bestand, und die noch heute beruhigend auf uns wirke. Dazu oben das Laub, das als natürliches Dach kurzwellige Infrarot- und UV-Strahlung aus dem Sonnenlicht filtere, Hitze mäßige, Kälte und Regen mindere. Und unten der Boden, nachgiebig und leicht uneben, eine Wohltat für unsere Gelenke, die für harten Asphalt und Beton nicht gemacht seien.

Vor allem der von Thoreau und Kraft so hochgeschätzte Wald liegt als Rückzugsort mehr denn je im Trend. So erfreut sich das Waldbaden wachsender Beliebtheit, bei dem nach dem Vorbild des japanischen *shinrin-yoku* der bewusste Aufenthalt im Wald für Wohlbefinden sorgen soll. Für Bruno Baumann ist es eine andere Landschaftsform, die sein Wohlbefinden steigert: In der Wüste findet er eine Stille, die ihm hilft, seine »Antennen ein bisschen zu reinigen«. Besonders Sandwüsten eigneten sich dafür gut, wie er mir verriet. Kein Matterhorn und Everest lenke hier ab, keine sogenannte Naturschönheit fixiere den Blick. Stattdessen eine Leere, die den Betrachter zwinge, sich mit sich selbst zu beschäftigen. Es sei kein Zufall, dass es gerade Propheten und andere Suchende immer wieder in die Wüste gezogen habe: weil die Wüste das natürliche Umfeld dafür biete mit ihrem Mangel an landschaftlichen Parametern und ihrer »unglaublichen Qualität der Stille, die wir gar nicht mehr kennen«. Baumann verweilt auch gern im Wald, am Wasser, in den Bergen. Aber er trifft hier überall auf Geräusche. »Doch die Sandwüste, dieser Endzustand von Materie, verursacht kein Geräusch mehr. Das ist etwas, das tiefer in die menschliche Seele hineinschneidet als jede andere Landschaft.«

Polarforscher und Weltumsegler Arved Fuchs wiederum erzählte mir von seiner Faszination für die archaischen Naturlandschaften der Polregionen. Und so ließe sich die Liste fortsetzen.

Ob Wald, Wüste oder Arktis – im Buch *The Experience of Nature – A Psychological Perspective* liefern die beiden Psychologieprofessoren Rachel und Stephen Kaplan einen Erklärungsversuch dafür, warum wir uns erholen und besser konzentrieren können, wenn wir uns der Natur aussetzen oder auch nur eine Naturszenerie betrachten. Die »Aufmerksamkeitswiederherstellungstheorie« des amerikanischen Forscherpaars besagt, dass Wolken, die sich über den Himmel schieben, Blätter, die an Bäumen rascheln, oder die Sonne, die langsam hinter einer Düne versinkt, eine »weiche Faszination« auf uns ausüben und uns eine mühelose Reflexion des Gesehenen ermöglichen können. Bei den meisten Aufgaben, die unser Alltag an uns stellt, ist die Lage anders. Wir versuchen, uns auf jeweils eine Tätigkeit zu fokussieren – und werden mit der Zeit unkonzentrierter. Unsere Aufmerksamkeitsreserven erschöpfen sich besonders dann, wenn zusätzliche Reize auf uns einprasseln, wenn uns blinkende Nachrichten im Smartphone ablenken, wenn unsere Kollegen oder Kinder unsere Hilfe benötigen. Klar: Wer tagtäglich von früh bis spät mit E-Mails, Terminen und Abgabefristen bombardiert wird, füllt seinen Geist unweigerlich mit gedanklichem Ballast, der sich in den wenigen freien Stunden am Abend oder am Wochenende kaum abwerfen lässt.

Ins Draußen einzutauchen, sich Wind, Regen und Sonne auszusetzen, aber auch Geräuschen und Gerüchen, die uns zunächst fremd sind, bietet uns Gelegenheit, diesen Ballast aus unseren Köpfen zu löschen wie Datenmüll von einer Festplatte. Dabei streifen wir die Gewohnheiten, Rituale und Denkweisen, denen wir im Alltag urteilslos folgen, vorübergehend ab, verabschieden uns von den Regeln, Normen und Werten unserer Gesellschaft, öffnen uns den unwägbaren Gesetzmäßigkeiten der Natur. In gewisser Weise betreten wir einen leeren Raum, in dem unsere gewöhnlichen Orientierungshilfen fehlen. In dem wir nichts erwarten dürfen, sondern bereit sein müssen, auf das zu reagieren, was uns geboten wird. In dem wir lernen, unserer Intuition zu vertrauen.

Indem die Natur andere Hirnareale anspricht als die zielgerichtete Konzentration auf alltägliche Aufgaben, wirkt sie mentaler Ermüdung entgegen. Das gelingt Rachel und Stephen Kaplan zufolge insbesondere dann, wenn die Natur bestimmte Eigenschaften besitze. Sie müsse über die Fähigkeit verfügen, uns staunen zu lassen. Sie müsse uns das subjektive Gefühl vermitteln, weit fort von allem zu sein – von unserem Zuhause, von den Sorgen unseres Alltags. Sie müsse eine gewisse Weite verströmen, in der sich die Elemente verbinden und durch die wir uns bewegen können. Und sie müsse unseren individuellen Vorlieben und Zielen entsprechen.

So konnte Carmen Rohrbach in ihrem abgeschiedenen Blockhaus in der kanadischen Wildnis über Monate hinweg mit ihrem Leben innehalten, Ruhe einkehren lassen und die Geschwindigkeit ihrer Handlungen an die natürliche Geschwindigkeit ihrer Umwelt anpassen. Entschleunigung ist längst ein Trendwort geworden, aber die Muße zum Verweilen, Sinnieren und Bestaunen zu finden fällt vielen von uns schwer. Rohrbach sucht sie auf ihren Reisen immer wieder gezielt. Und so stellte sie auch bei ihrer Wanderung auf dem französischen Jakobsweg sicher, dass sie die Orte, die sie durchquerte, ausreichend würdigte: indem sie sich für einen ungewöhnlichen Begleiter entschied. Ihr Esel Chocolat brauchte lange Pausen, um seinen Magen zu füllen, und seine Schritte waren viel kürzer als die von Rohrbach. Keimte zunächst Ungeduld in ihr auf, erkannte sie schließlich, dass Chocolat ihr, wie sie mir erzählte, »ein kostbares Geschenk machte: die Langsamkeit«.

Langsamkeit zuzulassen ist eine Kunst für sich. Gelingt es uns, erlaubt das unserer Wahrnehmung, zu uns aufzuschließen und das Gesehene und Gedachte zu verarbeiten. Andreas Altmann vergleicht das im Podcast mit einem »Koch, der auf den Markt geht. In dem Fall wäre der Koch ich, und der Markt, auf dem ich einkaufe, ist die Welt. Ich nehme überall etwas mit. Und zu Hause dann, wenn ich an meinen Schreibtisch zurückkomme, dann koche ich, sprich, ich schreibe.« Er bezieht sich damit vor allem auf seine Arbeit als Reiseschriftsteller, aber auch für uns gilt: Unterwegs nehmen wir jeden Tag bewusst und unbewusst zahlreiche Ingredienzien mit, die darauf warten, zusammengeführt und zubereitet, also in einem Moment der Stille reflektiert und in klare Gedanken verwandelt zu werden.

Sich die dafür notwendige Zeit zu nehmen ist auf unterschiedliche Weise möglich. Die offensichtlichste: indem wir lange an einem Ort bleiben oder häufig wiederkehren. Die Lust am Entdecken neuer Orte konkurriert bei mir fortwährend mit der Faszination für das tiefere Verstehen, das denen zuteilwird, die lange genug da sind, damit die Oberflächlichkeit unserer Wahrnehmung aufbrechen kann. Deshalb kehre ich beispielsweise immer wieder nach Australien zurück. Ich habe dort auf mehreren Reisen mittlerweile insgesamt anderthalb Jahre verbracht – und es in all dieser Zeit nie ins nahe gelegene Neuseeland geschafft, obwohl es eines der Länder ist, die ich am sehnlichsten besuchen möchte. Manchmal frage ich mich, ob es nicht auch eine Form der Bequemlichkeit ist, immer wieder an bekannte Orte zurückzukehren, anstatt neue zu erkunden. Aber wenn ich erneut dort bin, werde ich daran erinnert, warum ich so gern wiederkomme: weil ich jedes Mal wieder mit denkwürdigen Begegnungen und magischen Orten beschenkt werde. Nicht, weil die Menschen hier toller und die Orte spektakulärer als anderswo sind. Sondern weil ich sie besser verstehe, wie bei einer Google-Maps-Karte, in die man hineinzoomen kann: Der Ort dehnt sich aus, wird komplexer, offenbart neue kleine Orte, Nachbarschaften, Straßen, Gebäude, bis deutlich wird, dass man dieses kleine Stück Welt für Monate erkunden könnte, ohne alles gesehen zu haben. Der Fotograf Hardy Fiebig beschrieb das in einem unserer Gespräche so: »Das Interessante ist ja: Je genauer man etwas kennenlernt, desto langweiliger wird es nicht, sondern desto mehr Nuancen zeigen sich. Gerade, wenn es darum geht, in eine andere Kultur einzutauchen, ist das wie eine Zwiebel mit tausend Häutchen, die du eine nach der anderen mühsam abziehen musst, und dann kommen darunter immer wieder neue Details zum Vorschein.«

Ilija Trojanow bezeichnet den Wunsch, auf Reisen innerhalb kurzer Zeit unglaublich viel zu sehen und abzuarbeiten, als »eine Art Wahrnehmungsraffgier« und erklärt sie damit, dass die meisten Leute das Reisen als eine Form des Konsums betrachten. Das Problem dabei sei, dass man immer das Preis-Leistungs-Verhältnis bedenke: Hat man viel gezahlt, will man natürlich auch viel erleben. Dieses Verständnis von Reisen führe häufig dazu, dass viele Kirchen, Museen und Moscheen besichtigt würden, prägende, die Reisende verändernde Erfahrungen aber ausblieben.

Legen wir also den Zeitlupengang ein. Befreien wir uns von dem Ehrgeiz, »alles rauszuholen«, streifen wir die Angst davor ab, auch nur eine Sekunde zu verschwenden. Schlagen wir vorübergehend Wurzeln. Blicken wir hinter die Fassaden, auf die sich der flüchtige Blick beschränkt, wenn wir im Kampf gegen die Zeit innerhalb von drei Wochen durch drei Länder eilen.

Bei meinem ersten Besuch in Peking war ich beispielsweise zu kurz in der Stadt, um all die Höhepunkte zu besichtigen, die mich interessierten. Deshalb entschied ich mich, es gar nicht erst zu versuchen und mich stattdessen mit einem einzigen Spaziergang zu bescheiden. Noch heute höre ich die melancholischen Töne der *erhu*, die durch die Gassen klangen. Auf einem Hocker an eine Hauswand aus grauen Ziegeln gelehnt, saß der Musiker, der das Streichinstrument spielte. Es ruhte auf seinem linken Knie, über das er ein blaues Tuch gebreitet hatte. Mit einem Rosshaarbogen strich er über die zwei Saiten, die Finger sprangen gekonnt über den Bambushals. Mit diesen einfachen Bewegungen erschuf er eine Melodie wie menschlicher Singsang, so traurig, so rein, als käme sie aus einer anderen Zeit. In gewisser Weise passte das zu dem Mann, dessen Haupt nur noch von vereinzelten grauen Stoppeln bedeckt war. Er lebte früher selbst hier in den Hutongs Pekings, übersetzte mir meine Führerin Yee Lee in der Pause zwischen zwei Liedern. »Wo einst mein Haus stand, verläuft heute eine Schnellstraße«, sagte er und setzte den Bogen wieder auf die Saiten, um die nächsten vergänglichen Klangfolgen in die schmalen Gassen zu entlassen. Wir verharrten noch einen Moment, bis wir uns losrissen und unseren Streifzug durch das alte Peking fortsetzten, vorbei an Ziegelfassaden, Wäscheleinen, Gruppen alter Menschen, die an Tischen Karten oder Mah-Jongg spielten. Fahrräder sausten durch die Gassen, Hunde und Katzen streunten umher, fliegende Händler an kleinen Ständen oder mit Handkarren boten Essen feil.

Das lebhafte Geschrei von Kindern drang durch offene Türen und Tore von den Innenhöfen der *siheyuans*, der vollständig ummauerten Wohnhöfe, aus denen die traditionellen Gassenviertel Pekings überwiegend bestanden.

Auch die Tür zum Haus der Familie Xú stand offen. Über eine erhöhte Türschwelle gelangten wir in den Hof, der vor Grün beinahe zu bersten schien: Ranken, Büsche, Blumen, wohin das Auge sah. An einem Granatapfelbaum hingen die roten Früchte wie Kugeln an einer Weihnachtstanne. In der Mitte stand ein kniehoher Tisch, bedeckt mit Weintrauben, umringt von Stühlen und Hockern, die alle besetzt waren. Ein vielfaches »Ni hao« erschallte. Yee Lee umarmte Alte und Junge; man kannte sich.

Dreizehn Menschen aus vier Generationen lebten hier in dicht aneinandergedrängten Behausungen, die aus ein bis zwei Zimmern bestanden und sich um den kleinen gepflasterten Hof gruppierten. Die Hausherrin war Xú Zhang. Sie deutete auf zwei rasch herbeigeschaffte Hocker und auf die Weintrauben und holte ein paar alte Familienfotos hervor. Xú Zhang kam ins Plaudern, über das Leben und das Land, die Stadt und die Hutongs, Relikte früherer Zeiten. »Peking hat seine Geschichte abgestreift wie eine Schlange ihre Haut«, sagte sie seufzend, »aber wir sind noch hier.« Schon ihre Großeltern hätten hier gewohnt. Sie werde nie von hier fortziehen. Sie kenne alle Nachbarn und jeden Stein. »Bei meinen Enkeln bin ich nicht sicher. Ich glaube nicht, dass sie hierbleiben werden.«

Yee Lee erklärte, in vielen Hutongs hätten moderne Geschäfte und die vielen internationalen Besucher zwar einen Teil des Charmes vernichtet. Aber das ändere nichts an ihrer bemerkenswerten Geschichte, die mehr als achthundert Jahre – bis in die Yuan-Dynastie – zurückreicht. Die Hutongs waren für Yee Lee und Xú Zhang nicht nur Ziegel und Dachschindeln, sie waren die Menschen, die in ihnen lebten; die Zeugen dieser Stadt. Nicht glamourös, aber echt. »Wenn die Verbotene Stadt ein Traum ist«, sagte Yee Lee langsam und nachdenklich, »dann sind die Hutongs die Wirklichkeit.«

Später führte mich meine Begleiterin von einem Hutong zum nächsten, durch Parks, in denen Senioren Tai-Chi praktizierten, über viel befahrene Straßen, vorüber an Glas und Beton und schließlich wieder hinaus aus dem Trubel und hinein in die labyrinthisch verschlungenen Gassen. Die meisten von ihnen verliefen, den Regeln des Feng-Shui folgend, in Nord-Süd- oder Ost-West-Richtung. Manche waren aber auch schräg angelegt oder führten in Sackgassen. Die schmalste Gasse war weniger als einen halben Meter breit, der kürzeste Hutong erstreckte sich über gerade einmal zehn Meter, der verwinkeltste hatte Dutzende Abzweigungen – und hinter jeder davon boten sich neue Szenen, neue Einblicke in den Alltag gegenwärtiger und vergangener Leben.

Seit vier Jahren führte die sechsundzwanzigjährige Yee Lee, die Tourismus studiert und sich als Führerin selbstständig gemacht hatte, Besucher durch Peking, je nach Saison an zwei bis sechs Tagen in der Woche. Mit dem Fotoapparat, der um ihren Hals baumelte, und ihrem Jeansrucksack sah sie selbst ein wenig wie eine Touristin aus. Unterhielt sie sich mit Bewohnern der Hutongs, stellte sie ihre Kunden nicht als solche vor. »Das ist mein guter Freund Erik«, sagte sie stattdessen und fügte hinzu: »der gleichzeitig mein Tourist ist.« Diese Reihenfolge war ihr wichtig. Darauf, dass sie die chinesische Kultur an Menschen aus aller Welt weitergeben konnte, war sie stolz. Es sei eine gute Arbeit. Sie helfe den Leuten, Peking zu begreifen. »Aber für meine Haut ist meine Arbeit sehr schlecht«, sagte sie lächelnd. »Sie ist viel dunkler als die von Frauen, die im Büro arbeiten. Ich muss sehr viel laufen. Für eine Frau ist das harte Arbeit.«

Wenn sie es wirklich als harte Arbeit empfand, ließ sie es sich nicht anmerken. In einer Mischung aus ungezwungener

Fröhlichkeit und höflicher Zurückhaltung gab Yee Lee Erklärungen ab und scheute sich nicht, auch mal herzlich und laut zu lachen. Sie war schon Hunderte Male in den Hutongs gewesen, schaute sich aber immer noch unentwegt um auf der Suche nach interessanten Details, die sie teilen konnte. Sie freute sich über Kleinigkeiten wie eine rosa Blüte, beklagte sich über zu volle Gassen – und sie hatte eine klare Meinung: »Für manche Leute bedeutet Peking breite Straßen und hässliche Betonbauten, für andere das Olympiastadion und der Tian'anmen-Platz. Das ist Unsinn. Es gibt nur ein echtes Peking: das der Hutongs. Leider ist nicht mehr sehr viel davon übrig.«

Hunderte, gar Tausende Hutongs mussten in den vergangenen Jahrzehnten Hochhäusern und Highways weichen, wie sie mir erzählte. Von einst sechstausend waren vielleicht noch etwa hundert übrig. Jene, die bis heute überlebt haben, scheinen jedoch vorerst gesichert. Lokale und internationale Denkmalschützer machen sich gemeinsam mit den Bewohnern für ihren Erhalt stark. Sie sind wie Inseln in einem reißenden Strom; ein Stück Stillstand inmitten ständiger Veränderung.

Aus längeren Gassen heraus konnte ich Baukräne sehen, die in der Ferne neue Wohnblocks hochzogen. »Alles hat seine Zeit«, sagte Yee Lee schulterzuckend. »Ein neues China entsteht, und ein neues Peking. Die Dinge entwickeln sich weiter. Bei euch Westlern ist Geschichte und Kultur eine gerade Linie – von der Vergangenheit in die Zukunft. Bei uns ist sie ein Kreis. Auf den ein neuer Kreis folgt. Und noch einer. In sich geschlossen. Ein wenig wie der Kreislauf des Lebens. Menschen kommen und gehen, und genauso ist es mit Gebäuden. Wir erfinden uns neu, wieder und wieder. Wir sind wie Ameisen. Wir erschaffen, vernichten, erfinden, zerstören, bauen neu auf. Ende und Neuanfang folgen aufeinander, immer wieder eine Einheit bildend. Ohne vergessen zu werden.«

Die Chinesen haben ein tiefes Verständnis für ihre Vergangenheit, für das Erbe ihrer Vorfahren, für die alten Gedichte und Sagen, weniger aber für alte Ziegel und altes Holz. »Die Hutongs sind Überbleibsel einer anderen Zeit«, erklärte Yee Lee. »Wer ehrlich ist, erkennt: Diese Zeit ist vorbei.« Angesichts meines betroffenen Blickes und Stirnrunzelns lachte sie. »Trotzdem hoffe ich, dass sie die restlichen Hutongs unangetastet lassen! Sie schaffen, was Einkaufszentren und Hochhäuser niemals vermögen: Sie geben der Stadt eine Seele.«

Der Streifzug endete, wo er begonnen hatte. Der *erhu*-Spieler lehnte noch immer an der Ziegelwand. Gelegentlich lief ein Passant vorbei. Niemand außer Yee Lee und mir hielt an, um ihm zu lauschen. Seine traurige Melodie verklang. Der letzte Ton verharrte in der Erinnerung, hallte nach, nistete sich im Kopf als ungreifbare Melancholie ein und machte das Herz schwer. Die große Zeit der Hutongs war genauso vorbei wie die seine.

Dass es das Zuhause des Musikers nicht mehr gab und er jetzt außerhalb lebte, muss doch ein furchtbarer Schicksalsschlag für ihn gewesen sein?

»Ein Schicksalsschlag?«, sprach er durch Yee Lee zu mir. »Aber ganz und gar nicht! Was machst du überhaupt für ein betretenes Gesicht? Ich hatte Glück!« Das Hutong-Haus, in dem er gelebt hatte, sei alt und feucht gewesen. Das Dach hatte geleckt, die Toilette befand sich jenseits eines Hinterhofs, oft war es bitterkalt. »Heute sind viele Hutongs halbwegs saniert und verfügen über Strom und all das. Aber nicht damals! Bevor du den Verlust einer solchen Bruchbude bedauerst, solltest du zunächst einmal selbst in einer leben!«, sagte er mit einem herausfordernden Grinsen. »Ich habe jetzt fließendes Wasser, eine Zentralheizung und ein vernünftiges Klo.«

»Aber Sie kommen gern hierher zurück?«

»Unbedingt! Manchmal spiele ich auch vorm Bahnhof oder vor ein paar Geschäften, aber hierher setze ich mich, wenn ich etwas sentimental bin und über die alten Zeiten nachdenken möchte. Hier ist es so schön ruhig. Hier gibt es keinen Verkehr, kein unablässiges Motorengejaule. Doch spätestens, wenn ich daran denke, wie es durch die Decke tropfte und wie mühsam alles war, verfliegt die Sentimentalität wie ein verblichener Traum.«

Der alte Mann wickelte die *erhu* in das Tuch, das auf seinem Knie lag, und klappte seinen Hocker zusammen. Mit einem letzten Gruß verschwand er um eine Ecke, in Richtung seiner Neubauwohnung.

Am Abend schwirrte mir der Kopf. Was ist Fort- und was ist Rückschritt? Was Verbesserung und was Verlust? Es gab keine klaren Antworten, nur den Kreislauf aus Vergehen und Entstehen. China erfand sich neu, und in der Mitte dieses Kreises lag Peking, wo Hochhäuser über Hutongs ragten und das Gestern mit ausgestreckter Hand in das Heute reichte.

Und warum erzähle ich davon? Der Spaziergang war doch im Wesentlichen nur eine gewöhnliche Stadtführung? Schon möglich, aber er war auch die Nahaufnahme eines Mikrokosmos. Sie währte nur ein paar Stunden, wirkt aber bis heute in mir nach, während viele andere Eindrücke meiner Chinareisen in meinen Verstand hinein- und wieder herausgeflossen sind wie Wasser durch ein Sieb. Diese Erinnerung zeigt mir, dass es sich lohnt, die thematischen wie geografischen Ziele, die wir uns für unsere Reisen setzen, zu begrenzen. Und uns Zeit zu nehmen. Auch wenn – oder: gerade weil – unsere Urlaubstage endlich sind.

Wenn wir auf diese Weise reisen, können wir mit Geduld und Glück einen Flow erreichen, in dem Zeit ihre Bedeutung verliert, in dem wir zwischendurch bestenfalls gar nicht mehr wissen, wie lange wir schon hier sind und wann wir fortmüssen. »Flow« ist ein Begriff aus der positiven Psychologie, der den beglückenden Zustand völliger Vertiefung, das restlose Aufgehen in einer Tätigkeit beschreibt. Es handelt sich dabei um eine Art produktiver Harmonie von Aufmerksamkeit,

Motivation und Umgebung, wie sie uns zuweilen beim Sport oder auch beim Schreiben gelingt. Nach einem vergleichbaren Verschmelzen von Handeln und Bewusstsein im Hier und Jetzt strebe ich auch beim Reisen. Das kann ein regelrecht spiritueller Vorgang sein – was ich mit aller Vorsicht sage angesichts des Naserümpfens und Augenrollens, mit dem dieses Wort in unserem Kulturkreis oft quittiert wird. Dabei sind beispielsweise die vielen positiven Auswirkungen von Meditation, des gezielten Stillhaltens und Nichtstuns auf das Gehirn längst belegt.

Hardy Fiebig erläuterte auf meine Frage, wie er Spiritualität verstehe, dass in dem Wort nicht zufällig *spirit* stecke: »Der Geist von etwas, der Kern. Folglich beschreibt Spiritualität den Weg, um das Wesen von etwas zu erfassen, zunächst einmal von sich selbst.« Dazu käme aber noch eine andere Komponente: der Umstand, dass wir nicht allein auf der Welt sind. »Es geht nicht nur um dich und deinen Kern, sondern auch um deine Verbindung zu anderen. Zum Belebten und Unbelebten. Zu Pflanzen, Tieren, Steinen, anderen Menschen, dem Planeten, dem Kosmos, und wenn man daran glauben mag: zum Göttlichen. Spiritualität ist also die Suche nach mir selbst – und mein Verhältnis nach außen. Warum ist Spiritualität wichtig? Unter anderem weil sie dabei hilft, dass du als Mensch wächst, dass du an deinen Schwächen arbeitest und deine Stärken nicht verkümmern lässt, auf deine ganz eigene Weise und unabhängig von irgendwelchen Gurus, die dir Wege vorgeben, von denen du nicht abweichen darfst.« Damit seien jedoch Schmerzen und Ängste verbunden, und man habe dabei die volle Verantwortung für sein Tun zu übernehmen, weshalb viele von uns »die unglaublichsten Verrenkungen vollführen, um sich diesen Ängsten nicht stellen zu müssen, oft völlig unbewusst«.

Um sich diesen Ängsten zu stellen und den eigenen Weg zu finden, können Techniken wie die der Meditation helfen –

und das Reisen. Indem wir uns vom Netzwerk der Daheimgebliebenen vorübergehend abnabeln, auch von profanen Neuigkeiten und scheinbaren Verpflichtungen. Unsere Freiheit liegt nicht im Himalaja oder Amazonas, sondern wir können sie nur in uns selbst finden. In diesem Sinne erscheint mir der Versuch, mit einer gewissen Spiritualität zu leben und zu reisen, durchaus lohnenswert.

Für »Weltenwanderer« Gregor Sieböck, der mehrfach zu Fuß um die Welt gegangen ist, liegt ein Schlüssel dafür im Zulassen von Stille. Sie werde in unserer Gesellschaft vernachlässigt. »Wir definieren Bewegung als das höchste Gut, und Erfolg besteht darin, dass wir die Dinge schnell tun. Wenn wir sie noch schneller tun, sind wir noch erfolgreicher. Konfuzius sagt jedoch: ›Wenn du es eilig hast, geh langsam.‹« Mit diesem Satz habe Sieböck jahrelang experimentiert. »Im Prinzip ist er ja sehr lustig. Er stellt unser ganzes Weltbild völlig auf den Kopf.« Beim Wandern sei es noch verhältnismäßig einfach, ihn zu berücksichtigen. Ihn aber in den Alltag zu integrieren sei oftmals eine echte Herausforderung. Möchte Sieböck beispielsweise den Zug nehmen, begibt er sich zu einem Bahnhof, der von seinem Wohnort drei Kilometer entfernt ist. Da er kein Auto hat, legt er den Weg meist zu Fuß zurück. Und manchmal ist er spät dran.

»Dann ist die Frage: Welchem Modell folge ich? Dem der Gesellschaft, die sagen würde, jetzt gib aber richtig Gas? Oder dem von Konfuzius?« Mit einem Lachen fuhr er fort: »Das Geniale ist, wenn ich Konfuzius' Rat folge, komme ich woanders hin, als wenn ich dem der Gesellschaft folge.« Oder er erreiche sein Ziel zumindest anders. »Manchmal entscheide ich, ich *muss* jetzt schnell sein! Dann hetze ich zum Bahnhof, stehe gerade noch rechtzeitig völlig verschwitzt am Steig, und dann kommt die Durchsage: Der Zug hat zehn Minuten Verspätung. Und ich denke: Ich hätte es auch mit Konfuzius locker geschafft! Ohne verschwitzt zu sein.«

Sieböck bemüht sich deshalb darum, möglichst gar nicht erst in Eile zu geraten, sondern seine Bewegungen aus der Stille heraus zu starten. Um erst einmal herauszufinden, ob die Bewegung überhaupt sinnvoll ist. Dafür gibt es für ihn neben der Stille noch einen zweiten Schlüssel: das Leben im Jetzt, wie es von vielen Weisen seit jeher befürwortet wird. Dazu gehört auch, Entscheidungen möglichst intuitiv zu treffen. Steuerte er bei seiner ersten Weltenwanderung noch auf das fixe Ziel Tokio zu, lässt er seine Wege seither im Gehen entstehen und entscheidet an jeder Wegkreuzung neu, ob er links oder rechts abbiegt. Auch das sei anfangs eine Herausforderung gewesen. »Die Herausforderung bestand darin, dass der Verstand wissen wollte, wo es hingeht. Auch andere Wanderer stellten mir diese gleiche Frage. Ich konnte es ihnen nicht sagen.« Dementsprechend verwirrt musterten ihn viele: »Wie kann man gehen, ohne zu wissen, wo man hingeht?« Mit der Zeit funktionierte das aber immer besser. Sieböck merkte: »Wenn ich kein Ziel mehr habe, wo ich hinmuss, dann bin ich dort, wo ich jeweils bin, angekommen.«

Auch ich fühlte mich auf unserer einsamen philippinischen Insel angekommen. Jedenfalls für die ersten beiden Tage. Sie waren bestimmt von Hängemattenschaukeln, Lesen, Denken, Schauen, Feuermachen, Unterhalten, von isolierter Nachdenklichkeit, vom Glück des Nichtstuns. Dieses Glück ist scheu. Es lässt sich nicht leicht finden. Müßiggang führt schnell zu Langeweile, und die mündet schnell in kraftlose Selbstverachtung.

Der Wissenschaftsjournalist Ulrich Schnabel hat diesem Glück ein ganzes Buch gewidmet. Darin beschreibt er, wie Muße in unserer Beschleunigungsgesellschaft, im »System der Gehetzten« mit seiner andauernden Reizüberflutung und dem Gefühl ständiger Überforderung, zur bedrohten Ressource wurde. Im »Weltwach«-Interview erläuterte er, warum uns sogar im Urlaub die erhoffte Entspannung häufig verwehrt bleibe: weil wir das Reisen fälschlich als Gegenentwurf zum normalen Arbeiten betrachteten und erwarteten, in der Ferne sei von einem Moment auf den anderen plötzlich alles anders. Plötzlich sei der Alltag ganz fern: Wir hätten Zeit, müssten uns nicht mehr hetzen, ließen die Dinge fließen und genössen das Leben. Das Problem sei, dass wir uns eben selbst – mit allen verinnerlichten Gewohnheiten – mitnähmen.« Wer dreihundertfünfzig Tage im Jahr gehetzt und gestresst ist, kann das im Urlaub nicht plötzlich einfach zurücklassen, sondern trägt dieses Gefühl des Gehetzt- und Gestresstseins in sich. Im Urlaub bemerken wir dann oft erst, wie angespannt wir innerlich sind.«

Das Verreisen stünde häufig unter großem Erwartungsdruck, und wenn sich der nicht erfülle, seien wir doppelt unzufrieden. Im übrigen Leben fiele uns das Entspannen dann nur noch umso schwerer. Dabei seien Phasen absichtslosen Nichtstuns Hirnforschern zufolge förderlich für unser Gedächtnis und unabdingbar für Kreativität. Schnabel erklärte, unser Gehirn sei in diesen Phasen nicht etwa inaktiv. Bestimmte Hirnareale, die beispielsweise zuständig für logisches Denken seien, beruhigten sich, aber in anderen Bereichen sei die Aktivität sogar gesteigert. Was Hirnforscher als »Leerlaufnetzwerk« bezeichnen, vergleicht er mit einem Auto, in dem man an einer Ampel wartend den Gang rausnimmt. Der Motor läuft im Leerlauf weiter, ohne dass man Gas gibt. Diese Art Leerlauf helfe dem Gehirn zum Beispiel, Gelerntes zu verarbeiten, aber auch unbewusste Überlegungen zu seinem Selbstbild anzustellen. Zudem probiere das Gehirn, wenn es nicht zielgerichtet denken müsse, neue Gedanken aus und durchlaufe kreative Prozesse, ähnlich wie im Schlaf.

Inwiefern mein Gedächtnis bereits begonnen hatte, sich zu regenerieren, konnte ich nicht beurteilen, aber ich fühlte mich angenehm glücklich und durchaus kreativ. Ich lehnte an meiner Palme und blickte auf die Lagune. Die Gedanken waberten in meinem Kopf. Keine Spur Weltgeschehen war in den letzten Tagen bis zu uns vorgedrungen. Keine Bildschirme, keine Kopfhörer. Die Außenwelt war ausgesperrt. Wir waren entkoppelt von allem und allen, die wir kannten – wie Jochen Schweizer auf seinem Hügel in der Sahara und Carmen Rohrbach in ihrem kanadischen Blockhaus.

Dann änderte sich die Lage schlagartig.

Ein Boot tauchte zwischen den Felsen auf, die uns vom offenen Meer abschirmten, und ankerte in unserer Lagune. Drei Crewmitglieder sprangen von Bord ins flache Wasser, grüßten uns, wateten an Land und begannen mit flinken Handgriffen zu arbeiten. Sie säuberten einen Teil des Strandes von Ästen, Blättern und Kokosnüssen, stellten Klapptische auf, breiteten schneeweiße Tischdecken darauf aus, strichen sie sorgfältig glatt. Wir beobachteten ihr Treiben erstaunt. Weiße Tischdecken, auf unserer Insel? Was hatten sie vor? Und überhaupt, wer waren die?

Damit nicht genug. Geschirr wurde platziert: blitzende Gabeln, Suppenteller, Weingläser. Kerzen wurden aufgestellt, ein Grill angezündet. Dann erreichte ein zweites Boot die Lagune, die nun mit Booten regelrecht vollgestopft war. Mit ihm kamen Touristen, die sich offenbar für eine gänzlich andere Erfahrung entschieden hatten als wir. Feine Herrschaften, goldbehängt, wohlgekämmt, in gebügelten Hemden und weißen Shorts. Sie strebten auf ihren Strandabschnitt zu, nahmen Platz, ließen sich einschenken, begannen zu schwatzen und zu schmausen.

Wir beobachteten sie aus den Augenwinkeln und versuchten, uns die Laune nicht verderben zu lassen. Ganz so geheim und verborgen war dieser geheimnisvolle Ort offenbar doch nicht.

»Hey, ihr da!«, rief plötzlich ein untersetzter Herr mit Strohhut und gestikulierte mit einer Gabel. »Gesellt euch doch zu uns! Ihr seid eingeladen!«

Wir sahen einander fragend an. Die dankende Ablehnung, die jedem von uns auf den Lippen lag, war verschwunden, bevor einer von uns ein Wort sagen konnte. Wir nahmen hin: Mit der Ruhe war es vorbei – und auch mit unserer genügsamen Enthaltsamkeit. Für einen Moment trauerten wir alldem nach. Dann zuckten wir mit den Schultern und schlenderten zu dem Luxusaufgebot hinüber, nicht zu eilig, nicht zu geruhsam. Wir ließen unsere bemüht gleichmütigen Blicke über die Speisen gleiten. Gebratene Calamari, Krabben, alle möglichen Fischarten, Salate, Gemüse. Nicht schlecht. Ganz und gar nicht schlecht. Wir setzten uns. Und aßen. Erst zögerlich, dann energischer. Bis wir nicht mehr essen konnten. Damit stand nun endgültig fest: Die Gestrandeten würden überleben.

UNTERWEGS OHNE PLAN UND VERSTAND

Meine Ohren lauschten dem Gebetsruf eines Muezzins, der von einer fernen Moschee zu mir herüberdrang und gegen das Hupen und Motorenheulen auf der Hauptstraße neben mir ankämpfte. Meine Augen suchten Szenen, die den neuen Ort für mich greifbar machen und den Begriff »Isfahan«, der diese legendäre iranische Stadt schmückt, mit Leben füllen würden. Sie glitten über die Straße, die Fassaden und Geschäfte. Viele Gebäude schienen nicht mehr zu sein als unvollendete Gerippe aus unverputzten Ziegeln, sie hatten den gleichen sandfarbenen Ton, der die ganze Stadt und ihr trockenes Umland prägt. In der Ferne, wo lang gezogene Straßen tiefe Fluchtpunkte bildeten, erblickte ich jene Berge – nicht besonders hoch, aber recht schroff –, die Isfahan umgeben. Mitten auf dem Bürgersteig hielt ein Mann im Gehen inne, rollte einen Teppich aus und kniete, nachdem er seine Schuhe ausgezogen hatte, darauf, um zu beten.

Ich strebte dem Imam-Platz zu, dem wohl schönsten und nach Pekings Tian'anmen-Platz zweitgrößten Platz der Welt. Während der Tian'anmen-Platz mit schlichter Wucht beeindruckt, aber auch abweisend anmutet, ist der Imam-Platz eine Augenweide. Hier blickt man auf das alte Persien, auf eine rätselhafte Szenerie, die seit Jahrhunderten unverändert scheint. Der Platz wird auf allen Seiten von Arkaden gerahmt, an die sich am Nordende ein belebter Basar mit uralten verwinkelten Gängen anschließt. In ihnen reihen sich Hunderte Geschäfte für Teppiche und Fliesenmosaike aneinander sowie Werkstätten von Kupferschmieden und Künstlern, die Geschirr bemalen. Als wäre all das nicht Pracht genug, erhebt sich am Südende des Platzes die Imam-Moschee, an der Ostseite die Lotfollah-Moschee und an der Westseite der Ali-Qapu-Palast.

Der Anblick zog mich vollkommen in seinen Bann. Ich hatte keinen Zweifel, dass ich schon jetzt, wenige Stunden nach meiner Ankunft, einen der absoluten Höhepunkte meiner gesamten Iran-Reise erlebte. Und ich wusste, dass ich diesen Höhepunkt zumindest in Teilen meiner Unkenntnis zu verdanken hatte. Denn wäre ich mir selbst treu geblieben, hätte ich mir bei der Vorbereitung dieser Reise eine Route zusammengestellt, mich über die Geschichte der wichtigsten Sehenswürdigkeiten informiert, den einen oder anderen Bildband gekauft. Und hätte nun vor Ort die Vorstellungen, die all die Texte und Fotos in mir geweckt hätten, mit der Wirklichkeit abgeglichen, um sie hier und da um die eine oder andere Nuance anzupassen.

Eigentlich bin ich ein Planer. Ich bin ein Mensch der Listen und Fristen, der Zwischenziele und Langzeitvorsätze. Nicht nur im Büro, sondern oftmals auch beim Reisen. In einigen Fällen ist das meinem Recherchepensum geschuldet. Interviewtermine wollen koordiniert, mühsam aufgespürte Orte und Kontakte mit einer spannenden Geschichte dahinter besucht und die zur Verfügung stehenden Zeitfenster bestmöglich genutzt werden. In anderen Fällen kann ich auf diese Begründung nicht zurückgreifen. Dann gibt es keine Termine außer den mit mir selbst vereinbarten. Dann fällt es mir lediglich schwer, meinen durchgetakteten Alltag, den ich mit seiner hohen Arbeitslast oft nur dank meiner Selbstorganisation bestehe, abzustreifen, zwei Gänge runterzuschalten und die Dinge einfach mal passieren zu lassen. Dabei ist gerade das Spontane, das Unerwartete, am Reisen essenziell – so sieht es jedenfalls Schriftsteller Ilija Trojanow, wie er mir im Gespräch verriet. Nicht nur überbordende Planung und das Festhalten an Reiseführern seien hinderlich, sondern auch Gepäck, wovon die meisten Reisenden sowieso zu viel mitnähmen – formgewordenes Nichtloslassenkönnen, das der erstrebten Leichtigkeit zuwiderlaufe. Denn neben dem Gepäck reise fortan auch die Angst um das Gepäck mit, außerdem beginne dann das Schleppen oder – für jene, die nicht schleppen wollen – die Suche nach einer ganzen Infrastruktur von Dienstleistungen: nach Trägern, Taxis, Rikschas.

Einfach der Nase nach zu reisen wird mit diesem Anker, den wir hinter uns herschleifen, schwerer. Außerdem bedeutet Gepäck abzulegen für Trojanow auch über den praktischen Aspekt hinaus einen Wert: »Die existenzielle Erfahrung, zu wissen, wie wenig man eigentlich wirklich braucht.« Man entledige sich der Last des Überflusses und erkenne, *wie* überflüssig er sei, nicht, indem man sich selbst kasteie, nicht, indem man auf den Spuren weltentrückter buddhistischer Mönche wandele, sondern indem man schlicht das befreiende und beglückende Gefühl zuließe, ein paar Dinge, die man tatsächlich nicht brauche, einfach wegzulegen.

Mit Leichtigkeit unterwegs sein, Raum für das Unerwartete lassen, sich bei der Planung zurückhalten. Im Iran beherzigte ich all das – und begegnete der einen oder anderen Überraschung, aber auch mancher Herausforderung. So bemerkte ich bald, dass sich meine relative Unwissenheit auf meine Fähigkeit auswirkte, das, was ich sah, zu interpretieren und zu beurteilen. Sodass ich damit vorsichtiger wurde. Und schließlich versuchte, es ganz zu lassen.

Ich ließ mich auf einer Bank am Rande des Platzes nieder, um dem Treiben zuzuschauen, und beobachtete insbesondere die Frauen. Manche hatten sich bis auf das Gesicht gänzlich verhüllt, hielten den Stoff ihres Tschadors dicht unter dem Kinn zusammen, damit kein Stück Haut zu viel hervorblitzte. Andere hatten nur ein Tuch locker über den hinteren Teil ihres Kopfes gelegt, vorn schauten die Haare heraus. Vielleicht ein kleines Zeichen des Widerstands gegen das gesetzlich vorgeschriebene Kleidungsgebot? Oder war genau diese Einschätzung nur das Wunschdenken eines ahnungslosen Europäers, der seine vorgefertigten Sichtweisen auf jene projizierte, deren Denken er doch auf seiner Reise verstehen lernen wollte?

Ohne etwas dagegen tun zu können, spürte ich, wie sich Ablehnung in mir aufbaute. Ablehnung gegenüber diesem Brauch der Verschleierung, dieser rückwärtsgewandten Weltanschauung, diesem Land. Einem Land, das gemäß dem islamischen Recht, der Scharia, beim Abfall vom Islam die Todesstrafe verhängen kann. In dem Geschlechtsverkehr eines Nichtmuslims mit einer Muslima ein todeswürdiges Verbrechen ist, in dem Frauen nur mit Zustimmung ihres Ehemanns ins Ausland reisen dürfen, in dem die Zeugenaussage einer Frau nur halb so viel wert ist wie die eines Mannes, in dem es nicht zulässig ist, dass Frauen als Solokünstlerinnen auftreten. In dem die Peitsche, der Strick oder auch Steinigung drohen, grausame Strafen, die wir in Europa längst hinter uns gelassen haben.

In einem solchen Land fällt es mir schwer, die Verhüllung nicht als eines von zahllosen Symbolen der Unterdrückung wahrzunehmen und zu verurteilen – und mich aus diesem Grund beim Anblick verschleierter Frauen nicht wenigstens etwas unwohl zu fühlen. Womöglich würden jedoch viele von ihnen, fragte man sie, angeben, das Tuch gern zu tragen, als Ausdruck ihres Glaubens und ihrer kulturellen Identität.

Unterdrückt sah jedenfalls keine dieser Frauen aus. Trugen sie das Kopftuch also freiwillig oder mussten sie? War das Problem nicht viel eher, dass ich diesen Menschen und dieser Kultur meine westliche Weltsicht überstülpte, sie gewissermaßen als Opfer ihrer eigenen Bräuche brandmarkte und ihnen damit nur unrecht tun konnte? Ich war mir durchaus der Einfalt meiner Überlegungen bewusst, jedoch unfähig, einen sinnvolleren Weg zu finden, mit meiner Unsicherheit umzugehen. Es stand fest, dass ich Gast war. Niemand hier war auf meine Urteile angewiesen oder auch nur an ihnen interessiert.

Fünf oder sechs Stunden später fand ich mich in einer gänzlich anderen Lage wieder. Eine freundliche Familie hatte mich eingeladen: erst zum Essen in einem traditionellen iranischen Restaurant, dann zur Rundfahrt zu etlichen Sehenswürdigkeiten der Stadt und schließlich zu Pizza und Tee zu sich nach Hause. Nach ausgiebigen Gesprächen über den sprichwörtlichen Gott und die Welt wurden die Abendnachrichten eingeschaltet. Eine Frau erläuterte auf Persisch die Schlagzeilen des Tages. Ihre Erscheinung überraschte mich: enge Jeans, locker sitzende, weit ausgeschnittene Bluse, frech gestyltes Haar. Eine moderne, selbstbewusste Frau. Von Kopftuch keine Spur.

» Ist das eine Iranerin? «, fragte ich deshalb.

» Ja. «

» Warum muss sie kein Kopftuch tragen? «

Meine Gastgeber lachten. » Weil die Show nicht bei uns, sondern in Großbritannien aufgezeichnet wird. Dort sitzt der Sender. «

Delbar, die Hausherrin, trank einen Schluck Tee und grinste mich an. » Bei uns sehen Sendungen anders aus. Und zwar so! « Sie wechselte zu einem Programm, auf dem eine Art Seifenoper lief. Delbar bewies perfektes Timing, denn in genau diesem Moment wurde bildfüllend eine Kopftuch tragende Frau gezeigt. Wir alle brachen in Gelächter aus. Delbar ging auf volles Risiko und versuchte, den Effekt zu wiederholen. Sie sagte: » Oder sie sehen so aus! « – und schaltete erneut um. Und wieder zeigte der Bildschirm eine verhüllte

Frau, dieses Mal handelte es sich um eine vollverschleierte Reporterin einer im Iran produzierten Nachrichtensendung, die von irgendeinem Platz aus berichtete. Jetzt liefen allen Anwesenden die Tränen, insbesondere die drei Frauen, die im Zimmer waren, konnten kaum aufhören zu lachen. Ich lachte mit angesichts der Situationskomik und war zugleich verblüfft über den lockeren Umgang mit einem Brauch, über den ich noch vor wenigen Stunden so verkrampft nachgegrübelt hatte.

Als sich alle halbwegs beruhigt hatten, nahm ich meinen Mut zusammen und fragte genauer nach: »Ihr tragt das Kopftuch also nicht aus Überzeugung?«

»Aber nein!«, rief Delbar. »Es nervt, es nimmt uns die Luft zum Atmen.« Sie lachte gutmütig und schulterzuckend. »Wir müssen es tragen, müssen, müssen. Aber wir sind jedes Mal froh, wenn wir zum Urlaub in ein anderes Land fliegen. Dann reißen wir es uns noch vor dem Start des Flugzeugs von den Köpfen.«

Ich sprach sie darauf an, dass ich junge Frauen gesehen hatte, die das Kopftuch demonstrativ weit zurückgeschoben trugen, damit man trotz des Tuchs viel von ihren Haaren sah. Delbar bestätigte das und erzählte mir, dass ihre eigene Tochter das Kopftuch sehr weit hinten trage.

»Gibt es viele Menschen, die das so sehen wie ihr? Könnte sich die Kopftuchpflicht in absehbarer Zeit ändern?«, wollte ich weiter wissen.

»Das kann schon sein. Bereits jetzt widersetzen sich manche Frauen den Vorschriften und verzichten ganz darauf.«

Es musste sich um absolute Ausnahmen handeln. Bisher hatte ich keine einzige von ihnen gesehen, aber offenbar gab es doch Iranerinnen, die sich durch den Brauch unterdrückt fühlten. Allerdings: Die Familie, die mich so freundlich behandelte und so großzügig eingeladen hatte, war viel gereist, weltgewandt und liberal. Dass ich ihren humorvollen Umgang mit dem Thema erlebt hatte, ermöglichte mir noch lange kein tiefgehendes Verständnis iranischer Traditionen und Ansichten. Doch das ist es auch nicht, worum es mir beim Reisen geht: Ich habe nicht den Anspruch, auf alles eine Antwort zu finden. Sondern ich hoffe, ein wenig differenziertere Fragen stellen und mich selbst herausfordern zu können: meine Werte, mein Denken, meine Physis. Indem ich diese verschiedenen Arten von Grenzen erforsche und verschiebe, lerne ich mich selbst und meinen Platz in der Welt besser kennen. Ich bekomme ein Gefühl dafür, was ich alles nicht weiß, und lerne zu verstehen, dass meine eigene Wirklichkeit nur eine sehr subjektive ist, dass das, was ich für maßgeblich halte – meine Lebensweise, mein Land, mein Kontinent –, für einen Großteil der Menschen nichts als abstrakte, weit entfernte und wenig wichtige Schlagworte sind. Unsere Gehirne sind wie Betriebssysteme, deren Software durch unsere Kultur und Erziehung bestimmt wird. Europäische Union, Rentenreform, Mindestlohn – wäre ich in einem Land am anderen Ende der Welt geboren worden, hätte all das womöglich kaum eine Bedeutung für mich, hätte ich gänzlich andere Werte, Sorgen und Träume.

Einige Wochen später waren die iranischen Fassaden, hinter die ich blicken wollte, weniger sprichwörtlich: Sämtliche Restaurants, Cafés und Imbissstuben, die ich ansteuerte, waren unerklärlicherweise geschlossen. Ich lief durch die Straßen von Shiraz, die normalerweise vor Leben vibrierten, wo die Menschen in den Morgenstunden vor der drückenden Hitze des Tages sonst schnatterten und schnabulierten. Doch heute: nichts. Niemand naschte, niemand schlemmte, und als ich schließlich doch ein geöffnetes Lebensmittelgeschäft fand, wollte der Verkäufer zu meinem Unverständnis und trotz meiner wachsenden Irritation nichts außer einer Flasche Wasser herausrücken.

Missmutig kehrte ich in mein Hotel zurück, ausnahmsweise keine einfache Absteige, sondern die beste Adresse in der ganzen Stadt. Nach Wochen in Staub und Hitze hatte ich mir eine Rast von der Unrast verordnet, wollte dekadent sein, wollte ein paar Tage bei Cappuccino und Kuchen lesen und schreiben, das Erlebte und Empfundene reflektieren und ordnen. So suchte ich zielsicher, Computer und Literatur unter dem Arm, das gediegene Hotelcafé auf, bereit, mich hier für heute, morgen und darüber hinaus häuslich einzurichten. Der Kellner kam zügig, denn ich war der einzige Gast. Ich gab meine Bestellung auf und erfuhr, was ein wacherer Geist längst erfasst hätte: Es würde für mich weder Cappuccino noch Kuchen geben, weder heute noch morgen. Denn, so verkündete der Kellner: Der Ramadan hatte begonnen!

Ich blinzelte ungläubig und begann allmählich zu begreifen, was das bedeutete. Unter anderem, dass ich in meinem Fünfsternehotel nicht in Saus und Braus leben, sondern darben würde. Dass jegliches Essen und Trinken von Sonnenauf- bis Sonnenuntergang untersagt war, ein ziemlich langes Zeitfenster im Hochsommer. Im Iran handelt es sich dabei nicht um eine religiöse Regel, der man folgen kann, wenn man sich mit ihr identifiziert, sondern um ein gesetzliches Verbot, das auch für Nichtmuslime gilt und nach allem, was ich nun hörte, zumindest in der Öffentlichkeit mit Nachdruck durchgesetzt wird.

Für den Moment fand ich die Angelegenheit angenehm kurios: Ich war konfrontiert mit der Herausforderung, meinen Hunger im Rahmen eines Brauchs zu bändigen, der mir bei meinen – diesmal überschaubaren – Vorbereitungen entgangen war, an den ich nicht einmal einen Gedanken verschwendet hatte. Wohl jeder Reisende, der etwas auf sich hält, spricht gelegentlich davon, in die Kultur seines Zielortes mit Haut und Haar »eintauchen« zu wollen. Oft leichter gesagt als getan, wandelt man doch häufig nur als Fremder mit guten Vorsätzen durch die Straßen und Gassen. Eintauchen heißt dann aufmerksam beobachten. Für mehr fehlt der Zugang, der Hebel, der entscheidende Kontakt.

An diesem Tag in Shiraz fehlte mir nichts davon. Auf einen Schlag fühlte ich mich nicht mehr als außenstehender Beobachter, sondern als Teil des Fremden. Wir fasteten. Gemeinsam. Ich war dabei wie alle anderen auch. Eine heilige Zeit – und ein Privileg. Und das alles dank meiner erstaunlichen Ignoranz, die es mir ermöglicht hatte, mich auf der Reise in ein streng muslimisches Land vom Fastenmonat überraschen zu lassen.

Ein paar Tage später strich ich durch Teheran und fand das Kuriose deutlich weniger amüsant. Ohne Straßenküchen und Cafés fehlten wesentliche soziale Treffpunkte. Ich sah kaum Fußgänger, niemand flanierte oder schwadronierte. Wie schon in Shiraz vibrierte hier rein gar nichts. Dazu war mir heiß, mein Hals war rau wie Sandpapier, und mir fiel es immer schwerer, meine Dankbarkeit für das unerwartete Geschenk der Kulturkostprobe aufrechtzuerhalten. Ich war jedenfalls nicht bereit dafür zu schmachten, das musste ich mir eingestehen. Nicht jetzt, nicht heute, nicht die gesamte restliche Reise. Dieser Trip war nicht als Verzichtsübung gedacht gewesen, sondern als Kulturerkundung, und mir fehlte die notwendige Souveränität umzudenken. Aber der einzige Lohn meines ausschweifenden Beutezugs war ein von der Hitze völlig aufgeweichter und staubig schmeckender alter Snickers-Riegel, den mir ein mitleidiger Imbissverkäufer heimlich zuschob. Ich schlang den Riegel im Schatten der Straßenbude unauffällig in mich hinein und wischte mir gründlich die Lippen ab. Wer in der Öffentlichkeit beim Fastenbrechen erwischt wird, dem droht die Verhaftung, auch wenn die Polizei sich in den letzten Jahren meist mit einer nachdrücklichen Ermahnung zufriedengegeben hatte. Mindestens genauso wie ihren Zorn fürchtete ich missgünstige Blicke und enttäuschtes Kopfschütteln älterer Frauen und Männer, die in mir ein weiteres Beispiel für den Sittenverfall der Jugend sehen mochten.

Am frühen Nachmittag dieses ersten Tages in Teheran kehrte ich – noch immer genauso hungrig – in mein Hotel zurück. Ich weiß nicht, ob die Managerin das verrückte Flackern in meinen Augen ängstigte oder ob sich in ihr einfach Menschenkenntnis und Menschlichkeit zu einem zauberhaften Wesen verbanden, aber sie begrüßte mich mit einer Frage, deren Klang wie Honig über mich schwappte: »Hungry?«

Für einen Moment war ich verblüfft. Mein Hotel in Shiraz hatte sich rigoros an die Fastenzeiten gehalten und tagsüber nicht einmal einen trockenen Keks herausgerückt. Hier war die Lage offenbar anders. Ich unterdrückte den Impuls, auf sie zuzustürzen, sie mit beiden Händen festzuhalten, damit sie nicht im letzten Moment verschwinden konnte, und »Ja, ja, ja!« zu brüllen. Ein Land hungert, und der Deutsche dreht durch – das war nicht das Bild, das ich hier abgeben wollte, zumal sich meine Stimme vermutlich überschlagen und nichts als einen abschreckenden Fistelton produziert hätte.

Ich atmete durch, zwang mich, Haltung zu bewahren. Es war alles eine Frage der Einstellung. Ich musste mich nur erinnern, wie ich in meinem Leben vor dem großen Hunger gedacht und gehandelt hatte. Dann bemerkte ich, dass die Managerin mich noch immer fragend anschaute – und dass sie ihre Brauen minimal zusammengezogen hatte. Ich zuckte mit den Schultern und murmelte in einem Akt gewaltiger Selbstbeherrschung: »Och, joah.«

Gut. Das hatte souverän geklungen. Höflich genug, aber auch mit einer Prise Gleichgültigkeit.

»Dann komm mal mit«, sagte die Managerin und führte mich über eine Treppe in den Keller. Ich folgte ihr und sah mich dabei um, ob uns auch niemand beobachtete. Mich plagte schon jetzt das schlechte Gewissen, etwas Verbotenes zu tun – nicht gegenüber den Mullahs, aber gegenüber meinen hungrigen Leidensgenossen in diesem Land, die nicht mit meiner Charakterschwäche gesegnet waren und deshalb nicht ohne Weiteres schummeln konnten. Gleichzeitig wuchs meine Aufregung. Mit jedem Schritt näherte ich mich irgendeiner Art von Süßigkeit oder Fladenbrot oder ...

Mein schlechtes Gewissen verschwand genau in dem Moment, als die Managerin eine Tür aufstieß. Dahinter herrschte das große Schmausen. Vier Damen und ein Herr – Hotelangestellte – saßen um einen prächtig gedeckten Tisch herum und ließen es sich gut gehen. Reis, Fladenbrot, gebratene Wurst, gebratene Paprika, Tee. Genau zwei Stühle waren noch frei. Die Verblüffung ließ mich innehalten – aber nicht lange. Als die Managerin fragte, ob ich mich dazugesellen wolle, nickte ich so heftig, dass mein Nacken knackte. Eine Sekunde später saß ich und machte mich über die Köstlichkeiten her. Die Managerin setzte sich ebenfalls dazu und aß ihr – wie mir schien – zweites Mittagessen. Zwischen den Portionen, die sie sich in den Mund schob, ärgerte sie sich über den aufgezwungenen Ramadan, eine, so befand sie, furchtbare Tradition und eine realitätsferne Regelung der Regierung, die die Menschen dazu zwinge, ihre Restaurants und Cafés zu schließen und heimlich zu essen. Das sei – zumindest hier in Teheran, wo die Menschen weniger religiös seien – völliger Unsinn. »Hier fastet niemand!«, betonte sie mehrfach. »Alle essen zu Hause, hinter verschlossenen Türen, und freuen sich auf zwanzig Uhr, weil sie sich dann noch mehr den Wanst vollschlagen können: die ganze Nacht hindurch, denn die Restaurants gleichen das entgangene Geschäft aus, indem sie bis in die frühen Morgenstunden geöffnet bleiben.«

Die Hotelmanagerin verwies auf andere arabische Länder, in denen der Ramadan freiwillig sei. »Schau dir Dubai an! Dort fasten viele Leute aus eigenem Wunsch heraus, aber die Restaurants bleiben geöffnet. Sie sind zwar leer, aber wenn man will, hat man die Chance zu essen, diskret verborgen hinter speziellen Vorhängen. Hier hingegen, wo man versucht, den Leuten alles vorzuschreiben, fastet so gut wie niemand.«

Später am Tag sprach ich mit Menschen, die die Angelegenheit anders sahen und den Ramadan als eine wundervolle Tradition betrachteten, die ihnen viel bedeutete. »Tagsüber fasten wir, um uns unserer privilegierten Lage bewusst zu werden und Dankbarkeit zu spüren«, erklärte mir ein Familienvater. »Abends gehen wir dann gemeinsam mit der Familie essen und genießen unser Beisammensein umso mehr. Es ist eine schöne Zeit, eine fantastische Atmosphäre.«

Nachts besuchte ich viele Stadtteile, die tagsüber verwaist waren, nun aber vor Menschenmassen überquollen. Menschen picknickten auf Grasflächen, spielten auf kleinen Plätzen Badminton und flanierten reihenweise durch die Stadtparks. Teheran bei Nacht im Ramadan wurde eines meiner faszinierendsten Erlebnisse im Iran. Wohin ich auch ging, pulsierte die Stadt, traf ich Menschen in Feierlaune, die mich einluden und mich herumführen wollten. Auf diese Weise, durch diese Erfahrungen und Gespräche, trug also auch der Lapsus, vom Fastenmonat überrascht worden zu sein, dazu bei, dass mein Bild von diesem Land um ein paar unerwartete Farbtöne bunter wurde. Dafür verzichtete ich gern auf den einen oder anderen kulinarischen Streifzug am Tag, auf die eine oder andere Nascherei und den einen oder anderen Kaffee am Straßenrand.

So sehe ich das jedenfalls heute, während ich diese Zeilen in meinem Stammcafé in der Heimat schreibe – mit einem Stück Käsekuchen und einem Cappuccino vor mir auf dem Tisch.

LEBENSLEKTION

Vorbereiten, aber richtig

Wüstengänger Bruno Baumann hat sich viele Jahre lang auf die bereits erwähnte Solodurchquerung des sandigen Herzstücks der Gobi vorbereitet. Dass sie ihm schließlich gelang, verdankte er seinen Erfahrungen, die aus dem ersten Scheitern resultierten, gepaart mit rigoroser Vorbereitung. Und trotzdem antwortete er auf meine Frage, was er den Hörern und Hörerinnen raten würde, die sich nach unserem Gespräch nun auch in die Wüste begeben wollten, anders, als ich es von ihm erwartet hatte. Er führte nicht etwa auf, wie er seine extremen Reisen minutiös geplant und durchgeführt hatte, sondern sagte schlicht: »Ich rate ihnen, sich möglichst wenig vollzupumpen mit Informationen und dadurch Erwartungen zu züchten.« Erwartungen seien Illusionen – und die Folge sei die Desillusion. »Lieber sich auf Kreativität einlassen, auf Unbekanntes.« Das heiße nicht, Vabanque zu spielen, indem man sich vorsätzlich in Gefahrensituationen begebe, aber: »Die Neugierde muss leben!«

Der Neugierde ihren Raum zum Atmen zu lassen und gleichzeitig so viel oder wenig vorzubereiten, wie es die Reise und die Persönlichkeit erfordern, ist oftmals die Balance, die sich nicht so leicht finden lässt und an der sich manche Geister scheiden. So reicht die Spannweite auch bei Individualreisenden – unabhängig von der Radikalität ihrer Reise – von den extrem Spontanen bis hin zu den extremen Planern. Die Spontanen brechen einfach auf und geben sich der zufälligen Abfolge von Ereignissen hin. Sie lassen sich hierhin und dorthin treiben wie eine Flaschenpost in wogenden Wellen und profitieren von der Flexibilität, die damit einhergeht, wenn sie beispielsweise keine Unterkünfte oder Flüge gebucht haben. Sie können jederzeit ihrem Instinkt folgen, sobald sich eine interessante Gelegenheit ergibt, und bleiben offen für spontane Abenteuer. Sie navigieren mit ihrer Intuition und einem wachen Entdeckergeist durch die vielen kleinen und großen Verlockungen, folgen ungeplanten Nebenrouten, suchen das Gespräch mit Einheimischen und anderen Reisenden, forschen nach Ratschlägen und Inspiration. Dabei genießen sie das Unerwartete, erdulden die daraus entstehende Ungewissheit und werden mit nachdrücklichen Erlebnissen belohnt.

Die Planer möchten dagegen die Kontrolle behalten. Sie möchten vorher wissen, was sie erwartet, möchten darüber bestimmen, was sie sehen und erleben, um auf diese Weise die Wahrscheinlichkeit einer gelungenen Reise zu erhöhen. Für eine gründliche Vorbereitung kann es verschiedene Gründe geben: zum einen den Wunsch, mehr aus der Erfahrung zu ziehen. Sich einfach locker treiben lassen? Wer ein Jahr vorher den Urlaub beantragen muss und dann höchstens zwei Wochen am Stück frei bekommt, wünscht sich vermutlich eher, dass in dieser kurzen Zeit alles nach Plan verläuft. Ein anderer Grund kann Unsicherheit sein. Vor meiner ersten großen Reise, dem »Work and Travel«-Jahr in Australien, besuchte ich einen zweitägigen Workshop in Berlin, in dem ich alles darüber erfuhr, welcher Papierkram in Down Under zu erledigen sein würde, wie man am besten einen Job finden konnte und wie man das Jahr zum besten seines Lebens machte. Anschließend plante ich unter Berücksichtigung unterschiedlichster Faktoren für meine zwei Freunde und mich jede einzelne Reisestation. Als sich schon kurz nach der Ankunft unser Dreiergespann auflöste, war fast die gesamte Planung hinfällig. Aber die Vorbereitung hatte mir Selbstvertrauen verschafft.

So weit treibe ich es längst nicht mehr, aber ich bereite Reisen immer noch gern vor und lege neben den Eckpfeilern gelegentlich auch ausgewählte Unternehmungen fest, in Einzelfällen auch bestimmte Unterkünfte. Nicht nur, weil es mir schwerfällt, zu viel Kontrolle abzugeben, sondern weil mir der Prozess der Recherche und Auswahl wertvolle (Vor-)Freude bereitet. Sie lässt mich die richtige Denkweise finden, macht mich empfänglicher für die Erlebnisse und Empfindungen vor Ort. Ich trete die Reise im Kopf bereits Wochen zuvor an, besuche manche Stationen in meiner Fantasie. Bin ich dann tatsächlich dort, kann ich vieles von dem, was ich sehe und erfahre, besser einordnen – ob nun im historischen oder kulturellen Kontext oder im Abgleich mit meinen Vorstellungen. So habe ich mich vor meiner ersten Kambodscha-Reise ausgiebig mit der Geschichte Angkors beschäftigt, mit seinem Aufstieg und Untergang und der angeblichen Wiederentdeckung durch Henri Mouhot, habe Sachbücher und Romane über mein Reiseziel gelesen, manche von Khmer-Autoren geschrieben, die mir einen Einblick in ihre Lebenswirklichkeit gewährten. Meine Auseinandersetzung mit dem größten Tempelkomplex der Welt mag dafür gesorgt haben, dass Architektur und Reliefkunst mich ein Mü weniger verblüfften als andere. Aber sie half mir zu verstehen, was ich sah, leitete einige meiner Blicke und Gedanken, vertiefte die Erfahrung. Und sie lenkte mein Interesse auch auf die weniger bekannten Teile der gewaltigen Anlage, auf kleine Tempelkomplexe irgendwo im Dschungel, die in einer Stille daliegen, die im beliebten Haupttempel Angkor Wat längst verschwunden ist.

In einem dieser Tempel traf ich Rith, der auf einer steinernen Schwelle saß und Bilder malte, welche er den paar Touristen verkaufte, die sich hierher verirrten. Und der mir seine Geschichte erzählte: Wie er in einem Kinderheim aufgewachsen war, weil seine Eltern zu arm waren, um ihn zu ernähren, und wie er dort, auf der Suche nach etwas Abwechslung, zu malen begonnen hatte. Als Zeitvertreib, ohne jeden Ehrgeiz, ohne die Einbildung, der Welt endlich ein zu lange verborgenes Talent zu offenbaren. Aber als eines Tages zwei britische

Touristen das Heim besuchten, um eine Spende zu hinterlassen, und als die beiden Riths Bilder sahen und ihm eines abkauften, veränderte sich sein Leben. Denn indem sie mit ihrer kleinen Geste wohl etwas Ermutigung zurücklassen wollten, taten sie doch so viel mehr: Sie schenkten einem Kind den Glauben an sich selbst. »Dadurch habe ich das Malen noch mehr gemocht«, erinnerte sich Rith. »Ich war nur ein armer Junge. Aber etwas, das ich gemacht hatte, gefiel anderen Menschen so sehr, dass sie bereit waren, dafür zu bezahlen. Es hat sich gut angefühlt.«

Mit dem Geld erwarb er neue, bessere Materialien und malte weiter. Anfangs waren die Farben unpassend und die Motive kaum zu erkennen, aber Stück für Stück fand er heraus, wie man bestimmte Farbtöne mischt, wann man warme oder kalte Farben benutzt und welchen Pinsel man wie verwendet. Langsam reifte die Idee, dass er mit seiner Leidenschaft ein wenig Geld verdienen, vielleicht sogar seinen Lebensunterhalt bestreiten könnte. Heute unterstützt er mit seiner Arbeit seine Familie.

Stundenlang saß ich mit ihm auf der Schwelle zum Innenraum des kompakten Tempelbaus, halb draußen, halb drinnen, und lauschte seinen Erinnerungen, während draußen die Regenzeit ihre ganze Kraft demonstrierte und das Wasser auf die Erde prasseln ließ. Vor diesem gleichmäßigen Klangteppich redete Rith und redete. Das Klemmbrett auf seinem Schoß mit dem Blatt Papier schien er längst vergessen zu haben, genauso wie den Pinsel in der anderen Hand und die Mischpalette auf dem Boden. Drei seiner fertigen Aquarelle hatte er an weiteren Klemmbrettern befestigt und als kleine provisorische Galerie aufgestellt. Zwei zeigten die gewaltigen Steingesichter des Bayon-Tempels, im dritten saß ein Mönch auf einem steinernen Fenstersims und ließ den Blick über die Tempellandschaft schweifen, ähnlich wie ich es jetzt tat, während ich Riths Worten über sein Leben und seine Beziehung zu diesen Tempeln lauschte. Zwei seiner Bilder hängen heute bei mir zu Hause an der Wand und bringen mich immer wieder für kurze Augenblicke nach Angkor zurück.

Vorbereitung schließt also unerwartete Erfahrungen nicht aus. Manchmal provoziert sie sie. Und sie kann den persönlichen Wert dieser Reise steigern.

Aber wie weit sollen wir es mit der Vorarbeit treiben? Für den »wahren Abenteurer« scheint es Ehrensache zu sein, jene Urlauber, für die ein Reiseführer fester Begleiter ist, mit Hohn und Spott zu überziehen. Ich will nicht behaupten, dass ich vollkommen unparteiisch sei: Ich habe selbst an Reiseführern über Laos und China mitgearbeitet. Aber angesichts der zahllosen vernichtenden Tiraden über Reiseführer, die ich schon in Büchern und auf Blogs gelesen habe, könnte man meinen, die Länder Asiens und Südamerikas müssten überschwemmt sein von Umnachteten, die als Armee der geistig Toten mit weißen Socken in Sandalen und mit Gürteltaschen um die Plauzen überall dorthin schlurfen, wo sie ganz gewiss keinem einzigen Einheimischen begegnen werden. Reisen als sicherer Weg in die Weltverblödung und die Reiseführer als hinterhältig einschläfernde Wegweiser.

Es ist schon richtig: Wer seine Neugierde abtötet, indem er sich eine ganze Reise hindurch den Hotel- und Ausflugstipps eines Fremden ausliefert, statt wenigstens ab und zu mal auf eigene Faust loszuziehen, kann kaum auf Überraschungen hoffen, die das Reisen so magisch machen und bleibende Erinnerungen schaffen. Und die uns wegführen von eingefahrenen Sichtweisen und Klischeevorstellungen. Zudem ist gerade das Überraschende, ja, auch »das Scheitern, das Unangenehme, das Frustrierende, das Irritierende das Salz des Reisens«, wie Ilija Trojanow in einem unserer Gespräche betonte. Wahr ist zudem, dass die neuesten »Geheimtipps« in einem Lonely Planet oder Stefan Loose bei unserer eigenen Ankunft genau das nicht mehr sein werden, ist doch die empfohlene Ausweichroute, durch die der Besucherstau vermieden werden soll, auch schon wieder voll.

Und trotzdem handelt es sich in vielen Fällen um Hunderte Seiten Informationen, die von Landesexperten liebevoll zusammengetragen und aufbereitet wurden und uns hilfreiche Impulse geben können. Sich zu informieren ist keine Schande und dafür die einfachste Möglichkeit zu wählen ebenso wenig.

Stumpf vorgegebenen Top-10-Listen zu folgen und damit unweigerlich an der Oberfläche zu verharren wäre jedoch ein Fehler. Laut Trojanow kranke eine Hierarchisierung in derlei Listen an einem grundsätzlichen Problem: »Sie simuliert eine allgemeingültige Rangfolge vom Sehenswerten oder Sehenswürdigen. Und das ist völlig unrealistisch. Denn das Sehenswürdige ist einem bestimmten Ort nicht eingeschrieben. Das Sehenswürdige entsteht, indem man zu einem bestimmten Zeitpunkt individuell von etwas angeregt ist, von etwas berührt ist. Das kann erstens von Mensch zu Mensch völlig unterschiedlich sein. Zweitens hängt es von der Tageszeit ab, von der Stimmung, vom Wetter. Es hängt davon ab, mit wem man dort ist, ob man jemanden trifft oder nicht, inwieweit man vorgebildet ist oder nicht.«

Er illustrierte seine Auffassung mit dem Beispiel eines wunderschönen lauen Abends an einem Strand im indischen Goa: Ein Fisch wird serviert. Er schmeckt hervorragend, und ohnehin ist Trojanow richtig gut drauf. Ein rundum gelungener Abend. Und einen Tag später? Da kann es durchaus sein, dass er selbst anderer Stimmung ist. Dass der Fisch ein bisschen anders schmeckt, vielleicht, weil der Koch Liebeskummer hat. Womöglich wird auch das Wetter sich verändert haben. Plötzlich kommt etwas Wind auf und weht ihm Sand in die Augen und auf den Teller. »Die Verallgemeinerung von einmaligen individuellen Erlebnissen ergibt eigentlich keinen Sinn«, schlussfolgerte er, »und ich glaube, das versteht auch jeder. Trotzdem orientieren sich unglaublich viele Reisende genau an solchen Verallgemeinerungen.«

Reiseführer – ob in Buchform oder digital – können also ein Werkzeug sein, das wir gezielt einsetzen, niemals aber ein Taktgeber für den Sound des Reisens, für das Auf und Ab des Erlebens. Als solcher können sie nur scheitern. Statt Melodie produzieren sie totes Rauschen. Spätestens nachdem ein erster Überblick gewonnen wurde, ist es deshalb Zeit, sich von ihnen zu lösen.

Wie so vieles im Leben sind auch das Ausmaß und die Art der Vorbereitung einer Reise eine Frage des Gleichgewichts zwischen Kontrolle und Loslassen. Für jedes Beispiel einer Erfahrung, wie sie mir durch eine gewisse Vorbereitung in Angkor ermöglicht wurde, vermag ich auch ein Beispiel dafür zu liefern, dass ein Mangel an Information, ähnlich wie auf meiner Iran-Reise, ebenfalls ganz neue Facetten bescheren kann. Es ist in Ordnung, innerhalb der eigenen Komfortzone zu starten und sich etwas Orientierung zu erlauben; trotzdem halte ich es für hilfreich, wenn ein Reiseplan höchstens eine grobe Gliederung darstellt, von der man sich jederzeit zu lösen bereit ist – und zu der man bei Bedarf zurückkehren kann. Nichts schafft mehr Potenzial für denkwürdige Begegnungen als der Freiraum, anhalten und übernachten zu können, wo man will, die Route anzupassen, hier und da einen Tag länger zu bleiben. Und nichts schafft mehr Potenzial für Stress als eine zu detaillierte Planung. Denn irgendetwas Unerwartetes geschieht immer. Vielleicht wird uns das Smartphone gestohlen. Vielleicht verfahren wir uns. Vielleicht lernen wir jemanden kennen, mit dem wir gern ein wenig mehr Zeit verbringen möchten. Wenn unsere Planung keinerlei Flexibilität zulässt, haben wir keine Möglichkeit, auf solche Situationen zu reagieren – jedenfalls nicht, ohne unnötigen Druck zu riskieren, denken wir doch schon längst wieder über die nächste Attraktion nach, die wir auf keinen Fall verpassen dürfen. Das Ergebnis: Anspannung und Sorge statt gelöstes Verweilen im Moment.

Extremplanern empfehle ich deshalb, dem Drang zu widerstehen, jede einzelne Etappe auf den Tag oder gar die Stunde genau durchzutakten, jede einzelne Route zu recherchieren, vielleicht sogar die Mahlzeiten und Restaurants vorher festzulegen und auszukundschaften, wie der Blick von der Unterkunft aus sein wird. Auch wenn wir nicht gezielt unseren Entdeckergeist drillen wollen, indem wir uns bewusst herausfordern, können wir Raum für das Unerwartete schaffen. Wir können ein paar Anlaufpunkte vor unserer Reise bestimmen, von denen wir zu wissen glauben, dass sie für uns wichtig sind – Restaurants, Unterkünfte, VIP-Busse anstelle der lokalen Busverbindungen, was auch immer uns Seelenfrieden verschafft. Aber zwischen diesen Fixpunkten stürzen wir uns ins Getümmel, vielleicht für eine Woche, vielleicht für einen Tag, anfangs vielleicht ab und zu mal für einen Abend. Wenn wir Hunger bekommen, bitten wir einen Einheimischen um einen Tipp. Wenn wir in die Stadt gehen, brechen wir ohne Stadtplan auf. Wenn wir etwas unternehmen wollen, schließen wir uns einem anderen Reisenden an, den wir im Gasthaus oder auf dem Markt getroffen haben. Wir wagen die Ungewissheit, die Voraussetzung ist für jedes noch so kleine Reiseabenteuer, und streifen die diffuse Angst ab, dass etwas schiefgehen könnte, dass wir eine Sehenswürdigkeit verpassen, dass wir überfordert oder enttäuscht werden könnten. Stattdessen kommen wir ins Gespräch. Wir folgen dem Flow. Wir ermöglichen uns wahrhaftige Erfahrungen und nehmen unsere neu gewonnene Selbstsicherheit mit zurück nach Hause. Wir nehmen das Risiko des Scheiterns in Kauf mit dem Ziel, wirklich etwas zu entdecken. Und wenn es doch mal nicht so läuft wie erhofft, vergegenwärtigen wir uns: Das gehört zum Leben wie zum Reisen dazu! Ich habe so viele Busse und Flugzeuge verpasst, habe in so viele unappetitliche Happen gebissen, bin in so viele Gespräche verstrickt worden, in denen ich mir gewünscht habe, mein Hirn könne sich wie eine Schnecke in ihr Haus zurückziehen und die Außenwelt ausblenden, dass ich guten Gewissens verkünden kann: Ein wenig Gegenwind weht uns selten um. Wenn wir unsere Spontanität auf diese Weise trainieren, werden wir bald die Coolness aufbringen, nur noch die generelle Route im Voraus festzulegen, vielleicht die ersten paar Nächte zu buchen und uns um die übrigen Details erst dann zu kümmern, wenn es wirklich an der Zeit dafür ist. Damit die Reise eine Chance bekommt, ihren Zauber zu entfalten, statt nur absolviert zu werden.

ABENTEUER LEBEN: VON GIPFELSTÜRMERN UND WÜSTENWANDERERN

Der Grat wurde breiter, und Helga Hengge musste nun weniger darauf achtgeben, wo sie hintrat und mit den Füßen sicher stehen konnte. Dann ging die Sonne auf. Es wurde warm, und die Dunkelheit, die die Bergsteigerin und ihr Team seit Mitternacht eingehüllt hatte, als sie am letzten Camp losgegangen waren, löste sich auf. Unter ihnen breitete sich der Himalaja aus. Eine Gipfelspitze nach der anderen begann orangefarben zu leuchten. Die Schönheit und Wärme der aufgehenden Sonne gaben Hengge Kraft. Eine Leichtigkeit erfasste sie, und auf den letzten hundert Metern bis zum Gipfel genoss sie jeden Schritt. Zwei Monate lang hatte sie nur hinaufgeschaut zu ihrem großen Ziel, so provozierend nah und doch unerreichbar fern. Aufstiege und Abstiege im Wechsel, Akklimatisierung. An manchen Tagen dachte sie, sie würde es nicht schaffen, und wollte heim. Aber nun war nichts mehr über ihr außer blauem Himmel. Sie war oben, auf dem Dach der Welt, auf dem höchsten Gipfel der Erde.

Für Hengge war es ein weiter Weg gewesen: von der *Vogue*-Redakteurin, die sich mit Ende zwanzig in New York das erste Mal an einer Kletterwand versuchte, bis auf diesen Gipfel. Noch nie hatte es zu diesem Zeitpunkt eine deutsche Frau erfolgreich auf den Everest hinauf und wieder hinab geschafft – für Hengge war es nur eine von mehreren Etappen auf ihrem Weg über die Seven Summits, die sie ebenfalls als erste deutsche Frau bewältigte.

In einer Buchhandlung in New York war ihr einige Zeit zuvor ein Buch über diese höchsten Gipfel aller sieben Kontinente in die Hände gefallen. Im Gespräch mit mir erzählte sie: »Eine Reise um die Welt auf dem Rücken der Berge; ein Mal auf jedem Kontinent auf den höchsten Punkt hinaufzusteigen und weit über das Land hinauszuschauen – diese Idee hat mich so begeistert, dass ich mich auf den Weg gemacht habe.« Zu diesem Zeitpunkt hatte sie nie zuvor an einer Expedition teilgenommen, nicht einmal auf einen Campingausflug konnte sie zurückblicken. Aber an die Möglichkeit, zu scheitern, dass sie sich etwas vorgenommen haben könnte, das ihre Fähigkeiten überstieg und das in Anbetracht ihrer Unerfahrenheit nach jeder vernünftigen Einschätzung als unmöglich gelten musste – daran dachte sie keine Sekunde.

Wenig später fand sie sich auf dem Aconcagua in den Anden wieder, dem mit fast siebentausend Metern höchsten Berg Südamerikas. »Die Realität war bitter«, erinnerte sie sich. Lachend erzählte sie, wie sie im ersten Camp ihren Expeditionsleiter fragte, wo eigentlich die Toiletten seien. »Der hat mich angeschaut, als hätte ich nicht alle Tassen im Schrank. Er hob einen Stein vom Boden auf und sagte: ›Weißt du, da hinten sieht es so aus, als wenn es genau das richtige Plätzchen für dich wäre. Und hier hast du einen Stein, damit kannst du dich abwischen.‹ Da habe ich sehr schnell gemerkt, wie naiv ich war.«

Schon als Moderedakteurin war sie um die ganze Welt geflogen: um zu fotografieren und Bilder in Szene zu setzen. Oft sahen die Motive rau und abenteuerlich aus, aber hinter der Kamera warteten gemütliche Wohnwagen und Catering für die Pausen, und ganz in der Nähe lag ein schönes Hotel. »Wir haben so getan, als wenn es ein Riesenabenteuer wäre, aber wir waren immer wohlbehütet und geschützt. Der Aconcagua war das erste Mal, dass ich aus dieser Scheinwelt hinausgetreten bin.«

Hengge hatte den Schutzmantel ihres Alltags abgelegt und fand rasch Gefallen an dem wilden Leben. Endlich hatte sie das Gefühl, wirklich rauen Boden unter den Füßen zu haben und nicht mehr spielen zu müssen. »Das war jetzt echt. Da musste ich ran und das Abenteuer, das ich oft inszeniert hatte, selber leben.«

Das Abenteuer selber leben – in einem Buch, das den so häufig überstrapazierten Begriff »Abenteuer« im Untertitel trägt, lohnt die Frage, was er eigentlich bedeutet. Wo genau beginnt das Abenteuer? Bei einem Nachmittag im Hochseilgarten, in dem wir uns wohligem Nervenkribbeln hingeben? Bei einer tausend Kilometer weiten Wanderung durch Deutschland, bei der wir von früh bis spät mit dem inneren Schweinehund ringen? Beim verzweifelten Überlebenskampf an den Hängen des Nanga Parbat, dem Tode näher als dem Leben? Was muss alles schiefgehen, mit welchen unerwarteten Zwischenfällen müssen wir uns konfrontiert sehen, damit wir von einem Abenteuer sprechen dürfen – oder geht es um etwas ganz anderes?

Ich habe viele Gäste meines Podcasts gefragt, welche Bedeutung der Begriff für sie habe. Ich will das wenig Überraschende gleich vorab verraten: Eine allgemeingültige Antwort gab und gibt es nicht. Zu einzigartig waren meine Gesprächspartner, zu vielseitig ihre Erfahrungen mit Wüste, Dschungel, Berg und Eis, zu ungleich ihre Motivationen – vom Ehrgeiz, das bisher Unmögliche möglich zu machen, bis hin zum vermeintlich einfachen Wunsch, ein schönes Foto zu ergattern. Trotzdem stellte ich die Frage immer wieder. Denn die Auseinandersetzung damit, was ein Abenteuer sein kann und welche unterschiedlichen Vorstellungen es davon gibt, verrät etwas darüber, was wir heute im Abenteuer suchen – und damit etwas über uns.

Fest steht: Die Rückbesinnung auf unsere Urinstinkte und natürlichen Fertigkeiten liegt im Trend, die Natur wurde als Lieferant eines ersehnten Ausgleichs wiederentdeckt. Ganze Industrien sind daraus entstanden; die Survivalbranche und das Geschäft professioneller Ausrüstungsausstatter boomen. Für den schnellen Adrenalinkick zwischendurch bieten Unternehmen wie Jochen Schweizer (Motto: »Du bist, was du erlebst!«) leicht konsumierbare »einzigartige Erlebnisse« an, die uns »raus aus dem Alltag« führen: vom Outdoor-Survival-Camp übers Wochenende bis zum Schnitzen mit Kettensäge. Abenteuer ist gleich Erlebnis, Erlebnis ist Abenteuer. Das Nichterleben als einzige abenteuerfreie Zone. Selbst der Spielplatz wird zum Abenteuerspielplatz, das Shoppingcenter zum Erlebnisshoppingcenter. Ein wenig Spaß und Spannung in den Zwischenräumen unseres Alltags, auf diese Weise haben wir das Abenteuer domestiziert: zu sanften exotischen Brisen, die wir über uns wehen lassen können. Selbstredend mitnichten verwerflich, aber in ihrer Flüchtigkeit doch weit entfernt von der Magie, die den Begriff Abenteuer einst umfing.

Dabei gewinnt die Bestätigung von außen immer mehr an Gewicht, indem wir zum Beispiel hochgestreckte Daumen heischend jedes einfache Wochenendabenteuer auf Hochglanz poliert in den sozialen Medien teilen. So wird auch das gewöhnlichste Reiseerlebnis zum Statussymbol und nicht selten zum Showevent, bei dem ein Rekord den nächsten jagt. Wer heute viel macht, viel erlebt, viel rumkommt, gilt als cool – ja, auch ich finde ihn cooler als Stubenhocker. Aber wenn das zum Selbstzweck und zum Grund für fortwährendes Dokumentieren wird, tritt das Erleben in den Hintergrund.

Unter anderem aus diesen Gründen empfindet die meistgewanderte Frau der Welt, Christine Thürmer, den Trendbegriff des Abenteuers als völlig überbewertet, zum Teil sogar als regelrecht gefährlich, verleite er doch immer wieder Menschen dazu, sich im Wunsch nach einem Abenteuer »in den allergrößten Blödsinn zu stürzen«, den sie nicht kontrollieren könnten und der sie und andere in Gefahr bringe. Oftmals gehe es mehr um »eine Unzufriedenheit mit dem normalen Leben«, die von einem möglichst krassen Erlebnis überlagert werden solle. Für Thürmer ist das Draußensein dagegen »Lifestyle« – ein normaler, regelmäßiger Bestandteil ihres Lebens. Den Risikoaspekt regele sie so weit wie möglich herunter, denn: »Ich möchte einfach draußen ein schönes Leben haben, ich möchte Spaß haben. Das beinhaltet auch Abenteuer, die kommen zwangsweise dazu, aber das ist nicht das, was ich anstrebe.«

Ähnlich wie Christine Thürmer betont auch Bergsteiger Hans Kammerlander, dass das Abenteuer nichts ist, was er suche: Er schaffe Situationen, in denen Abenteuer wahrscheinlich würden, bemühe sich jedoch durch Vorbereitung darum, sie zu vermeiden. Für ihn sind Abenteuer Situationen, »in denen du nicht mehr Herr deiner eigenen Lage bist«. Angesichts seiner eigenen Erinnerungen an derartige Kontrollverluste müsse er immer schmunzeln, wenn er in Reisekatalogen Abenteuerangebote lese: »Alles durchorganisiert bis zum letzten Millimeter.« Wenn er zu einem Berg aufbreche, freue er sich auf das reine, abenteuerlose Erleben. »Das Abenteuer beginnt dort, wo du nicht mehr weißt, ob du Männlein oder Weiblein bist.« An Reiz gewännen diese oft kritischen Momente erst im Nachhinein, weil die Erinnerung so kraftvoll, die Erzählung so anregend sei.

Werfen wir einen Blick zurück. Dem *Lexikon des Mittelalters* zufolge ist die *âventiure*, das Urabenteuer, eine vom Helden »aus eigenem Antrieb gesuchte und durch wunderbare Fügung für ihn allein bestimmte gefahrvolle Bewährungsprobe«. Durch »wunderbare Fügung«: Auch bei manchen meiner Gesprächspartner verklärten sich beim Klang des Wortes »Abenteuer« die Augen. Fotograf Stefan Forster sagte beispielsweise: »Ich brauche Abenteuer, sonst ist alles langweilig. Ohne Abenteuer kein Leben.« Manche antworten auf die Frage nach der Bedeutung von Abenteuer mit einem einzigen Wort: Fotograf Dieter Schonlau mit »Regenwald«, Reisebloggerin Ute Kranz mit »Lagerfeuer«. Es sind Assoziationen, die einzelne Facetten andeuten: die Natur, das stimmungsvolle Draußensein. Aber reicht das, um von einem Abenteuer sprechen zu können?

Ich stellte genau diese Frage dem Übervater des Abenteuers, Reinhold Messner. Seine fesselnden Berichte über seine größten Unternehmungen – Erfolge wie Tragödien – inspirieren mich seit meiner Kindheit. Berichte darüber, wie er 1978 zusammen mit Peter Habeler als erster Mensch den Gipfel des Mount Everest ohne Zuhilfenahme von Flaschensauerstoff erreichte und als Erster auf den Gipfeln aller vierzehn Achttausender stand. Wie er ein paar Jahre später als erster Mensch den Gipfel des Everest im Alleingang erklomm. Und wie er zu Fuß die Antarktis, Grönland und die Wüste Gobi durchquerte – um nur einige seiner vielen Expeditionen und Rekorde aufzuführen.

Er nannte mir drei Zutaten, die aus einem Tun ein Abenteuer machten: Schwierigkeiten, Gefahr und Exposition. Schwierigkeiten, die mit Know-how, Erfahrung, Kraft und sportlichen Fähigkeiten zu meistern seien. Gefahr, wie die Natur sie uns Menschen biete. Diese Gefahren gelte es zu erkennen und zu meiden. »Die Kunst ist eben, nicht umzukommen«, so Messner. Und es sei nur eine Kunst, nicht umzukommen, gerade weil man umkommen könne. Ohne Lebensgefahr wäre alles »nur ein Spiel und nicht eine Kunst oder ein Abenteuer«. Und schließlich Exposition, die ebenjene Kunst erst ermögliche, »weit, weit weg von Netz und doppeltem Boden«. Es gehe um den Unterschied, ob man zwei Meter über dem Boden klettere und notfalls runterspringen könne oder viertausend Meter über dem Boden, wo ein Sturz den sicheren Tod bedeute.

Vom doppelten Boden hatte sich auch Helga Hengge verabschiedet, als sie zu den Seven Summits aufbrach. Für sie waren Besteigungen wie die des Everest abenteuerlich, weil sie rein objektiv Messners drei Zutaten beinhalteten, aber auch, weil die Erfahrungen gänzlich außerhalb der behüteten Modewelt lagen, in der sie sich jahrelang bewegt hatte. Auf die Frage, was sie in die Berge hinausziehe, antwortete sie mir: »Das Abenteuer, auszubrechen, hinauszusteigen aus meiner Landkarte, das Bekannte hinter mir zu lassen und Neues zu entdecken – in der Fremde und tief in mir.«

Aus dem Bekannten ins Unbekannte zu treten, aus dem Alten ins Neue, ist auch der Kern von Helge Timmerbergs Abenteuerverständnis. Der Reiseschriftsteller sieht im Abenteuer den Gegenentwurf zur Pauschal- oder auch Individualreise, »wo alles geklärt ist, wo alles nach Uhr abläuft«. Stattdessen führe das Abenteuer in völlig neue Welten hinein. Weshalb seine Versuche, ein Abenteuer gelegentlich zu wiederholen, folgerichtig sämtlich gescheitert seien – »weil ich es ja schon kannte«.

Ilija Trojanow verbindet ein Abenteuer damit, »etwas zu sehen, was ich noch nie zuvor gesehen habe, etwas zu denken, was ich nie zuvor gedacht habe, etwas zu lesen, was ich nie zuvor in der Form gelesen habe«. Wer ihn kennt, ist nicht überrascht, dass der Reiz des Abenteuers für ihn weniger in der Körperlichkeit und der Gefahr liegt als in gedanklichen, intellektuellen Streifzügen. Aber auch er rückt dabei das Neue, andere in den Fokus.

So tritt das Auflehnen gegen Routine und Langeweile, das Zulassen, Einfordern und Provozieren von neuen Eindrücken klar als verbindendes Element dieser Erklärungen hervor: das Bestreben, uns bei neuen Taten und in neuen Situationen unserer Sehnsucht hinzugeben nach dem noch nicht

Gesehenen, noch nicht Gehörten, noch nicht Gedachten und noch nicht Gespürten. Denn es ist auf Reisen wie im übrigen Leben: Wer immer nur das Gleiche tut, wird wenig lernen und kaum wachsen. Er wird das meiste von dem versäumen, was hätte sein können. Weil alles, was lebt, sich verändert. Im Stillstand verkümmern wir, der Sinn geht verloren, Leere breitet sich aus. Das ist nicht der Lebensstil, den die meisten von uns anstreben. Aus dieser Perspektive betrachtet, ist das Abenteuer ein Ausdruck von Veränderung und Entwicklung, ein äußerer Wandel, der unser Inneres beeinflusst.

Aber welcher Art muss das Neue sein, um eine Erfahrung wertvoll zu machen? Wie viel Schwierigkeit, Gefahr und Exposition sind nötig, um aus einer Reise ein Abenteuer werden zu lassen?

Das Neue ist zweifelsohne relativ. Für jeden von uns ist etwas anderes neu. Vor diesem Hintergrund, betonte Bruno Baumann, bestehe für ihn das ursprüngliche Abenteuer darin, etwas zu tun, das vom allgemein Bekannten ins Unbekannte führe. So finde Innovation statt, im Abenteuer wie im Unternehmertum oder in der Wissenschaft: durch Menschen, die einen Schritt ins – objektiv – Unbekannte setzen.

Beschränkten wir uns aber auf diese Betrachtungsweise, würde das bedeuten, dass Extremsportler und Extremabenteurer, die in ihrer jeweiligen Disziplin an die Grenze des allgemein Machbaren gehen, ein Monopol auf das Abenteuer hätten. Oder gar, dass es heute so gut wie überhaupt keine Abenteuer mehr gäbe, weil die weißen Flecken auf der Landkarte – von der Tiefsee oder verborgenen Höhlen einmal abgesehen – verschwunden sind, das objektiv Unbekannte also kaum noch existiert.

Fakt ist, dass heutzutage die meisten abenteuerlichen Reisen – ein paar Wochen an der frischen Luft, ausgestattet mit GPS-Geräten, wasserdichten Schuhen und atmungsaktiver Sportwäsche – recht wenig mit den großen historischen Entdeckungstouren gemeinsam haben. Zumindest das sollten wir uns selbstkritisch vergegenwärtigen. Im Zeitalter von Fernerkundungssatelliten und Sextanten mit Lasertechnik ist nahezu jede Ebene und jede Insel kartografiert. Selbst der entlegenste Winkel der Welt lässt sich heute mit Google Maps gemütlich von der heimischen Couch aus erkunden. Die Globalisierung und Digitalisierung verschlucken das Unbekannte, leuchten mit ihren grellen Scheinwerfern auch die letzte Nische unbarmherzig aus und entblößen so jedes Staubkorn, jede Unebenheit, jeden Fremdkörper. Das alte Raunen über ferne unentdeckte Lande ist lange verstummt. Alles ist geplant, alles ist bekannt. Auch die Ferne ist relativ geworden. Gegen Bezahlung können wir in recht kurzer Zeit beinahe jeden Ort auf der Welt erreichen, ohne übermäßige Anstrengung dessen Geografie und Kultur betrachten und nachprüfen, ob wir unsere Vorstellungen, die sich schon lange vorher durch unzählige Fotos im Internet gebildet haben, widerlegt oder bestätigt finden. Das gilt für den einst unerreichbaren Nord- wie Südpol, die beide per Flugzeug angesteuert werden, genauso wie für den Everest, Schauplatz einiger der letzten wirklich großen Abenteuer. Selbst der höchste Berg der Welt ist mittlerweile zur Destination aus dem Reisekatalog geworden, zur rein sportlichen Herausforderung. Stimmen Budget und Fitness, versucht eine Armada von Sherpas alles, den zahlenden Gast über mit Fixseilen, Leitern und Brücken präparierte Pisten vom Basislager bis hinauf zum Gipfel zu schaffen, vorbei an Sauerstoffdepots, betreut von Köchen und Ärzten. Das Abenteuer bleibt anstrengend, wird aber konsumierbar. Messner hierzu: »Überall, wo Infrastrukturen sind, findet Tourismus statt.« Das sei nicht besser oder schlechter als das, was seinesgleichen gemacht hätte, müsse aber in der Beschreibung ganz klar von einem Abenteuer unterschieden werden.

Reisen als Ware in unserer Konsumgesellschaft und von einer ganzen Industrie, die uns mit ihren Verlockungen in ihre vorgefassten Strukturen zwängen will – unter solchen Rahmenbedingungen ist der Schritt hinein ins Unkalkulierbare ebenso wie in die subjektive Grenzerfahrung größer als je zuvor. Weil mehr überwunden werden muss: zum Beispiel von einer Risikovermeidungsgesellschaft anerzogene Ängste. Unser von den Medien verstärktes Sicherheitsbedürfnis und überall ausgelegte Sicherheitsnetze, die uns gestatten, für relativ wenig Geld alle Unsicherheitsfaktoren auszuschalten. Die Versuchung, jede Möglichkeit des Entdeckens durch ausufernde Recherche in Portalen schon vor der Reise aufzulösen. Der Reiz, die von Touristengenerationen und Tourismusämtern definierten Sehenswürdigkeiten abzuklappern und sich davor auf Selfies zu inszenieren.

Es scheint, als fände das wirkliche Abenteuer bei uns immer weniger Platz, während wir uns zunehmend danach sehnten: nach dem Abenteuer als Bewährungsprobe, als Beschaffer intensiver Momente. Zugleich sind wir so sehr beschäftigt mit äußeren Vergleichen und dem Versuch, das Abenteuer als Statussymbol heranzuziehen, dass wir das eigentliche Abenteuer zu verpassen drohen.

LEBENSLEKTION

Verzichten, um zu gewinnen

Gegerbte Gesichter. Zusammengekniffene Augen. Aufeinandergepresste Lippen. Weit ausschreitende Schritte, jeder von ihnen geprägt von der Entschlossenheit weiterzugehen. Egal, welche Hindernisse lauern. Egal, welche Herausforderungen drohen. Dazu die Einsamkeit und die Weite. Der Freiraum, der sich daraus ergibt. Die Ungewissheit. Und der Wind und der Regen! In unserem Haar, auf unserem Gesicht. Die Kälte und die Hitze. Das Keuchen und Genießen. Die Wut und Ermüdung. Und die tiefe Zufriedenheit oben auf dem Gipfel oder abends am Lagerfeuer.

Das alles ist Abenteuer.

Was für ein Begriff.

Was für ein Klang.

Was für eine Worthülse.

Denn auch wenn ich ihm immerhin ein ganzes Kapitel gewidmet und dabei das eine oder andere Klischee bedient habe, muss ich dennoch zugeben: Das »Abenteuer« ist ein sehr relativer Begriff. Die einzige Bedeutung, die er trägt, ist die, mit der wir ihn aufladen.

Es macht Spaß, über die Frage zu diskutieren, wo das Abenteuer anfängt und wo es aufhört und wie hoch der Abenteuergehalt unserer Unternehmungen ist. Aber klare Antworten zu finden ist so unmöglich wie sinnlos. Warum sollten wir versuchen, eine Ereignisabfolge, die sich durch Zufälligkeit, ja, auch durch Kontrollverlust definiert, zu klassifizieren? Oder gar zu planen? In drei Schritten zum Abenteuer? Nein, eine solche Anleitung kann es nicht geben.

Wichtiger als jede Einteilung und jeder Vergleich ist wohl etwas anderes: dass wir nicht träge und genügsam werden, sondern offen bleiben für das Neue, das Fordernde, das Aufregende. Dass wir unsere Augen und Herzen offen halten. Dass wir uns in unseren durchstrukturierten Lebenswelten Räume schaffen, in denen Luft fürs Unbeabsichtigte bleibt. Und dass wir den Ehrgeiz pflegen, das beste Leben zu leben, das wir leben können. Die Wildnis kann dabei helfen. Weil Bilderfluten und Lärm sich in ihr auflösen und wir uns selbst besser sehen und klarer hören können. Weil sie ein offener Raum ist, in dem das Unkontrollierbare beheimatet und unvermeidlich ist. Jedenfalls dann, wenn wir es nicht bewusst mithilfe von Technologie und Pauschallösungen ausschalten.

Modernen Abenteurern geht es weder um Lebensgefahr noch um Heldentum, nicht um Instagram-Storys und auch nicht um den nächsten Rekord. Sondern darum, die eigene Kreativität und Willensstärke mit Sinn aufzuladen und das Leben intensiver zu spüren. Sich im Ausgesetztsein und in der Reduktion auf sich selbst zu besinnen. Und aus diesem Gefühl eine Energie zu schöpfen, die sie stärkt und trägt. Danach lohnt sich zu suchen. Dafür lohnt es, sich zu plagen. Für manche von uns bei einem Abenteuer. Für andere von uns auf andere Weise.

Dabei ist die Reduktion, die uns die Wildnis bietet, heute schwerer zu finden und aufrechtzuerhalten denn je, und auch das Ausblenden von Bekanntem und Gewohntem fällt unterwegs so schwer wie nie. Wir sind nun einmal »Kinder der Epoche, in der wir leben«, wie es Ilija Trojanow im »Weltwach«-Podcast ausdrückte, und auch der technischen Möglichkeiten unserer Zeit. Er gestand ein, dass er noch so entschleunigt reisen könne – es werde im Vergleich zur Intensität und Tiefe der Reisen des 19. Jahrhunderts oftmals ein »Husch« bleiben. Er erzählte von einer Reise zu Fuß durch Tansania, bei der seiner Gruppe das Wasser ausging. Nach einem halben Tag begann er, über Möglichkeiten nachzudenken, sich notfalls irgendwie in die Zivilisation zurückzubewegen. »Man hat Alternativen«, brachte er es auf den Punkt. »Man hat Ausstiegsmöglichkeiten.«

Die Bedeutung dieses Umstands vermittelte er in einer Szene seines Romans *Der Weltensammler*: Der Protagonist Richard Burton arbeitet im heutigen Pakistan als Spion für die britische Krone und ist bereit, bis zum Äußersten zu gehen, um seine Glaubwürdigkeit vor den Einheimischen zu erhöhen. Er lässt sich sogar mit ihnen verhaften und ins Gefängnis werfen und setzt sich dort einigen Zumutungen aus. Einer der anderen, der weiß, dass er Brite ist, sagt zu ihm: »Fasten ist nicht dasselbe wie Hungern.«

Dies sei, so Trojanow, alles, was wir auf Reisen heute tun könnten, selbst wenn wir uns bemühen würden, uns einem anderen Ideal anzunähern: fasten. Das Hungern könne man nicht artifiziell herstellen, »und insofern fehlt uns ein gewisses Moment der existenziellen Erfahrung«. Dabei hänge die »persönlichkeitsbildende Wirkung« Wagnisforscher Siegbert A. Warwitz zufolge doch gerade »vom Grad der Betroffenheit ab«, die eine abenteuerliche Erfahrung auszulösen vermag. Und für diese Betroffenheit sei wiederum entscheidend, »inwieweit sich der Abenteuerhungrige mit allen Konsequenzen real, aktiv und komplex in das wagnishafte Geschehen einzubringen bereit ist«.

In früheren Jahrhunderten stellte sich diese Frage nicht: Wer auf eine größere Reise ging, begab sich damit unweigerlich in Gefahr und machte vorher häufig sein Testament. Man wusste ja nicht, wie die Sache ausgehen würde. Die heutige Reiseindustrie bietet uns das Gegenteil: Das Unbekannte, Unkalkulierbare wird ausgeblendet, stattdessen bewegen wir uns im Trott durch »abgeschottete Autobahnen und Räume (...), in denen die Fremde möglichst klein gehalten wird«, so Trojanow weiter. Er bezog sich dabei zum Beispiel auf die Luft (die allgegenwärtige Klimatisierung), die Bewegung (das Vermeiden unangenehmer Transportwege), das Essen und Trinken in Hotels (ein, so Trojanow, »globaler Einheitsbrei mit leichten Noten des Fremden«). Eine Abschottung von allem, was die Sinne herausfordern und anregen könnte, dafür ein Gefühl von Sicherheit, das wir als Ergebnis der »Angstproduktionsmaschinen«, denen wir fortwährend ausgesetzt seien, begrüßen würden. »Die Wahrnehmung der Welt wird ständig in irgendeiner Weise durch eine Schleife der Hysterisierung gejagt. Wenn irgendwo in der Welt eine Krankheit ausbricht, ist gleich der ganze Kontinent gefährlich. Wenn es irgendwo Kämpfe gibt, darf man in das ganze Land nicht fahren.« Wer aber bei Schritt und Tritt von irgendwelchen schweren Ängsten gebeutelt werde, könne nicht wirklich reisen.

Mitunter nimmt das Bemühen, kalkulierbare Räume zu schaffen, absurde Ausmaße an. So erinnerte sich Trojanow an ein Strandhotel, in dem man ihm sagte, es sei gefährlich, zu weit ins Meer hineinzuwaten – jedenfalls solle er keinesfalls über die zehn Meter vom Strand entfernte Boje hinausschwimmen. Ein Strandhüter fügte hinzu, er möge außerdem nicht über den hoteleigenen Strand hinausspazieren. Sich nach solchen künstlichen Barrieren zu richten bedeute für Trojanow eine »völlig inakzeptable Selbstverstümmelung des Reisenden«.

In ähnlicher Art beklagte Andreas Altmann in unserem Gespräch, dass wir in einer Zeit lebten, in der es nur darum gehe, sich von einer Komfortzone in die andere zu begeben. In jedem Hotelzimmer zehn weiche Handtücher, dazu müsse es die beste Matratze der Welt sein und das beste Büfett. »Immer gut essen, immer gut trinken, immer gut schlafen – das ist, glaube ich, nicht zuträglich für ein intensives Leben.« In einem seiner Bücher stellte er zudem fest: »Das Aufreibende ist der Eintrittspreis in die Welt.«

Ohne das Aufreibende ist unsere Entschlossenheit, mit Schwierigkeiten fertigzuwerden, nicht länger gefragt. Doch gerade in ihr liegt ein wesentlicher Bestandteil des (Reise-)Abenteuers. Wir verlassen nicht nur unser sicheres Zuhause mit all seinen geregelten Abläufen, um uns äußeren Reizen und der einen oder anderen Unannehmlichkeit auszusetzen, sondern wollen auch unseren Charakter mit seinen Stärken und Schwächen einem Test unterziehen. Im Kontext unserer gewohnten Lebensabläufe wissen wir, dass wir funktionieren. Wir glauben, uns zu kennen. Aber wie werden wir in Situationen agieren, denen wir für gewöhnlich ausweichen würden, Situationen, die ein anderes Denken erfordern? Sind wir anpassungsfähig genug, um sie nicht nur mit Haltung zu ertragen, sondern sie auch zu meistern und an ihnen zu wachsen? Sind wir entschieden genug, unser Ziel so fest ins Auge zu fassen, dass wir es kompromisslos verfolgen, bis es erreicht ist, komme, was wolle? Reisen ermöglicht es uns, all das auszuprobieren und unsere Unbeugsamkeit im Angesicht von Widrigkeiten zu schulen. Wir riskieren, dass es auch mal ungemütlich wird, manchmal forcieren wir es sogar, erforschen unsere Grenzen und erproben unsere Leistungsfähigkeit und die Stärke unseres Willens. So kommt es, dass sich in der Mühsal ein Gefühl von Freiheit und persönlichem Triumph entfalten kann, denn »alles Wesentliche im Leben, alles, was wir Gewinn nennen, wächst aus Mühe und Widerstand«, so Stefan Zweig in seinem Band *Auf Reisen*. Dabei kann das größte Glück auch ganz bescheidener Natur sein. Christine Thürmer verriet mir beispielsweise, dass der konsequente Verzicht auf zivilisatorische Annehmlichkeiten, wie er bei einer Fernwanderung notwendig sei, bei ihr zu einer »Senkung der Glücksschwelle« führe. Er ermögliche es, dass ein einfacher Schokoriegel ihr mitten in der Wildnis des Pacific Crest Trail einen »unglaublichen Glücksflash« beschere, der stärker und körperlicher war als jede Gehaltserhöhung oder ähnliche Höhepunkte unseres behüteten Daseins.

Ilija Trojanow erzählte mir, dass jene Reiseerfahrungen mit die schönsten waren, in denen es »unglaublich unbequem war«. Wie eine Nacht, die er in einem Zug in Sambia auf einem Bein stehend verbrachte. Es war der Tag vor einem langen Wochenende, und zahllose Arbeiter kehrten aus den Kupferminen im Norden des Landes in ihre Dörfer zurück und überfüllten die Züge. Es blieb kein Platz, um sich zu bewegen, kaum Luft zum Atmen. »Es war der Horror, fünf Stunden lang.« Die Gerüche der Menschen, eine Frau, die mit ihrem Baby an die Wand gepresst wurde und versuchte, es zu schützen ... Trojanow könne sich so intensiv an diese Nacht erinnern wie an kaum eine andere in seinem Leben, weil sich sein Leben in ihr verdichtet habe, regelrecht kristallisiert. »Das sind für mich unendlich wertvolle Erfahrungen«, sagte er, »die aber ihre Geburt tatsächlich aus einer Situation der hochgradigen Unbequemlichkeit haben.«

Das Aufreibende also trotz aller Verlockungen zu suchen und zu finden, daraus speist sich eine der Qualitäten, die das abenteuerliche Reisen heute bereithält. Und eine der Voraussetzungen dafür ist der gelegentliche Verzicht – zum Beispiel auf Technologie, Kommunikation und andere Hilfsmittel. Nur durch ihn könnten wir, so Reinhold Messner, am Rande unserer Zivilisation die notwendige Exposition herstellen. Diesen Verzicht verlangte er schon 1968 in einem wegweisenden Aufsatz mit dem Titel »Mord am Unmöglichen«, in dem er unter anderem forderte, im Alpinismus Hilfen wie Bohrhaken, Hochträgern, Hochlagern, Sauerstoffgeräten und jedweder Kommunikation nach außen zu entsagen. Sich in seinen Möglichkeiten bewusst zu reduzieren und so Raum für das Unmögliche zu lassen ist für ihn die Voraussetzung dafür, das Abenteuer lebendig zu halten. So prägte er mit seinen Überzeugungen den sogenannten Verzichtsalpinismus, der seine Entsprechung auch in vielen anderen Bereichen des Abenteuers findet. So zum Beispiel in einigen Unternehmungen von Rüdiger Nehberg. Er war Deutschlands bekanntester Survivalexperte und hat Generationen von Abenteurern und Naturfreunden beeinflusst. Sein Verzicht begann schon mit der von ihm propagierten Survivalernährung: Zu seinen Leibspeisen gehörten Insekten und diverses kreuchendes Getier, das in Notlagen als hilfreiche Nahrung zu begreifen sei. Einst als »Würmerfresser« verschrien und belächelt, betonte er über Jahrzehnte hinweg konsequent, man könne und solle Ekel kultivieren. So unterschied er zwischen begründetem Ekel – etwa vor Kot und verwesendem Fleisch – und gesellschaftlich bedingtem Ekel, etwa vor Würmern. »Den kann man abtrainieren«, sagte er mir im Interview mit leuchtenden Augen, »und dann hat man Nahrung in der Not!«

Er berichtete mir aber auch, wie er einst in jungen Jahren in Jugoslawien an seine Grenzen stieß, als er mit dem Fahrrad auf dem Balkan unterwegs war. Staubverkrustet schob er sein Gefährt durch ein kleines Dorf, in dem eine Familienfeier in vollem Gange war: Etliche Gäste saßen in bester Stimmung um eine lange Tafel. Sie luden Nehberg ein und forderten ihn auf, sich satt zu essen. Das ließ er sich natürlich nicht zweimal sagen und nahm den Ehrenplatz neben der Uroma der Familie ein. Serbokroatische Witze wurden gerissen, von denen er keinen verstand. »Aber die Oma neben mir«, erzählte er bedeutungsschwer, »die alte, alte Oma, die verstand alles, und plötzlich kam der Megawitz.« Die Oma kreischte los. Während Nehberg gerade seine Suppe löffelte, knallte – *platsch!* – ihr Gebiss in seinen Teller. Er erschrak, doch schon griff ihre knöcherne Hand in die Suppe, fischte das Gebiss heraus und rammte es sich wieder in den Mund. »Und was niemand außer mir gesehen hat«, so Nehberg: »Auf der Gaumenplatte krabbelte Made an Made. Ein kleiner zoologischer Garten auf der Gaumenplatte der Oma.« Der spätere »Sir Vival« spurtete in den Busch und übergab sich.

Solche frühen Eskapaden geben eher harmlose und unterhaltsame Anekdoten ab im Vergleich zu den riskanten Expeditionen, die er später unternahm. Dazu gehören die Erstbefahrung des Blauen Nils, bei der sein Kameramann unter dramatischen Umständen von Einheimischen erschossen wurde, und die Erstdurchquerung der Danakil-Wüste in Äthiopien. Außerdem marschierte er tausend Kilometer ohne Nahrung und ohne Geld durch Deutschland und überquerte in jeweils monatelangen Überfahrten dreimal allein den Atlantik, wobei er konsequent auf moderne Errungenschaften verzichtete. Die erste Überfahrt gelang ihm mit einem Tretboot, die nächste mit einem Bambusfloß und die letzte schließlich auf einer massiven Tanne. Mit den Atlantiktouren machte er medienwirksam auf die Rechte bedrohter Naturvölker aufmerksam, für die er sich einsetzte, seit er in Brasilien Augenzeuge ihrer Vernichtung durch Heerscharen illegaler Goldsucher geworden war. Dabei suchte er immer wieder die Konfrontation mit der Natur, übte immer wieder Verzicht, um sich selbst zu fordern – erst dadurch wurden all diese Erfahrungen so intensiv und existenziell.

In Unternehmungen wie diesen, die statt von Notwendigkeit vielmehr von freiwilliger Exposition geprägt sind, setzt sich unser Streben nach Stimulation und Erkenntnis weiter fort. Es ist ein Streben, das auch in unserer heutigen Gesellschaft seinen Platz hat, in der sich viele Menschen im Alltag einseitig beansprucht und unterfordert fühlen. Sie verspüren ein Bedürfnis nach dem »echten« Leben, danach, ihre stillen ungenutzten Potenziale in Taten umzusetzen. Ich selbst verbringe den größten Teil meiner Arbeitszeit am Computer, tippend und auf einen Bildschirm starrend. Ich meine mich dabei durchaus zu verwirklichen: Ich lebe meine Kreativität aus, nutze mein Organisationstalent. Aber manchmal frage ich mich, was ein Mensch aus dem frühen 20. Jahrhundert über mich denken würde, wenn er mich einen Tag lang still dabei beobachtete. Abgesehen davon, dass er die Technologie nicht verstünde, würde er sich wohl kaum vorstellen können, dass dieses Gesitze, Gegucke und Getippe produktive, sinn- und wertstiftende Arbeit sei.

Wir leben jedoch heute in einer Gesellschaft, in der sich unser Arbeits- und Sozialleben im Vergleich zu damals völlig verändert hat. Die Welt hat sich ins Internet verlagert und ist dadurch transparenter geworden. Wir sehen, was möglich ist – und weil das Wohlstandslevel insgesamt höher ist, können wir uns das Mögliche oftmals auch leisten. Dabei sind besondere Erlebnisse vielen von uns wichtiger als materieller Besitz. Das untermauert unter anderem eine amerikanische Studie im Auftrag der Veranstaltungswebseite Eventbrite: Sie zeigt, dass drei Viertel der jungen Erwachsenen zwischen achtzehn und vierunddreißig Jahren lieber Geld für Erlebnisse als für materielle Statussymbole ausgeben.

Das Streben nach dem scheinbar Unmöglichen auf Bergen, in Wüsten und Wäldern und im ewigen Eis mag Abenteurer wie Reinhold Messner und Rüdiger Nehberg angetrieben haben – die meisten von uns haben weniger ehrgeizige Ziele. Uns geht es stattdessen darum, unterwegs zu sein, uns zu bewegen und in der Bewegung die Welt und uns selbst zu spüren. Dabei gibt es zwischen dem ultimativen Abenteuer und einem anregenden Streifzug viele Zwischenstufen. Und auf jeder dieser Stufen ist weniger entscheidend, was wir dabei wie die frühen Entdecker und Abenteurer für die Menschheit tun, ob wir neue Erkenntnisse über Geografie oder Wissenschaft produzieren. Sondern inwiefern die ganz persönliche Herausforderung uns dabei hilft, in uns selbst hineinzulauschen, uns selbst kennenzulernen, unsere inneren weißen Flecke freizulegen, uns mithilfe äußerer Widerstände auch an inneren zu reiben.

Zur Reibung trägt bei, dass das Reisen uns ermöglichen kann, vollständig in eine Situation einzutauchen, komplett von Umständen mitgerissen zu werden, denen wir uns nicht ohne Weiteres entziehen können. Und hierbei kann ein bewusster Verzicht hilfreich sein. Zum Beispiel auf Navigations- und Kommunikationsmittel. Das beginnt bei GPS-Geräten, die uns selbst für eine einfache Trekkingtour jeden Wegpunkt exakt vorgeben, und hört beim Austausch mit der Heimat auf. Für Wissenschaftsjournalist Ranga Yogeshwar ist »das Hinter-sich-Lassen« eine wesentliche Qualität des Reisens. Die omnipräsente Kommunikation sorge jedoch dafür, dass wir nie wirklich weg seien. Das gelte etwa für junge Menschen, die ein »Work and Travel«-Jahr in Australien absolvierten, mit Skypeverbindung in die Heimat am Abendtisch säßen und eigentlich nie richtig das Elternhaus verließen. »Das ist schade, weil dieses Verlassen, dieses Loslassen, dieses Sich-auf-etwas-Neues-Einstellen gibt einem ja die Chance und den Freiheitsgrad, sich noch mal anders zu sehen, zu entdecken, zu spüren, und das kann man durch Kommunikation ein bisschen zerstören.«

So verliert selbst die Entfernung ihre Geheimnisse, die Exposition schrumpft weiter und mit ihr der Raum zur Selbsterfahrung.

Auch vermeintlich kleine Entscheidungen wie die über die Smartphonenutzung oder auch die Art des Unterwegsseins können den entscheidenden Ausschlag geben, was wir aus unserer Reise für uns selbst mitnehmen können. Setze ich mich in einen All-inclusive-Bus mit Klimaanlage, der vom Fahrer mit dem Hinweis »Only Western People« beworben wird und dessen Komfort ich mir allein deshalb leisten kann, weil ich im reichen Westen geboren wurde? Oder wähle ich das klapprige Gefährt ohne Klimaanlage, ohne Fensterscheiben, mit Hühnergackern und Plastikorchideen, in dem es heiß ist und geraucht wird, in dem der Komfort geringer und die Herausforderung größer ist? Ziehe ich von vornherein eine unüberwindbare Linie zwischen mir und dem Land mit seinen Menschen? Oder versuche ich, mich dem Land ernsthaft zu nähern? Was auch einfach nur bedeuten kann, den gepolsterten Sitz links liegen zu lassen?

Verzichten wir also: auf den zwanghaften Griff zum Smartphone und den ständigen Kontakt in die Heimat; auf den voll klimatisierten Überlandbus; auf die Reisegruppe, in der wir uns behütet fühlen. Bleiben wir stattdessen beweglich und bereit für Ungewissheit und Konfusion, Rückschläge und Niederlagen. Indem wir uns auf das Unvorhersehbare einlassen, werden wir wacher und offener: für eine Begegnung mit unseren Zweifeln und Sorgen, mit unserem Mut und unserer Zuversicht – mit uns selbst. Wir fokussieren uns und erlangen Klarheit. Wie Philosoph Martin Heidegger es in seiner Schrift *Der Feldweg* ausdrückte: »Der Verzicht nimmt nicht, der Verzicht gibt. Er gibt die unerschöpfliche Kraft des Einfachen.«

Auch im Alltag kann Verzicht Klarheit verschaffen. Wer sich seiner eigenen Gewohnheiten bewusst wird und ihnen gelegentlich entsagt, verhindert, dass er ihr Sklave wird. Ganz banal: Eine Woche ohne Kaffee, Bier, Fleisch oder Schokolade führt uns vor Augen, dass wir die Kontrolle über unsere Entscheidungen haben. Dabei geht es nicht um Selbstgeißelung, sondern um ein Bewusstmachen, welches das selbstverständlich Gewordene wieder besonders werden lässt. Das schult die Selbstdisziplin und steigert die Lebensqualität. Aktuellen Studien zufolge erleben Menschen mehr positive Gefühle und sind zufriedener mit ihrem Leben, wenn sie sich gut im Griff haben und auch mal Bedürfnisse aufschieben können, um ein anderes wichtiges Ziel zu erreichen.

Verzichten heißt, Versuchungen zu widerstehen. Der Versuchung, sich noch eine Praline zu genehmigen. Der Versuchung, die anstehende Reise gegen alle Zumutungen abzuschirmen. Gelingt es uns zu widerstehen, kann eine Reise tief in eine Wüste oder einen Dschungel hinein gleichzeitig als eine Reise in unsere eigene Psyche dienen. Paul Zweig schreibt in seinem Buch *The Adventurer*, dass unsere kühnste Unternehmung die »Erforschung unseres eigenen Innenlebens« sei, wenngleich ebendiese Bewegung nach innen im direkten Widerspruch zum traditionellen Verständnis von Abenteuer stünde.

In diesem Sinne muss es sich bei einem Abenteuer bei aller Offenheit für das Aufreibende nicht gleich um eine Weltumseglung, eine Wüstendurchquerung oder eine Gipfelstürmerei handeln. Der Anspruch muss nicht sein, etwas gänzlich Neues zu entdecken oder etwas noch nie Dagewesenes zu tun, der oder die Schnellste, Stärkste und Tollste zu sein. Vor allem ist ein Abenteuer kein primär physischer Akt. Sondern durchaus auch ein mentaler, womöglich gar spiritueller. Unser eigenes Abenteuer beginnt dort, wo die eigene Komfortzone und der eigene Erfahrungshorizont enden und wo uns deshalb das Neue, Fremde besonders intensiv mit uns selbst konfrontiert.

Oder wie mir Matthias Politycki lachend erzählte: »Ein Abenteuer beginnt für mich nicht erst dort, wo Palmen wachsen und Leoparden in den Bäumen schlafen. Das Abenteuer beginnt in meiner Kindheitserinnerung schon in Italien, als meine Eltern sich wechselweise versicherten, dass der Käse ranzig sei. In Wirklichkeit war es einfach nur Parmesan, und den kannten wir damals noch nicht. Das ist auch schon ein Abenteuer!«

IN EUROPAS LETZTER WILDNIS SCHRITT FÜR SCHRITT INS ABENTEUER

Wir traten von der Fähre ans Ufer und marschierten trotz der gewaltigen Last auf unseren Rücken im Stechschritt los. Aufgeputscht von Vorfreude, wollten wir raus in die Natur, rein ins Erlebnis, besser jetzt als später. Unsere Arme rammten die Trekkingstöcke in den Boden und schoben uns vorwärts: fort vom See Akkajaure, den wir mit der kleinen Fähre überquert hatten, auf einer Hängebrücke über den ersten reißenden Fluss, hinein in unsere Wanderung durch den schwedischen Sarek-Nationalpark. Wir waren ekstatisch, ich war ekstatisch. Meine insgeheim gehegten Selbstzweifel, ob ich dieser Expedition körperlich gewachsen sein würde, begannen sich aufzulösen, wurden mit jedem Schritt kleiner. Ja, es ging! Wir würden es schaffen!

Dann verließen wir die Pfade und begannen, uns unseren Weg querfeldein zu bahnen. Zunächst stapften wir über niedriges Heidekraut. Wir wurden langsamer. Dann stellten sich uns steile, mit Gestrüpp überwucherte Hügel in den Weg, die wir mühevoll bezwangen. Wir fingen an zu keuchen. Und dann kam das Dickicht: ein dichter Wald aus Krüppelbirken, umgeben von Buschwerk, das sich um unsere Knöchel und Arme schlang und in dem unsere Trekkingstöcke hängen blieben.

Das Unterholz wurde zu Morast, in dem wir bald bis zu den Schienbeinen versanken. Jeder Schritt wurde zu einem Kampf. Dichte Wolken aus Mücken begannen uns zu umsurren und jede freie Hautfläche anzugreifen. Es gab kaum noch ein Durchkommen. Wir gingen in Schlangenlinien, kehrten gelegentlich um, suchten einen weniger aufreibenden Weg durchs Geäst. Langsam begannen wir das Gewicht der Rucksäcke zu spüren. An jedem von uns zerrten über dreißig Kilogramm. Die schwungvollen Schritte, mit denen wir vor wenigen Stunden losmarschiert waren, sollten für die gesamte restliche Tour nicht mehr zurückkehren. Das zuversichtliche Leuchten in unseren Gesichtern war erloschen, stattdessen pressten wir die Lippen aufeinander und suchten mit erbittert vorgeschobenen Unterkiefern und zu Schlitzen verengten Augen nach einer Route, die uns am wenigsten Pein bereiten würde. »Wer die Welt zu Fuß durchstreift, sieht mit dem ganzen Körper«, sagte Ilija Trojanow in einem unserer Gespräche. Nun ja, zumindest litt ich mit dem ganzen Körper.

Zu unserer Linken erhoben sich Berge. Wir gingen in der Hoffnung auf sie zu, dass das Gehen zu ihren Füßen, dort, wo das Dickicht aufhörte, leichter sein würde. Aber als wir zerkratzt und zerstochen aus dem Wald heraustraten, erwarteten uns ausgedehnte Geröllfelder: riesige, lose aufeinanderliegende Felsbrocken, die unter unserem Gewicht wegrollten, dazwischen Lücken und Spalten, in denen unsere Stöcke stecken blieben. Die Suche nach einem sicheren Tritt wurde zur Geduldsprobe. Derweil ging es immer steiler aufwärts, während wir auf ein Plateau an der Bergflanke zusteuerten. Als wir die Hochebene erreicht hatten, warfen wir Stöcke und Rucksäcke von uns, sanken auf der Stelle in die Wiese und wälzten unsere geschundenen Körper stöhnend hin und her auf der Suche nach einer Position, die den Schmerz vergehen lassen würde. Sofort stürzten sich riesige Mückenschwärme auf uns. Als schließlich die Qualen, die sie uns bereiteten, die Sehnsucht nach Ruhe überwogen, bauten wir unsere Zelte auf, krochen hinein und schliefen, ohne an diesem Abend ein einziges Wort miteinander gewechselt zu haben. Und so würde es für den Großteil dieses Trips bleiben. Ich hatte erwartet, hier meine beiden langjährigen Freunde ganz neu kennenzulernen, in stundenlangen Diskussionen, inspiriert von der Schönheit der Landschaft und dem Rhythmus des Gehens. Aber daraus wurde nichts. Die einzigen Gespräche auf dieser Reise lagen längst hinter uns: Sie hatten im Flugzeug stattgefunden. Für die nächsten drei Wochen beschränkte sich unsere Kommunikation auf müdes Grunzen und auf grundsätzliche Fragen wie »Wer holt Wasser?« und »Wer sammelt Feuerholz?«.

Aber genau solche Fragen, die für uns sonst keine Rolle spielen, ließen die Wanderung zu meiner bisher eindringlichsten Auseinandersetzung mit der Natur werden: ein trockener Schlafplatz, etwas zu essen, ein wärmendes Feuer. Sie jeden Tag aufs Neue zu beantworten fühlte sich erhebend an. Fallen wir nach einem langen Arbeitstag abends für gewöhnlich gedankenlos ins Bett, empfanden wir hier draußen die Genugtuung darüber, einen geeigneten Lagerplatz gefunden und unser Zuhause aufgebaut zu haben. Wasser zu suchen, zu finden, zu tragen und schließlich zu trinken war ein ganz anderes Erlebnis, als es aus dem Wasserhahn zu beziehen. Essen nicht am Herd oder in der Mikrowelle zu erwärmen, sondern über dem selbst entzündeten Feuer, gab uns eine Prise Stolz und das bestätigende Gefühl, etwas geleistet zu haben.

Ich begann die Wildnis zu fühlen, um mich herum, an mir und in mir. Sie füllte mich aus, zum einen, weil sie mir jedes bisschen Kraft und Willen abverlangte, zum anderen, weil sie meine Gedanken vollständig beherrschte. Ihr von früh bis spät ausgesetzt zu sein, durch sie hindurchzugehen, unentwegt ihre Vielfalt zu betrachten und gleichzeitig ihre Erbarmungslosigkeit zu spüren, jede Überlegung auf das Gelände, die Witterung, die Route auszurichten – das war die Art von Erfahrung, die wir gesucht hatten. Das war die Art von Erfahrung, die uns zu uns selbst zurückkehren ließ und dazu zwang, unsere Aufmerksamkeit genauso nach innen wie nach außen zu richten, fort von einer fernen Zukunft hin zum Jetzt.

Trotz aller Anstrengung und Wortkargheit genossen wir die atemberaubende Schönheit der Landschaft in vollen Zügen. Es war eine gewaltige Darbietung von Wildheit und Eleganz, von ungezügelter Größe und Anmut. Tagelang wanderten wir an Flüssen entlang, die sich ganz ungestüm und ungehindert, ohne jeden Eingriff in ihren Lauf, durch die Ebenen zwischen den Bergen schlängelten. Keine Dämme. Auch keine Strommasten und keine Windräder. Keine Motorengeräusche. Kein fernes menschliches Lachen. Nur das unpersönliche und doch so melodische Rauschen des eiskalten, glasklaren Wassers, manchmal begleitet vom Wind, der von den hellblau leuchtenden Gletschern, die wiederum die Bäche und Flüsse speisten, über uns herabfauchte.

Der Sarek-Nationalpark mit seinen Fjälls, Stromschnellen und weitläufigen Ebenen ist das größte Wildnisgebiet Skandinaviens. In den einsamen Talstrecken leben Bären und Elchherden, weiter oben kreisen Königs- und Seeadler, schleichen Vielfraß, Luchs und Polarfuchs über die Hänge. Nördlich des Polarkreises gelegen, wird es hier in dieser Jahreszeit, im Spätsommer, nie ganz dunkel. Mitten durch diese Landschaft bewegten wir uns nun, drei winzige, bedeutungslose, unendlich langsam vorankommende Punkte, die versuchten, sich ihre Kräfte einzuteilen und mit Karte und Kompass die Orientierung zu behalten. Sollten wir Letztere einmal verlieren, würde das im besten Fall ein paar Tage des Herumirrens bedeuten und im schlimmsten eine Frage des Überlebens werden. Wir wanderten durch kilometerlange brusthohe, verholzte Heidekrautflächen, durch die es fast kein Durchkommen gab, über Schnee- und Eisflächen, kletterten stundenlang auf allen vieren steile Aufstiege hinauf, die bis in den Himmel zu führen schienen, während die Täler, aus denen wir gekommen waren, unter uns immer kleiner wurden. Wir schoben uns durch den Sturm vorwärts, der uns durch enge Seitentäler entgegenpeitschte, winkten Rentierherden zu, stiegen beinahe senkrechte Felsschluchten in enge Flusstäler hinab, wo wir die reißenden Gewässer nur wenig oberhalb von Stromschnellen und Wasserfällen furten mussten, weil wir auch nach Stunden des Suchens keine geeignetere Stelle zum Überqueren gefunden hatten. Und wir genossen morgens Bilderbuchausblicke, wenn wir die Zelttüren öffneten: ein Stück Wiese mit einer erkalteten Feuerstelle, dahinter ein kleiner funkelnder Fluss, dahinter wiederum die Berge mit ihren schneebedeckten Spitzen unter einem durchweg blauen Firmament. Die Lagerplätze, die der Sarek uns schenkte, gehörten beinahe alle zu den schönsten, an denen ich bis dahin mein Zelt aufgeschlagen hatte – eine ultimative Antwort auf die menschliche Sehnsucht nach der Natur.

An manchen Tagen wurde diese Sehnsucht – und Zuneigung – jedoch auf eine besonders harte Probe gestellt. Noch heute klingt einer der Landschaftsnamen wie eine unheilvolle Prophezeiung in meinen Ohren: Rapadalen. Ein über fünfunddreißig Kilometer lang gezogenes Tal, das aus der Ferne unendlich schön aussieht: Gesäumt von bis zu zweitausend Meter hohen Bergen, windet sich hier der Rapaälven um zahlreiche Biegungen, bis er in eine ausgedehnte Deltalandschaft übergeht und schließlich in den See Laitaure mündet. Die Deltalandschaft gehört zu den am meisten fotografierten Motiven des Nationalparks. Die vier Hauptzuflüsse des Rapaälven werden aus rund dreißig Gletschern gespeist, weshalb er Schätzungen zufolge etwa 180 000 Tonnen Gletscherschutt pro Jahr mit sich führt. Dieser Schutt lagert sich in seinem Unterlauf ab und bildet das Delta – ein geradezu mitreißender Anblick, insbesondere vom Skierffe aus, einem markanten Gipfel, der sich nahezu senkrecht siebenhundert Meter darüber erhebt.

Weniger wildromantisch wirkte das Tal, als wir es an seinem nördlichen Ende betraten. Es regnete von der ersten Minute an. Der schmale Pfad, der zwischen den Bäumen hindurchführte, wurde zur rutschigen Matschbahn. Sie wand sich nach links und rechts, hinauf und herab und schien sich beharrlich weigern zu wollen, uns auch nur einen festen Tritt zu bieten. Wir zogen uns an Baumstämmen Anstiege hinauf, irrten auf der Suche nach unserem Pfad durch den Nebel, stapften über Lichtungen, die vollständig unter Wasser standen. Abends fanden wir eine winzige Fläche Gras, auf der wir entkräftet und natürlich bei strömendem Regen die Zelte aufstellten. Zusätzlich spannten wir eine Plane zwischen ein paar Bäumen auf, unter der wir trotz der Nässe ein kleines Feuer entzünden konnten, um das wir uns nun bibbernd kauerten und nach dem wir unsere durchgeweichten Hände ausstreckten. Der Blick auf die Berge und in den Himmel tröstete uns längst nicht mehr. Ich hatte vor allem Augen für den Matsch, die Mückenschwärme und meine blassen aufgequollenen Füße. Und für meine angekohlten Stiefel, die ich in dem verzweifelten Bemühen, sie zumindest ein wenig zu trocknen, zu nahe ans Feuer geschoben hatte.

Nachts hielt mein Zelt den Wassermassen und der hohen Luftfeuchtigkeit nicht mehr stand, Tropfen fielen mir ins Gesicht, zerplatzten auf meiner Stirn, bald war mein Schlafsack genauso durchgeweicht wie die Kleidung, in die ich jeden Morgen stieg. Und unaufhaltsam ging es weiter durch den morastigen Wald, Stunde um Stunde im Schneckentempo. Es war eine grüne Hölle.

Als mich nach Tagen der klammen Kälte der erste Sonnenstrahl traf, reckte ich mich ihm entgegen wie eine Sonnenblume. Für nichts in der Welt hätte ich ihn eingetauscht, diesen hellen, wärmenden, trocknenden, gänzlich wundervollen Lichtstrahl, der mehr Glücksgefühle in mir freisetzte, als es irgendein gegen Geld eingetauschter Gegenstand je vermocht hatte. Wohl noch nie war ich mir der Sonne so bewusst gewesen. In meinem Leben daheim ist sie meist ein Statist, der im Hintergrund wirkt. Mal zeigt sie sich, mal nicht. Sicher, wenn sie da ist, sieht die Welt freundlicher und einladender aus. Doch der Alltag geht auch ohne sie weiter. Aber an diesem Tag im Sarek konnte sie ihre Wirkung auf mich voll entfalten, weil ich exponiert genug war und mich in der einzigen Geschwindigkeit bewegte, die zu dieser Landschaft und zu uns Menschen passt: der Geschwindigkeit des Gehens. Jeden Meter erkämpften wir uns mit unserer eigenen Muskelkraft. Und ermöglichten somit unseren Gedanken mitzuhalten. »Nur zu Fuß hält die Seele Schritt«, zitiert Achill Moser gern ein altes Sprichwort der kenianischen Turkana-Nomaden.

Bei einer Wanderung finden Veränderungen in Echtzeit statt: Berge wollen erst überwunden, Wälder durchquert, Aussichten verdient werden. Diese schrittweise Annäherung in unserem eigenen Rhythmus macht uns mit einem Ort vertraut, bevor wir ihn erreichen. Betreten wir ihn schließlich – die Ebene, das Dorf, das Wäldchen –, ist es bereits ein wenig wie eine Heimkehr.

Helge Timmerberg illustriert dieses Bekanntwerden mit der eigenen Umgebung in seinem Buch *Die Straßen der Lebenden* mit einem wundervollen kleinen Beispiel: »Ein Bächlein plätscherte zu unserer Rechten. Bald würde es ein Bach sein. Er führte uns durch ein lang gestrecktes Tal. Aus den Bergen flossen von links und rechts andere Gewässer herab, was unseren inzwischen schon recht großen Bach zu einem kleinen Fluss anschwellen ließ, in dem die ersten Forellen vor den großen Steinen standen, um der Strömung zu entgehen. Wandernd den Bächen beim Wachsen zuzusehen ist Seelenbenzin.«

Schon im 18. Jahrhundert befand der Genfer Schriftsteller und Philosoph Jean-Jacques Rousseau: »Wer ans Ziel kommen will, kann mit der Postkutsche fahren, aber wer richtig reisen will, soll zu Fuß gehen.« Ebenso attestierte mir Ilija

Trojanow, durch die Beschleunigung des Reisens kämen die meisten Menschen »eigentlich überhaupt nicht an«. Sie befänden sich in einem fortwährenden Zustand des Durchreisens, ohne die Wichtigkeit des »Durchs« zu bemerken. Das wirke sich auch auf die Begegnungen mit Einheimischen aus: »Wenn man richtig reist, muss man sich auch mal fragen: Wie sehen mich eigentlich die, die hier leben? Man muss sich fragen, was bedeutet es für jemanden, der von zwei bis drei Dollar am Tag lebt, wenn vor seiner Hütte ein dickes Auto hält und irgendwelche Leute, schwer behangen mit Kameras und anderen Sachen, aussteigen.« Das sei ein Zusammenprall unterschiedlicher – nicht nur kultureller, sondern auch ökonomischer – Welten. Die Unterschiede prägten die Begegnung und die Kommunikation fast gänzlich, mündeten häufig in Bettelei oder in Einladungen ins eigene Geschäft samt energischen Verkaufsversuchen. Gehe man dagegen zu Fuß, reagierten die Menschen anders, denn: »Sie nehmen einen wahr als einen müden, verschwitzten, durstigen, hungrigen, vielleicht sogar verlorenen Reisenden. Das heißt, sie können mit ganz anderen tradierten Werten auf einen reagieren, also tatsächlich mit Traditionen von Gastfreundschaft und Hilfsbereitschaft und Solidarität, die es überall auf der Welt gibt. Man ist eindeutig hilfsbedürftig und keine fette Gans, die man jetzt irgendwie ausnehmen kann. Und das verändert die Begegnungen völlig.«

Gehend gewöhnen wir uns leichter ab, der Destination unserer Reise entgegenzuhasten. Wir befinden uns nicht länger in einem flüchtigen Zwischenstadium zwischen Start und Ziel, sondern wir sind dort, wo wir sein wollen: unterwegs, Schritt für Schritt, Meter für Meter.

So wird im Gehen der Weg zum Ziel.

LEBENSLEKTION

Sich auf den Weg einlassen

Der dritte Tag im Sarek war mein schlimmster. Jedes Mal, wenn ich einen Fuß abrollte, fühlte es sich an, als würde ich auf Hunderte kleine Stecknadeln treten. Ein stechender Schmerz fuhr bei jedem Schritt durch meine Sohlen, die genauso überlastet waren wie der Rest meines Körpers. Ich wankte, rang in einem fortwährenden Kampf mit der Versuchung, einfach stehen zu bleiben und mich hinzusetzen. Oft genug gab ich der Versuchung nach, phasenweise alle zehn Minuten. Dann ließ ich in einer kraftlosen Bewegung den Rucksack auf die Erde krachen und sackte zusammen. Aber oft genug ging ich auch weiter. Obwohl ich nicht mehr konnte.

Unmittelbar zu unserer Linken strömte der Nijákjågåsj durch die weite Ebene, sprudelnd funkelnd, wunderschön. Und damit eine hervorragende Ablenkung von unseren Schmerzen. Etwas, worauf meine Augen ruhen, woran sie sich erfreuen konnten, wenn es auch zunehmend schwierig wurde, Freude für irgendetwas zu empfinden. Was war nur los mit mir? Meine Sohlen brannten wie Feuer, meine Knöchel ächzten, meine Kniescheiben knirschten, als würden sie gleich herausspringen, und die Riemen meines Rucksacks hatten schon jetzt blutige Striemen in meine Schultern gerieben. Das waren keine kleinen Unannehmlichkeiten – ich litt. Ich hatte Mühe, mit Falk und Bastian mitzuhalten, ging stets als Letzter in unserer Dreierkette und beschäftigte meinen zunehmend verzweifelten Verstand mit der Aufgabe, nach Abkürzungen Ausschau zu halten, die mich zu meinen Freunden aufschließen ließen. Wichen sie einem störrischen Heidekrautbüschel aus, ging ich mitten hindurch. Liefen sie um eine kleine Grasnarbe herum, lief ich darüber hinweg. Es waren keine nennenswerten Abkürzungen, wenige Zentimeter nur, aber jeder Zentimeter zählte. Jeder Zentimeter, den ich einsparte, brachte mich näher in Richtung Ziel. Von dem ich an diesem Tag nicht die leiseste Ahnung hatte, wie ich es jemals erreichen sollte.

Ich erinnerte mich daran, was mir Helga Hengge von ihrer Everest-Besteigung erzählt hatte. Auf dessen Nordseite befanden sich damals hundertfünfzig Bergsteiger und Sherpas, die einen Permit besaßen und zum Gipfel wollten. Von ihnen schafften es nur zweiunddreißig. Nicht, weil die anderen nicht stark genug waren. »Viele der Männer, die umgedreht sind, waren zehnmal so stark wie ich«, hatte Hengge erklärt. »Die sind mit einer viel größeren Körperkraft an den Berg gekommen.« Aber das wochenlange Auf- und Absteigen, das zur Akklimatisierung notwendig war, hatte sie zermürbt und müde gemacht: vom Basislager ins erste Höhencamp und zurück, vom Basislager zum ersten Höhencamp und dann zum zweiten Höhencamp – und zurück. Und so weiter. Immer wieder. Immer wieder aufs Neue die gleichen kräftezehrenden Wege. Eine der besonders mühsamen Etappen bestand aus einem unspektakulär aussehenden, gerade einmal anderthalb Kilometer langen Schneegrat in 7000 bis 7600 Meter Höhe. Es ging einfach für gut anderthalb Kilometer sechshundert Höhenmeter hinauf. Diese Strecke, die aussah, als könne man sie in ein bis zwei Stunden hinaufsteigen, überwand Hengge nie in unter sechs Stunden. Wenn der Aufstieg technisch anspruchsvoll ist, sei man mit dem Berg beschäftigt, konzentriert und daher ausgelastet. Aber die eintönigen Abschnitte, an denen sie nur einen Schritt vor den anderen setzen musste und es unmöglich war, sich Zwischenziele zu setzen, fühlten sich an »wie eine ewige Steuererklärung. (...) Hinter jedem Hügel steigt ganz sanft der nächste Hügel weiter in die Unendlichkeit auf. Und das ist echt schwer.«

Irgendwann lagen die Nerven bei Hengge blank. »Wenn man es da nicht schafft, sich immer wieder zu begeistern, irgendwas Faszinierendes zu finden am Berg, am Wetter, an der Sonne, an den Strahlen, die durch den Eisbruch wandern, dann geht die Kraft verloren.« So konzentrierte sie sich nicht auf den Gipfel, der über Tage und Wochen nicht näher rückte, sondern lud jeden der zahllosen Schritte mit Bedeutung auf. Zugleich sah sie Männer, denen das nicht gelang, denen Tag für Tag Lust und Wille schwanden und die schließlich sagten: »Wenn ich noch einmal diesen Scheißhügel hinaufsteigen muss, dann kotze ich.« Sie ertrugen das Auf und Ab nicht länger und fuhren nach Hause.

Deshalb sei der Everest nicht zuletzt eine mentale Herausforderung, ähnlich wie das Schreiben einer Doktorarbeit oder der Aufbau eines eigenen Geschäfts. Die entscheidende Fähigkeit liege darin, immer wieder den Mut zu finden, aufzustehen und weiter hinaufzusteigen, noch einmal sein Bestes zu geben, auch wenn die Aussichten düster seien. »Wenn man diese Kraft an den Berg bringen kann – oder überhaupt ins Leben und zu allen großen Projekten, deren Herausforderungen man vorher eben nicht vollständig ermessen kann – und es schafft, durchzuhalten, dranzubleiben, es mit Tapferkeit immer wieder zu versuchen, dann kann man seine Grenzen verschieben und hat ganz viel für das Leben gelernt.«

Der Everest als mentale Herausforderung: Natürlich ist mir bewusst, dass die Bewältigung solcher Extremsituationen einen starken Willen verlangt. Aber dass die innere Stärke Hengge zufolge ihr wichtigstes Erfolgskriterium war, gab mir im Sarek eine neue Perspektive. Ich verstand, dass die körperliche Kraft nur ein Faktor von vielen ist. Die Kraft trägt dich voran, sie ermöglicht dir, voranzukommen und aufzusteigen und ein Stück des Weges zu gehen. Aber darüber, ob du schlussendlich dein Ziel erreichst, entscheidet sie nicht allein, jedenfalls nicht, wenn das Ziel hochgesteckt ist. Dann zählt die mentale Kraft – eine Kraft, die wir viel zu häufig vernachlässigen.

Wir laufen, um unser Herz zu trainieren, wir heben Gewichte, um uns stark und schön zu fühlen, wir ernähren uns gesund, um unserem Körper Gutes zu tun. Über unsere mentale Gesundheit denken wir dagegen seltener nach. Dabei ist unsere Psyche in unserer schnelllebigen Welt geforderter denn je, leiden mehr und mehr Menschen unter Angstzuständen, Depressionen und Schlafstörungen, fühlen wir uns immer häufiger gehetzt und überlastet. Eine der Herausforderungen besteht darin, inmitten des fortwährenden Bombardements mit Schlagzeilen, Erwartungen und Möglichkeiten weder mit der Vergangenheit zu hadern noch vor einer ungewissen Zukunft zu bangen oder verbissen auf sie zuzueilen. Sondern im Jetzt Ruhe zu suchen und den Pfad hin zu unseren Zielen als das eigentliche Ziel zu begreifen. So schrieb Robert Louis Stevenson in seinem Bericht über die Durchquerung der Cevennen gemeinsam mit seiner störrischen Eselin Modestine: »Ich reise nicht, um irgendwo hinzugehen, sondern um zu gehen. Ich reise um des Reisens willen. Der Punkt ist, unterwegs zu sein.« Und Johann Wolfgang von Goethe hierzu: »Man reist ja nicht, um anzukommen, sondern um zu reisen.«

An jenem dritten Tag im Sarek sehnte ich mich nach nichts so sehr wie nach dem Ende der Tour. Mein Körper signalisierte mir überdeutlich: Das schaffst du nicht! Aber mein Kopf wusste, dass Aufgeben keine Option war – weil ich es nicht wollte und weil wir mitten in der Wildnis waren, mehrere Tagesmärsche entfernt von der Zivilisation, ohne Notausstieg. Sicher, ich hätte zu diesem Zeitpunkt umkehren können und die Strapazen nach zwei bis drei weiteren Tagen hinter mir gehabt. Aber selbst diese Erlösung wirkte so fern und unerreichbar, dass ich glaubte, genauso gut weitergehen zu können. Und so ging ich weiter und versuchte, den Schmerz mit meinen Gedanken zu übertönen. Gedanken über die kleinen Abkürzungen. Gedanken über den Fluss und die Berge und all die Schönheit und Weite, die mich umgab. Gedanken über die Gründe, weshalb ich hier war. Ich versuchte, mich von meinen körperlichen Beschwerden zurückzuziehen, sie bedeutungslos

Unterwegs auf dem Dach der Welt

Die Passstraßen im Himalaja lassen wohl jedes Motorradfahrerherz höherschlagen.

Tag und Nacht in einer Landschaft, in der uns nicht nur das schroffe Gebirge, sondern auch die dünne Höhenluft den Atem raubt

Ein Hauch von Wildwest: Imbissstuben bieten am Ende der Welt eine willkommene Stärkung.

Flüsse, Tiere, Schlammpisten – die Tour fordert unsere überschaubaren Fahrkünste heraus.

Schlucht bei Dana Village, meinem ersten Stopp in Jordanien

Kaum eine Landschaft hat mich mehr gefesselt als das Wadi Rum im Süden des Landes.

Mein Beduinenführer Issa beobachtet gedankenverloren den Sonnenuntergang.

o weit das Auge reicht, erheben sich
ie Felswände steil aus der Ebene.

n Anblick, der unvergesslich bleibt:
s Schatzhaus von Petra

Eine alte Lavaspur auf dem philippinischen Mount Mayon ...

... verwandelt sich innerhalb weniger Minuten in einen reißenden Strom.

Auf dem Weg ins Paradies: Ausstieg auf Zeit auf unserer »eigenen« Insel vor der Küste Palawans

Kambodschanische Mönche in den Tempelanlagen von Angkor Wat

Eine Leidenschaft, die sein Leben veränderte: der Künstler Rith bei seiner Arbeit inmitten der uralten Tempel

Mit meinem Guide auf dem Weg zu Bergdörfern im Dschungel von Nordlaos

Bei einer Bootsfahrt auf dem Nam Ou passieren wir Dörfer, die schon bald Staudämmen weichen müssen.

Die Schönheit des iranischen Isfahan: vom Salzsee bei Varzaneh ...

... über den opulenten Imam-Platz ...

... mit seinen jahrhundertealten Arkaden und Basaren ...

... bis hin zur Khaju-Brücke

Ihre schattigen Gewölbe sind zu jeder Tageszeit ein beliebter Treffpunkt.

Die letzte Wildnis Europas?
Der Sarek-Nationalpark in Schweden

Der Skierffe erhebt sich siebenhundert Meter über dem Delta des Rapaälven.

Brusthohes Heidekraut, Schnee- und Eisflächen, eiskalte Gebirgsbäche …

Schritt für Schritt finden wir unseren Weg durch die endlose Weite.

Mücken und Morast: kleine Feuerpause im Rapadalen

Nach der Euphorie folgt der Einbruch: Ermüdungserscheinungen nach einem langen Tag in Schwedens Wildnis

Unsere Lagerplätze im Sarek gehören zu den schönsten, an denen ich bisher mein Zelt aufgeschlagen habe.

Als ich meine Unterkunft auf der australischen Farm das erste Mal betrete, ahne ich noch nicht, wie viele Monate ich hier bleiben werde.

Von Farmer Mike lerne ich fürs Leben.

Das Jurtendorf wird nicht zuletzt wegen Mike und seiner Familie zu meiner zweiten Heimat.

Leidenschaftliche Abenteurer und mitreißende Gesprächspartner im WELTWACH-Podcast: hier mit Reinhold Messner ...

... und Rüdiger Nehberg

werden zu lassen und Trost und Zuflucht in meinen Überzeugungen zu finden: Ich *wollte* hier sein. Ich liebte diese Art der Naturerfahrung, und es war ein riesiges Privileg, hier sein zu dürfen.

Indem ich mich so von den körperlichen Strapazen löste und den Wert des Jetzt wahrnehmen konnte, vertiefte ich nicht nur die Erfahrung, sondern erhöhte auch die Aussicht auf Erfolg. War ich stark genug, mit dieser Last auf dem Rücken noch mehrere Wochen weiter zu wandern? Nein, auf keinen Fall. Aber war ich stark genug, noch einen weiteren Schritt zu gehen, noch wenigstens die Flussbiegung dort hinten zu erreichen? Ja, das schon.

Auch Helga Hengge war am Fuße des Everest kaum bereit für seinen Gipfel. Erst während sie sich ihm Meter für Meter annäherte, wurde sie zu dem Menschen, der ihn schließlich erreichen konnte. Und nur weil viele dieser Schritte sie immer wieder an ihre Grenze brachten, konnte sie an ihrer Aufgabe wachsen. Nur weil sie sich jeden Meter selbst erarbeitet hatte, wenn auch mit tatkräftiger Unterstützung der Sherpas, hatte die Erfahrung überhaupt einen Wert für sie.

Reinhold Messner erklärte mir im Podcast, er könne sich theoretisch auch mit einem Helikopter auf einen Gipfel hochfliegen lassen. Stattdessen betrachte er vor einem Aufstieg die Felswand, stelle sich vor, wie es sein werde, sie hochzuklettern, entwickle im Kopf eine imaginäre Linie – und gehe sie dann Schritt für Schritt. Nur indem er selbst zum Gipfel hochgehe, werde er verstehen, wie er hochgekommen sei. So würden aus seinen imaginären Linien schließlich gelebte Kunstwerke.

Wissenschaftsjournalist Ranga Yogeshwar kam in der Nähe des Everest zu einer ganz ähnlichen Schlussfolgerung, als er eine »absurde Konstellation« beobachtete: Im Hotel Everest View, einem der höchstgelegenen Hotels der Welt, wurden gestresste Touristen per Hubschrauber abgeladen und ließen sich in einer großen Lobby auf Sesseln nieder, neben denen Sauerstoffflaschen aufgestellt waren. Während sie nun durch die Glasfenster das ferne Everest-Massiv bestaunten, führten sie sich etwas Sauerstoff zu, da sie aufgrund der schnellen Anreise keine Zeit zur Akklimatisierung hatten, und bestellten im Anschluss ein Glas Gin oder Whiskey. In gewisser Weise betrogen sie sich nach Yogeshwars Dafürhalten um etwas: »Das ist so wie bei Menschen, die mit der Seilbahn hochfahren und oben auf dem Drehturmrestaurant des Gipfels Kuchen essen. Sie stehen oder sitzen auf einem Berg, aber es ist ein anderer Berg als der, den der Mensch erlebt, der zu Fuß geht und vielleicht ein oder zwei Tage braucht, bis er oben ankommt.« Es gehe um das »Element des tatsächlichen Erlebens auf dem Weg«.

Indem wir unsere Lust am Unterwegssein finden, statt dessen Ende herbeizusehnen, indem wir erkunden und abbiegen und vordefinierte Routen neu verlegen, werden unser aller Wege – ob durch einen ausgedehnten Nationalpark oder über den einen oder anderen Umweg durch unser Leben – zu persönlichen Kunstwerken. Werke, die nur dadurch entstehen können, dass wir in ihnen unterwegs sind. Jeder Schritt, auch der, der uns ein paar Meter in eine Sackgasse hineinführt, die uns schließlich zur Umkehr zwingt, trägt zum Entstehen dieses Kunstwerks bei.

DAS MALHEUR AM MOUNT MAYON

Das Rauschen war ohrenbetörend. Es war so laut, dass es nicht nur das Einzige war, was wir hörten, nein, es überlagerte auch alle anderen Sinne. Eine Welt aus weißem Wasser, das mit unwiderstehlicher Kraft vom Berg ins Tal donnerte, wütend schäumend, rasend und drängend.

Es war überall: Von oben rauschte der Monsunregen auf uns herab, unablässig trommelnd und einem stetigen Wasserfall gleich, der die Welt hinter einem diesigen Vorhang verbarg. Und vom Hang stürzten die Fluten an uns vorbei, um den Felsvorsprung herum, auf den wir uns gekauert hatten und der wie eine winzige schroffe Insel aus dem wilden Strom ragte, und dann weiter in die bodenlose Tiefe.

Ein einzelner morscher Birkenstamm, vielleicht drei Meter lang, stand auf dieser rettenden Felsinsel. Bastian brach ihn ab und warf ihn in den reißenden Fluss. Sofort wurde der Stamm gepackt und über eine Steilstufe geschleudert. Zehn Meter weiter unten, wo der Strom auf einen Felsbrocken prasselte, schlug er auf. Ich habe noch nie einen Baum explodieren sehen, aber dieser zersplitterte blitzschnell und lautlos in tausend Teile. »Wundervoll«, murmelte Simon niedergeschlagen. Ich verstand ihn in dem Tosen nur, weil er unmittel-

bar neben mir stand. Seinem Gesichtsausdruck entnahm ich, dass in seiner Vorstellung wir als Nächstes auf dem Felsen zerschmettern würden. Leider schien das auch mir gar nicht so unwahrscheinlich zu sein. Ein einziger Fehltritt, und es würde keine Rettung mehr geben. Ich sah schon die Schlagzeile vor mir: »Vier Deutsche und ein Guide am Mount Mayon verunglückt.«
Ich klammerte mich ein bisschen fester an den Felsen.
So war das eigentlich nicht geplant gewesen …

Vulkane haben eine besondere Ausstrahlung: aus Feuer geborene Kolosse, manche für immer verstummt, andere nur vorübergehend ruhend. Sie alle entstanden aus einer Entfesselung gewaltiger Kräfte, als sich der Boden öffnete, glühendes Magma hervordrang und mit jedem neuen Ausbruch den Berg weiter in die Höhe wachsen ließ. Feurige Explosionen, die Stein schmolzen, tief aus dem Erdinneren an die Oberfläche schleuderten und Staubwolken kilometerweit in den Himmel bliesen. Und jedes Mal wieder vernichteten sie das Leben, das sich um sie herum angesiedelt hatte, bis die Riesen schließlich erloschen und als Zeugen jener Kräfte zurückblieben, die im Inneren unserer Erde toben.

Ebendiese Kräfte machen einen wesentlichen Teil der Faszination von Vulkanen aus, insbesondere wenn sie die typische Kegelform aufweisen und so schon von Weitem zeigen, dass sie sich nicht langsam und lautlos gebildet haben, sondern durch rohe Gewalt, die schon zu Urzeiten die Erde erschütterte, seither ganze Zivilisationen und Ökosysteme auslöschte oder auch wie auf den Galapagos-Inseln mit ihren schwarzen Felsküsten die Startbedingungen für neue Lebensräume schuf.

Hinzu kommen bei näherer Betrachtung die vielen verschiedenen Schattierungen des erkalteten Lavagesteins und – wenn der Vulkan aktiv ist – ein gelegentliches Rumoren. So unterschiedlich Vulkane sind, so unterschiedliche Erfahrungen hält ihre Erkundung bereit. Ich erinnere mich, wie ich als Kind mit meinen Eltern auf der Suche nach farbigen Lavasteinen und Schwefelkristallen auf den Flanken des Ätna herumwanderte. Von einer Seilbahn aus sahen wir, wie die Überreste einer früheren Seilbahn als stilles Mahnmal dalagen, Opfer einer noch nicht lange zurückliegenden Eruption.

Ulla Lohmann, Geografin und Expeditionsfotografin, berichtete in meinem Podcast, dass sie in Vulkanen weniger eine unbändige Gefahr als eine ungeheure Faszination sehe. Schon mit acht Jahren hatte sie in Pompeji die Zerstörungskraft des Vesuvs erahnen können. Aber alles war nur grau gewesen, und in dem Mädchen entstand der Wunsch, »einen richtig rot glühenden Vulkan« zu sehen. Gut zehn Jahre später besuchte sie erstmals den südpazifischen Inselstaat Vanuatu und blickte vom Gipfelrand eines Vulkans hinab in den Krater auf einen aktiven Lavasee. Sie hatte damals das Gefühl, als schaute sie geradewegs in das brodelnde Herz der Erde. Das allerdings immer noch sechshundert Meter unterhalb von ihr lag – zu weit. Lohmann wollte bis ganz runter, wollte den Vulkan und die Urgewalt der Erde am ganzen Leib spüren.

Ein Traum war geboren. In den nächsten Jahren begann sie zu klettern. Zudem organisierte sie Vulkanreisen, die ihr Gelegenheit gaben, selbst mehr über Vulkane zu lernen und immer wieder zu ihnen zurückzukehren. In ihrem Geografiestudium legte sie einen Schwerpunkt auf Vulkanismus. In Australien studierte sie Umweltmanagement, und währenddessen beschäftigte sie sich ausgiebig mit den aktiven Vulkanen des benachbarten Vanuatu und damit, wie Menschen Seite an Seite mit jenen Urkräften der Natur leben. Und als sie ihren späteren Mann kennenlernte, der Alpinist und Kletterlehrer war, begannen sie den großen Traum, sich in einen aktiven Lavasee abzuseilen, gemeinsam zu träumen.

Drei Jahre nach ihrer Hochzeit verwirklichten sie ihn in Vanuatu. Sie hatten genug Geld gespart, um drei Wochen in dem Inselstaat zu bleiben, aber die ersten zweieinhalb Wochen regnete es unentwegt. Als sich kurz vor der Abreise endlich die erste Gelegenheit für den Abstieg ergab, war es zugleich die letzte.

Lohmann und ihr Mann seilten sich auf die erste von drei Terrassen ab, über die sie bis an den sechshundert Meter tiefer gelegenen Lavasee gelangen wollten. Als sie die zweite Terrasse erreichten – ein Ort, den kein Mensch je zuvor betreten hatte –, setzte im Vulkan Regen ein. Die aus ihm aufsteigenden Gase schufen ein eigenes Mikroklima, das die tief hängenden Wolken kondensieren ließ. Die Last, die sie abwarfen, fiel durch die Vulkangase und verwandelte sich in sauren Regen, der das Kletterseil angriff. Lohmann wollte den Abstieg dennoch fortsetzen und auch die letzten zweihundert Höhenmeter bis zum Lavasee noch überwinden, doch ihr Mann drängte zur Umkehr. Und setzte sich durch.

Der Enttäuschung, die sie in dem Moment erlebte, konnte sich Lohmann nicht lange hingeben, denn der Aufstieg forderte ihre ganze Aufmerksamkeit. Das Paar hatte sich für die Abseilstelle ein ausgetrocknetes Flussbett ausgesucht, in dem nun ein ausgewachsener Wasserfall tobte. Durch ihn hindurch mussten die beiden sich ihren Weg nach oben bahnen, an einem Seil, das im sauren Regen zunehmend aufquoll und dem herabfallende spitzkantige Vulkansteine zusetzten, die vom Fluss nach unten gespült wurden. Ihr Traum war innerhalb weniger Minuten zu einer Notlage geworden.

Von meiner eigenen Notlage, bei der mindestens genauso viel Wasser im Spiel war, aber leider kein Seil, ahnte ich noch nichts, als wir uns unserem Schicksalsvulkan, dem Mount Mayon, aus der Ferne näherten. Der erste Begriff, der mir bei seinem Anblick einfiel, war »hoheitsvoll«. Er war fraglos der schönste Vulkan der Philippinen. Und zugleich der aktivste. Seine dunklen Bergflanken erhoben sich dramatisch aus der weiten Ebene und bildeten eine perfekte Kegelform, an deren

Spitze starr – wie eingefroren – eine Rauchfahne hing, die vom inneren Brodeln des Giganten kündete.

Wir würden nicht bis zum Krater hinaufsteigen, sondern einige Hundert Meter unterhalb wieder umkehren, damit uns die Schwefelgase nichts anhaben konnten. Wo genau dieser Punkt war, wussten weder meine drei Freunde Bastian, Falk und Simon noch ich, wir verließen uns auf unseren einheimischen Guide Jasille.

Unser Aufstieg begann über eine sanft ansteigende, grasbewachsene Ebene mit meterhohem Talahib-Gras, führte anschließend durch dichten Sekundärwald, stetig höher, stetig auf den über uns thronenden Mayon zu. Die drückende Luft der tropischen Regenzeit trieb uns den Schweiß aus den Poren, unsere offenen Hemden klebten an unseren Körpern.

Bei einer Ansammlung einfacher Steinhütten rasteten wir. Es war Camp 1, wie uns Jasille mitteilte. Den nächsten Wegpunkt, Camp 2, würden wir in einigen Stunden erreichen. So weit konnte und wollte ich jedoch nicht vorausdenken – ich hatte mit dem Jetzt zu tun, genauer: damit, der stickigen Luft mittels Schnappatmung ausreichend Sauerstoff zu entreißen. Eine Aufgabe, die nicht leichter wurde, als wir weitergingen.

Wir traten aus dem Wald heraus und in eine ausgewaschene Schlucht, die von schwarzem Gestein überzogen war: ein alter Lavastrom, über Jahrhunderte vom Monsunregen glatt poliert, der sich einer gewaltigen Schlange gleich vom Krater bis hinab ins Tal zog. Von jetzt an ging es steil bergauf: Wir folgten dem schwarzen Band, das wir auf der Suche nach dem leichtesten Weg immer wieder kreuzen mussten, manchmal sogar kletternd, wenn geschmolzene Felsblöcke von der Größe kleiner Häuser uns keine andere Wahl ließen. Technisch war all das unproblematisch, aber wir blieben dennoch wachsam, denn das Gelände wurde immer exponierter, steiler und schroffer.

Dann landete der erste Regentropfen auf meinem Arm. Und dann noch einer. Ich dachte mir nichts dabei. Nass geschwitzt waren wir ohnehin – vielleicht würde uns ein kleiner Schauer etwas Abkühlung verschaffen.

Der Schauer kam und mit ihm die Abkühlung. Aber ich bemerkte auch rasch einen weniger willkommenen Nebeneffekt: Das glatte Gestein wurde innerhalb weniger Minuten so rutschig, dass es kaum noch Halt bot. Immer wieder glitten wir aus und mussten uns mit den Händen abfangen. Wir gingen noch vorsichtiger, setzten jeden Schritt bedächtig, überprüften jeden Griff, bevor wir uns an ihm hochzogen. Eine Stimme in mir begann zu fragen, wie viel schwieriger all das werden würde, wenn der Niederschlag weiter an Kraft gewann. Und das war durchaus zu erwarten, schließlich ist der Monsun nicht gerade für Nieselregen bekannt.

Aber wir gingen weiter, Jasille voran. Und der Regen wurde stärker, nicht minütlich, sondern sekündlich. Bevor meine innere Stimme die Gelegenheit hatte, sich die Aufmerksamkeit zu verschaffen, die sie verdiente, stürzte das Wasser wie Maschinengewehrsalven auf uns herab.

Jetzt ging alles ganz schnell. Weil die Schneise, in der wir liefen, der tiefste Punkt auf dieser Seite des Vulkans war, strömte sämtliches Wasser hierher. Erst bildeten sich Pfützen in Vertiefungen, dann, als diese voll waren, kleine Bäche, die rasant anschwollen. An den steilen Wänden des Canyons entstanden kleine Wasserfälle, die noch mehr Wasser zu uns hinunterleiteten. Die kleinen Bäche wurden größer und verbanden sich. Wir standen nicht mehr auf rutschigem Lavagestein, sondern in fließendem Wasser. Und es schwoll weiter an, begann zu tosen.

Ich begriff, in welcher Gefahr wir uns befanden, begriff, dass ein Abstieg unter diesen Bedingungen nahezu unmöglich war. Die steilen Passagen, die wir hinaufgekraxelt waren, wären beim Abstieg ohnehin anspruchsvoller gewesen. Aber jetzt lagen sie mitten in einem reißenden Strom. Simon, Bastian, Falk und ich sahen uns wortlos an, verbunden in der stillen Erkenntnis, dass wir ein echtes Problem hatten. Es blieb jedoch keine Zeit zu grübeln, denn das Wasser stieg weiter an. Es reichte uns bereits bis an die Knie, zerrte an unseren Beinen. Lange würden wir uns hier nicht mehr halten können.

Der Rückweg war abgeschnitten, die Seitenwände der Schlucht zu steil oder zu dicht mit Vegetation bewachsen, als dass sie einen Ausweg bieten konnten. Das Rauschen wurde immer lauter.

»Wie weit bis Camp 2?«, rief ich Jasille zu, der unentschlossen neben uns stand.

»Nicht sehr weit!«, erwiderte er und sah uns fragend an.

»Dann los!«, rief ich. Und wir kletterten zügig weiter. Wir stiegen durch enge Winkel, durch die uns das Wasser konzentriert entgegenschoss, schwammen durch neu entstandene Pools. Immer wieder mussten wir von einer Seite der Schlucht auf die andere wechseln, weil es diesseits nicht weiterging, immer wieder waren die einzigen Stellen, die sich hierfür anboten, breite Felsstufen, über die sich die Wassermassen wälzten. Schrittchen für Schrittchen schoben wir unsere Füße im Wasser vorwärts, testeten, ob die Haftung unserer Sohlen auf dem Fels groß genug war, um der Kraft des Wassers standzuhalten. Wenn wir an einer solchen Stelle wegrutschten, würden wir unweigerlich mit- und in die Tiefe gerissen werden, dann würde man später unsere Körper – oder das, was von ihnen übrig war – etliche Kilometer weiter unten in der Ebene finden.

An einer etwa zehn Meter hohen senkrechten Wand zögerten wir einige Augenblicke. Ich fragte Jasille ohne große Hoffnung, ob er in seinem Rucksack ein Seil habe. Er verneinte. Ich fragte erneut, wie weit es bis Camp 2 sei. Nicht mehr sehr weit.

Uns blieb keine Wahl. Wir standen mehr oder weniger in einem Wasserfall, der immer mächtiger wurde und uns schließlich einfach fortspülen würde. An Felsnasen, Einkerbungen und losen Grasbüscheln zogen wir uns Meter für Meter hoch und versuchten, uns nicht von dem ohrenbetäubenden Lärm, der Tiefe unter uns, der Kraft des Wassers, das überall zu sein schien, überwältigen zu lassen. Am oberen Ende der Wand angekommen, stiegen wir auf einen Vorsprung, der aus dem Wasser ragte. Unsere kleine Felsinsel, von der aus Bastian den Birkenstamm in die Fluten warf. Mittlerweile war die Sicht so schlecht, dass wir nur wenige Hundert Meter weit blicken konnten, wenn überhaupt. Alles, was wir sahen, war Wasser, oben wie unten. Und das Hindernis, das sich uns als Nächstes in den Weg stellte.

Jenseits unserer Insel begann eine weitere steile Wand, noch höher als die vorherige. Bei Trockenheit kein Problem, dann würde man ihr links ausweichen – doch dort wüteten nun die Fluten. Ich suchte mit den Augen nach dem besten Weg. Was, wenn wir die Wand bis zur Hälfte erklommen und dann horizontal nach links kletterten, um die Ecke herum und dann ein Stück weit im Flussbett hinauf, bis … ?

Eine Bewegung in meinem Augenwinkel riss mich aus meinen Gedanken.

Simon hatte sich niedergekniet und zitterte am ganzen Körper. Seine Zähne klapperten. Bastian und Falk hatten sich über ihn gebeugt. Ich ging zu ihnen.

»Was ist los?«, fragte ich.

»Panikattacke«, antwortete Bastian.

Auch das noch.

»Ich will nicht sterben!«, brachte Simon schluchzend hervor. »Was zum Teufel machen wir hier eigentlich?«

Ich hatte keine gute Antwort für ihn. Auch ich spürte, wie die Angst in mir aufstieg und mich nach kurzen Phasen, in denen ich mich etwas beruhigen konnte, immer wieder aufs Neue überrollte. Mir war klar gewesen, dass der Mayon aufgrund seiner Aktivität als gefährlich galt, aber an die Möglichkeit, dass uns der Regen zum Verhängnis werden könnte, hatte ich keine Sekunde gedacht.

Ich wusste nur, dass wir dieses verdammte Camp 2 erreichen mussten. Deshalb redete ich auf Simon ein. Beschwor ihn, sich zusammenzureißen, da es nicht mehr weit bis zum nächsten Camp sein konnte.

Jasille sprach kein Deutsch, aber er musste das Wort »Camp« verstanden haben, das ich nach oben deutend mehrfach wiederholt hatte.

»Camp 2?«, fragte er.

»Ja, wir müssen es dorthin schaffen«, sagte ich. »Wir müssen aus diesem Fluss rauskommen.«

Jasille sah mich verständnislos an. »Camp 2 ist genauso in dem Fluss, wie wir es jetzt sind.«

»Was soll das heißen?«, fragte ich verdutzt. »Ich verstehe nicht.«

»Wie gesagt, bei Camp 2 sieht es, abgesehen davon, dass es höher liegt, genauso aus wie hier.«

Ich schüttelte den Kopf. »Ich glaube, du verstehst mich nicht. Ich rede von Camp 2. Von den nächsten Hütten!«

»Camp 2 hat keine Hütten.«

»Keine ... was? Was hat es dann?«

»Nichts.«

»Nichts? Und warum heißt es dann Camp 2.«

»Das ist unsere Bezeichnung für eine Stelle weiter oben. Aber es gibt dort nichts.«

Ich rang um Fassung. Natürlich, beim Bergsteigen werden Höhenlager oft als Camps bezeichnet – mehr oder weniger geschützte Stellen, an denen die Bergsteiger für gewöhnlich rasten oder ihre Nachtlager aufbauen. Die aber nicht zwangsläufig über irgendeine Infrastruktur verfügen.

»Und was machen wir dann hier die ganze Zeit?«, brachte ich mühsam beherrscht hervor. »Warum steigen wir immer weiter hoch?«

Jasille zuckte mit den Schultern und schwieg. Ich erinnerte mich, dass ich ihn nach dem Einsetzen des Regens selbst aufgefordert hatte, uns zu Camp 2 zu bringen. Aber warum hatte er mir nicht widersprochen?

Ich ging zu den anderen drei.

»Ich glaube nicht, dass er weiterkann«, sagte Bastian, während er beruhigend Simons Rücken streichelte.

»Muss er auch nicht«, sagte ich und berichtete von meinem Gespräch mit Jasille. Es ging weder vor noch zurück. Wir beschlossen, hier eine halbe Stunde abzuwarten, ob der Regen nachlassen würde.

Das tat er nicht. Mittlerweile war es Nachmittag, in einigen Stunden würde es dunkel werden. Der Strom gewann noch immer an Kraft. Das Wasser stieg höher, unser Felsvorsprung schrumpfte.

»Wir müssen Hilfe rufen«, sagte Falk. »Einen Militärhubschrauber anfordern, irgendetwas. Wir müssen evakuiert werden.«

Wir stimmten ihm zu, doch unsere Smartphones hatten keinen Empfang, das von Bastian war durch die Nässe bereits defekt.

»Jasille, hast du ein Handy dabei?«, fragte ich.

»Ja.« Nach kurzem Überlegen fügte er hinzu. »Ich habe es in Camp 1 zurückgelassen.«

Ich presste die Lippen aufeinander, denn ich wollte ihn nicht anfahren, nicht für das hier verantwortlich machen – es wäre nur schön gewesen zu erleben, wie er wenigstens einmal an diesem Tag etwas Hilfreiches tat. Aber nein. Vielleicht später.

Wir kauerten uns zusammen und warteten. Eine Stunde später ließ der Regen tatsächlich etwas nach, das Tosen beruhigte sich. Für mitteleuropäische Verhältnisse wäre es immer noch ein heftiger Platzregen gewesen, aber für uns war entscheidend, dass die Sturzflut an Kraft verlor, dass das Wasser wenige Zentimeter sank. Irgendwann kam der Zeitpunkt, an dem wir uns entscheiden mussten: Wenn wir nicht die Nacht hier verbringen wollten, mussten wir den Abstieg wagen.

Ich sprach mich dafür aus zu warten. Falk war dafür, es zu versuchen.

»Ich glaube auch, dass es machbar ist«, befand Bastian zögerlich.

»Das denke ich auch«, sagte ich. »Machbar, ja, aber mit welchem Risiko, wenn auch nur einer von uns einen einzigen winzigen Fehler macht?«

Wir fragten Simon, ob er sich den Abstieg zutraute. Er war kaum zu einer Antwort fähig. »Nein«, brachte er endlich hervor. »Aber ich will auch nicht hierbleiben.«

Wir überlegten hin und her, diskutierten. Und begannen schließlich mit dem Abstieg, der einer Canyoning-Tour gleichkam: Wir kletterten, rutschten, sprangen in Pools, darauf bedacht, uns an Felsvorsprüngen festzukrallen und herauszuziehen, bevor die Strömung uns aus dem Pool zerrte und über die nächste Stufe spülte. Nur anders als beim Canyoning ohne Helm und ohne Sicherung. Und ohne Spaßfaktor.

»Hier geht es nicht weiter!«, rief Jasille plötzlich. »Wir müssen auf die andere Seite.«

Wir schauten uns um. Die Schlucht hatte sich verengt, durch eine Vertiefung in der Mitte rauschte das Wasser besonders konzentriert und kraftvoll hindurch, purer weißer Schaum.

»Unmöglich, dort durchzukommen«, sagte Bastian.

»Wir können springen«, sagte Jasille.

Ich sah ihn ungläubig an. Um über die Vertiefung und das reißende Wasser zu springen, würden wir einen neuen Weitsprungrekord aufstellen müssen. Aber Jasille schien überzeugt zu sein, es schaffen zu können.

»Lass uns zurückgehen«, sagte ich, aber er schüttelte den Kopf und entgegnete: »Das dauert zu lange!«

Er trat näher ans Wasser heran und hielt vorsichtig einen Fuß in die Gischt, um ihre Wucht zu testen. Gerade, als er den Fuß wieder abstellen wollte, rutsche er mit dem anderen aus. Er schlug mit der Hüfte auf, die Beine bereits von der Strömung erfasst. Falk, der hinter ihm gestanden hatte, schnellte vor, packte ihn im letzten Augenblick am Griff seines Rucksacks, zerrte ihn zurück – und rettete ihm so möglicherweise das Leben. Denn später, nachdem wir zurückgegangen und die Stelle durch einen Umweg hinter uns gelassen hatten, sahen wir, dass das Wasser hier geradewegs auf einen Abhang zuraste und sich ein Stück weiter in einen fünfzehn Meter hohen Wasserfall ergoss.

Es war ein Albtraum, aus dem ich erst am nächsten Morgen langsam erwachte, als ich auf der Terrasse unseres Gasthauses saß und auf das Meer hinausblickte. Ich war noch immer entkräftet, aber das Gefühl der Leere wich langsam der Erleichterung darüber, dass die Sache gut ausgegangen, dass die Katastrophe ausgeblieben war.

Ich konnte nicht leugnen, dass diese Erfahrung eine besondere Qualität gehabt hatte. Ich vernahm noch immer das ohrenbetäubende und immer lauter werdende Rauschen. Sah noch immer das Funkeln der spiegelglatten Lavaströme, die von immer mehr Wasser überspült wurden. Spürte noch immer den Druck, mit dem die Fluten an meinen Füßen zerrten, während ich mich Schritt für Schritt vorwärtstastete, nur einen winzigen Fehler vom Abgrund entfernt. Empfand noch immer das Gefühl, gleich den Halt zu verlieren, sollte der Druck nur noch ein Mü steigen. Blickte dabei im Geiste vor mir in die Tiefe, wohin die Flut mit brutaler Kraft strömte und wo sie mit dem Dunstschleier verschmolz.

Es waren Stunden purer Intensität und lähmender Gefahr gewesen, und sie schufen Sinneseindrücke, die mich nicht nur kurz danach auf dieser Terrasse überkamen, sondern wohl für den Rest meines Lebens begleiten würden. Sie hatten sich mir mit einer solchen Macht eingebrannt, dass sie zu einem Teil von mir geworden waren. Und sie hatten ein Gefühl dafür hinterlassen, was Angst bedeutet. Und wie übermächtig die Kraft der Natur sein kann.

LEBENSLEKTION

Angst wagen – und überwinden

In unserem Alltag vermag eher selten ein Ereignis eine solche Wirkung zu erzeugen wie unser Erlebnis am Mount Mayon. Sicher, auf die eine oder andere Art und Weise erleben wir auch hier Momente der Intensität und Gefahr, Augenblicke, in denen wir mit einer mehr oder weniger existenziellen Bedrohung konfrontiert sind, in denen unser Herz einen Aussetzer macht, in denen uns Adrenalin durchflutet. Wenn unser Wagen auf einer vereisten Straße ins Schlittern gerät. Wenn wir auf dem Bürgersteig angepöbelt und bedroht werden. Es sind Momente, in denen unsere Aufmerksamkeit auf ein Maximum gestellt ist, in denen wir mehr wahrnehmen als sonst. Die Herzfrequenz steigt, das Energielevel schraubt sich hoch. Adrenalin. Cortisol. Die Zeit verrinnt langsamer, unsere üblichen Charaktereigenschaften und Limitierungen verlieren an Bedeutung. Wir handeln entschlossen. Für ein paar Augenblicke scheint uns eine Kraft zu steuern – oder zumindest zu unterstützen –, die größer ist als wir selbst, die uns schneller macht und klarer denken lässt. Es ist die gleiche Kraft, die unseren Vorfahren ermöglicht hat, in kritischen Momenten entschieden und ohne zu zögern anzugreifen oder rechtzeitig zu fliehen. Und die mir half, von dem verdammten Vulkan runterzukommen.

Angst ist beklemmend. Purer Stress. Trotz geschärfter Wahrnehmung spüren wir, dass die Verzweiflung wie eine kalte Hand unser Herz umschließt und es gepackt hält. Drum herum wabert die böse Vorahnung von dem, was kommen könnte. Und in manchen Fällen vermengt sich ein Hochgefühl mit dem Schrecken. Dann wird die Angst zur Erregung. Euphorie macht sich breit, für einen Moment befinden sich Lust und Angst im Gleichgewicht. Nach solchen Momenten suchen wir gezielt, wenn wir etwa einen Kopfsprung ins Wasser machen oder uns an einem Bungeeseil in die Tiefe stürzen.

Lust und Angst, Angst und Lust: Wissenschaftlern zufolge ist die Suche nach dieser »Angstlust« im genetischen Code der meisten Menschen verankert. Schon in unserer Kindheit reizt uns deren Empfindung: In Situationen, die uns zugleich anziehen und abschrecken, wagen wir etwas, um daraufhin Erleichterung zu verspüren, wie bei Klingelstreichen oder beim heimlichen Kokeln, beim Erkunden eines dunklen Kellers oder Klettern in einem Baumwipfel. Doch mit der Lust an dieser kleinen Angst ist es wie mit dem Entdeckergeist: Wir geben ihr mit zunehmendem Alter immer weniger Raum. Schluss mit den kindischen Mutproben! Wir werden vernünftiger.

Oder etwa nicht? Die meisten von uns provozieren die Angst später auf andere Weise. Wir brechen gelegentlich aus unserem Alltag aus und suchen den Thrill in unserer Freizeit, vom Hochseilgarten über die schwarze Skipiste im Winterurlaub bis hin zu Aktionen, die wir als Extremsport bezeichnen. Und manchmal findet uns der Thrill, ohne dass wir ihn suchen: in Ausnahme- oder Extremsituationen, in Augenblicken, die wir nicht kontrollieren können. Eine brenzlige Situation im Straßenverkehr, Schreckmomente während eines turbulenten Flugs.

»Ausnahmen« und »Extreme« – diese Begriffe verdeutlichen, dass es sich um Ausreißer handelt, um Außenseiter. Und genau das ist die Rolle, die die Angst in unserer Gesellschaft einnimmt: Sie hat bei uns keinen guten Ruf, ist für gewöhnlich nichts, was wir uns als Dauerzustand wünschen, nichts, was wir als feste Größe in unserem Leben anstreben. Zumindest nicht ohne doppelten Boden. Wer Angst hat, gilt als feige. Also vermeiden wir die Verlegenheit, Angst erdulden und dabei Mut beweisen zu müssen. Wozu brauchen wir Mut, wenn wir die Angst von vornherein ausschalten können?

Tendenziell neigen wir im Alltag dazu, echte Angst und Unsicherheit zu umgehen und möglichst zügig und sanft in unseren emotionalen Normalzustand zurückzugleiten, falls uns doch einmal ein Schreckmoment ereilen sollte. Und zu Recht: Wir sind nun mal keine Helden, wir sind für gewöhnlich nicht auf der Jagd. Angst scheint für unser Leben, für die Aufgaben, denen wir uns verschrieben haben, kaum relevant zu sein. Wir haben uns daran gewöhnt, unsere Arbeits- und Lebenszeit zu verkaufen und Produkte und Leistungen zu konsumieren, sprich »Wert« zu stiften, für unsere Familie zu sorgen und gelegentlich Zerstreuung zu finden. Mit jedem Versicherungsabschluss und jedem neuen Fernseher nehmen unsere Sicherheit und unser Komfort zu und nimmt die gefühlte Auswahl an alternativen Lebensentwürfen ab. Was nach platter Gesellschaftskritik klingt, soll in erster Linie verdeutlichen, dass Unsicherheit und Gefahr ganz grundsätzlich unsere Feinde sind, unwillkommene Sandkörner in einem gut geölten Getriebe.

Menschen, die gezielt Gefahren suchen und sich kompromisslos dem Abenteuer verschreiben, irritieren – und faszinieren uns zugleich. Wir nehmen sie mal als eigennützig und eigenbrötlerisch wahr, mal als unterhaltsames Kuriosum, meist aber als etwas außerhalb der »normalen« Gesellschaft Befindliches, als einen Fremdkörper, der sich dem Normalzustand verweigert und fast schon antisoziales Verhalten an den Tag legt.

Gleichzeitig bewundern wir sie. Viele von uns lesen die Bücher dieser Grenzgänger, schauen ihre Dokumentationen, lauschen ihren Vorträgen, lesen Artikel über sie in Zeitungen. Weil wir wissen wollen, welche Einsichten sie aus ihren Erlebnissen gewonnen haben. Weil wir hoffen, aus ihren Grenzerfahrungen auch ein paar Erkenntnisse über uns selbst gewinnen zu können. Weil wir einen kleinen, wohldosierten Teil ihres ursprünglichen Nervenkitzels aus sicherer Entfernung nachempfinden wollen.

Wir stehen damit in der langen Tradition des mündlichen Geschichtenerzählens, einer unserer ältesten Kulturtechniken. Über sie definieren und orientieren wir uns seit jeher in der Welt, eine eigentümliche Symbiose entsteht. Der Abenteurer, der Weltentrückte, bricht aus der Gesellschaft aus, um danach zurückzukehren und ihr davon zu berichten. Und die Gesellschaft, die sich selbst so viele Barrieren auferlegt hat, um ihre Mitglieder vom Ausbrechen abzuhalten, lauscht innig ihren aufregenden Geschichten. In den aus Wagnis geborenen Erfahrungen anderer suchen wir eine Art von Klarheit und Erkenntnis, die wir aus unseren eigenen Erfahrungen kaum ziehen können, ja, sogar meiden. Wir lauschen und glauben zu verstehen. Wir genießen die wohlige Zerstreuung und das Wissen, dass die Gefahr, die uns den Nervenkitzel beschert, unerreichbar weit entfernt ist, in einer anderen Welt liegt, in einer anderen Zeit. Paul Zweig stellt in *The Adventurer* fest: »Unsere unbehagliche Faszination für Abenteuer wächst, während die häuslichen Wände durch den Gebrauch geglättet werden, bis sie schließlich einem Spiegel gleichen. Jenseits des Spiegels, wie jenseits der Hügelkuppe primitiver Legenden, existiert eine Welt der Begegnungen, eine magische Welt, die wir uns vorstellen, aber nie erreichen.«

Wie recht er hat. Und wie unrecht. Denn ganz so unerreichbar ist die von Zweig beschriebene Welt dann doch nicht. In den oben skizzierten kleinen und großen Extremsituationen begegnen wir ihnen: Andeutungen dessen, wie die Welt hinter dem Spiegel aussehen könnte. Eine Welt, in der wir wesentliche Erfahrungen machen und tiefe Erkenntnisse finden. In der wir die Andersheit dessen spüren, vor dem wir uns fürchten und das uns zugleich reizt. Im Angesicht von Unsicherheit, ob unerwartet oder provoziert, sehen wir plötzlich Möglichkeiten, die wir vorher nie erahnt hätten, während der Vorhang, der sie für gewöhnlich verbirgt, für einen kurzen Moment zur

Seite weht. Wir erkennen die Angst vor der Angst, die wir uns antrainiert haben.

Stellen wir uns vor, diese Empfindung immer wieder spüren, zu diesen Einsichten immer wieder gelangen zu wollen, ein Leben lang, uns also immer wieder mit dem Risiko zu konfrontieren, um – im Extremfall sogar im Angesicht des Todes – mehr über das Leben zu erfahren, dann nähern wir uns einem Verständnis des Abenteuers an. Dann ahnen wir, warum mir Bergsteiger Hans Kammerlander auf die Frage, warum er immer wieder Extremsituationen provoziere, etwas lapidar antwortete: »Wenn ich zu Hause auf der Couch sitze, dann ist das so normal, dann spüre ich den Wert des Lebens nicht.« Dann beginnen wir zu verstehen, warum das Bild des Abenteurers als unreifer, unverantwortlicher Draufgänger zu kurz greift. Und dass die als lebensmüde Abgekanzelten häufig das genaue Gegenteil davon sind. Sie sind hungrig nach den intensivsten Momenten, die das Leben zu bieten hat. Und damit beginnen wir vielleicht auch zu verstehen, woher heute unser Bedürfnis nach (Reise-)Abenteuern kommt, nach echtem Leben, nach einer Rückbesinnung auf unseren Entdeckergeist.

Wir leben in einer Zeit, in der der durchschnittliche Grad an Sicherheit und Komfort so hoch ist wie nie zuvor, auch wenn uns die Medien oftmals einen gegenteiligen Eindruck vermitteln. International steigt die Lebenserwartung, genauso wie das Bildungsniveau. Die Zahl der Menschen, die in extremer Armut leben, hat sich in den letzten zwanzig Jahren mehr als halbiert, und die Zahl der Todesopfer von Naturkatastrophen ist in den letzten hundert Jahren um die Hälfte gesunken. In Deutschland sorgen die Qualität des Bildungssystems, das Einkommensniveau und Entwicklungen im Gesundheitssektor trotz vieler berechtigter Kritikpunkte dafür, dass wir hinsichtlich unseres Lebensstandards im internationalen Vergleich regelmäßig auf den vorderen Plätzen landen. Dazu kommen immer neue Technologien, die uns das Dasein vereinfachen und Zeit sparen sollen – nur dass wir gefühlt immer weniger Zeit haben für Müßiggang und Reflexion. Obwohl sich den Statistiken zufolge vieles zum Besseren gewandelt hat, wächst in vielen von uns der Eindruck, fremdbestimmt zu leben, nicht frei atmen zu können, nicht frei zu sein. Das kann zu einer rigorosen Entscheidung führen. Zu einem Bruch. Zum Beispiel, indem wir Job und Wohnung kündigen und auf eine Weltreise gehen. Oder etwa das Gipfelglück auf dem Kilimandscharo suchen.

All das gilt selbstredend nicht für jeden von uns. Es gibt Menschen, denen es leichter fällt, sich eine Wirklichkeit zu schaffen, die auf ihren Wünschen und Vorstellungen fußt, und ihr Lebenskonzept daran anzupassen. Sie müssen nicht ausbrechen, um einer existenziellen Sinnkrise zu entgehen, sondern gestalten proaktiv. Aber echte Selbstbestimmung ist in unserer Konsumgesellschaft zweifellos eine Herausforderung. In einer Gesellschaft, in der sich, befeuert durch die sozialen Medien, jeder mit jedem vergleicht, in der Entfernungen an Relevanz verlieren, in der anscheinend alles möglich ist. Und in der wir von uns selbst erwarten, diese Möglichkeiten auf der Suche nach Sinn und Selbstverwirklichung zu nutzen.

Gleichzeitig strampeln viele von uns schneller im Hamsterrad als je zuvor, nur um dann für wenige Wochen im Jahr dem unsichtbaren Käfig zu entfliehen, ein hoch bezahltes und gut geplantes Reiseabenteuer zu erleben und per Instagram-Story zu beweisen, dass wir unsere Nase rausgehalten haben, dass wir die Möglichkeiten nutzen, dass wir wer sind und was tun. Denn wer will heute schon gewöhnlich sein?

Auf der einen Seite also die Angst vor dem Unbekannten, Unvorhersehbaren, geschürt durch eine Gesellschaft, die auf Planbarkeit und Sicherheit setzt. Auf der anderen Seite die Befürchtung, ein Leben des Durchschnitts zu führen, gefördert durch die virtuelle Illusion, dass sich links und rechts von uns perfekte Leben abspielen. Mit diesem Spannungsverhältnis zurechtzukommen ist keine leichte Aufgabe. Es baut eine Mischung aus enormem psychischen Druck und emotionaler Leere auf und mag eine von vielen Ursachen dafür sein, dass die Zahl der Menschen, die an Depressionen erkranken, seit Jahrzehnten steigt. Alain Ehrenberg, ein französischer Soziologe, zeigte in der Studie *Das erschöpfte Selbst. Depression und Gesellschaft in der Gegenwart* auf, dass Depressionen nicht zuletzt aus unserem Selbstverwirklichungs- und Selbstperfektionierungsdruck resultieren. Aus dem Zwang zur persönlichen Entfaltung. Und aus der Erwartungshaltung, dass wir uns diese Entfaltung selbst ermöglichen, dass wir uns also selbst um unser Glück kümmern. Und wem das nicht gelingt, der fühlt sich schuldig und überfordert. Weil er nicht gut genug, nicht individuell genug, nicht glücklich genug ist. Für Ehrenberg ist eine Depression deshalb »eine Krankheit der Verantwortlichkeit, in der ein Gefühl der Minderwertigkeit vorherrscht«. Interessant, aber wenig überraschend ist vor diesem Hintergrund, dass Depressionen in Ländern mit hohem Durchschnittseinkommen tendenziell häufiger vorkommen als in solchen mit mittlerem und niedrigem Einkommen.

Unser Wohlstand und die sich daraus ergebenden Freiräume und Möglichkeiten scheinen also einen besonders fruchtbaren Nährboden für Überforderungen zu bieten. Wobei ich hier den Reiz des Abenteuers nicht auf diesen einen Aspekt reduzieren möchte: die Flucht ins Tun als Flucht vor der Angst. Ich möchte lediglich darauf hinweisen, dass unsere Gegenwart ganz offensichtlich Herausforderungen bereithält, die eine gewisse Rückbesinnung bewirken: auf Erfahrungen, die uns helfen, mit unseren Ängsten umzugehen und ihnen vielleicht auch zuvorzukommen. Die uns neue Orientierung geben. Und in denen wir Selbstbestätigung und Identität finden.

Schon in der von Homer überlieferten *Ilias* fragt ein Krieger seinen Gefährten, weshalb sie im Kampf ihr Leben riskierten. Der Gefährte antwortet sinngemäß: Wir riskieren unser

Leben, weil wir sterblich sind; wir wählen den Kampf, weil es das Schicksal des Menschen ist zu sterben. Weil also der Tod, der uns alle erwartet, bereits hinterhältig lauert, beschließt der Krieger, nicht etwa zu versuchen, diesem Verfolger zu entgehen, sondern ihm nachzusetzen. Ihn zu konfrontieren, nach seinen Bedingungen, sozusagen als Machtprobe. So übernimmt er eine aktive Rolle, hält er sein Schicksal, wenn auch unter größten Gefahren, selbstbestimmt in der eigenen Hand.

Durch die Konfrontation mit Gefahr und Angst die Hoheit über das eigene Schicksal zu erobern ist auch die zentrale Motivation von Claude Vannec, dem Protagonisten in André Malraux' Roman *Der Königsweg*. Er fürchtet das Dahinvegetieren und Nichtstun in einem gänzlich absehbaren Dasein mehr als den Tod. Er fürchtet die Orientierungslosigkeit, die Selbstaufgabe mehr als den lebensfeindlichen kambodschanischen Dschungel, in dem er nach Skulpturen sucht, die er rauben und verkaufen kann, um endgültig seiner öden Karriere zu entfliehen. Der Raubzug wird zum Kampf um Leben und Tod, aber: »(D)ie Selbstgefälligkeit seiner Existenz zu akzeptieren wie einen Krebs; mit dem lauwarmen Gefühl des Todes in seiner Hand weiterzuleben: das konnte er nicht tun. (...) Was war dieses Bedürfnis nach dem Unbekannten, diese vorübergehende Zerstörung des Verhältnisses von Meister zu Gefangenem, das diejenigen, die nichts davon verstehen, als Abenteuer bezeichnen, wenn nicht eine Verteidigung gegen genau diese Dinge?«

Angst begleitet viele abenteuerliche Unternehmungen als begründetes und angemessenes Grundgefühl. So auch beim Bergsteigen, wo an exponierten Stellen bei jedem neuen Tritt das Risiko des Absturzes lauert. Dazu die Kälte, die Höhe, der Wind, die Gefahr durch Steinschlag oder Lawinen, auch die körperliche Anstrengung und die stundenlange Konzentration. Eine bewusst herbeigeführte Extremsituation, die sich aber jederzeit ungeplant verschärfen kann, wenn sich die

Bedingungen verschlechtern, wenn die Schwierigkeiten die eigenen Fähigkeiten übersteigen und die Kontrolle zu entgleiten droht. Aber auch bei weniger gewagten Unternehmungen nehmen wir bewusst die Möglichkeit in Kauf, in Schwierigkeiten zu geraten.

Dabei muss sich die Angstlust nicht in einer einzigen Gefahrenlage in kürzester Zeit entladen, sondern kann sich auch langsam aufbauen: während einer ausgedehnten Trekking- oder Bootstour etwa, auf der mit dem Unerwarteten zu rechnen ist. Erst dadurch, dass etwas schiefgehen könnte, gewinnt die Unternehmung an Reiz. Tritt der Ernstfall dann tatsächlich ein, muss die Angst ausgehalten und überwunden werden. Das ist jedenfalls die Absicht: sich nicht unkontrolliert von ihr erfassen und überrollen zu lassen. Sondern sie zu erkennen und gezielt zu regulieren. Gelingt das mit zunehmender Erfahrung immer wieder, dann wachsen wir persönlich. Dann nehmen wir etwas mit aus dem Abenteuer in unser Sein. Dann trainieren wir einen Muskel, der uns Kontrolle über unser Leben verschafft und unsere Unabhängigkeit erhöht. Dann gewinnen wir Selbstsicherheit und emotionale Freiheit.

So beschreibt es auch Hermann Hesse in seiner Novelle *Klein und Wagner*: »Man hatte vor tausend Dingen Angst, vor Schmerzen, vor Richtern, vor dem eigenen Herzen, man hatte Angst vor dem Schlaf, Angst vor dem Erwachen, vor dem Alleinsein, vor der Kälte, vor dem Wahnsinn, vor dem Tode.« Doch all das waren nichts als Masken und Verkleidungen.« In Wirklichkeit gab es nur eines, vor dem man Angst hatte: das Sichfallenlassen, den Schritt in das Ungewisse hinaus, den kleinen Schritt hinweg über all die Versicherungen, die es gab. Und wer sich einmal, ein einziges Mal, hingegeben hatte, wer einmal das große Vertrauen geübt und sich dem Schicksal anvertraut hatte, der war befreit.«

Freiheit als Belohnung für das Überwinden der Angst. Aus diesem Grund ist das Kontrollieren von Angst für viele Abenteurer eine zentrale Herausforderung. Und deshalb ist ein Abenteuer ohne Gefahr und ohne Angst nicht nur ein Widerspruch in sich, sondern aus Sicht jener, die das Abenteuer suchen, auch nicht erstrebenswert.

Der beste Weg, eine Katastrophe zu vermeiden, ist eine rigorose Vorbereitung. Die meisten großen Abenteurer waren beziehungsweise sind minutiöse Planer. Sie minimieren das Risiko ihrer Expeditionen durch bestmögliche Ausrüstung, ideale Ernährung, modernste Navigationsinstrumente, eine wohlüberlegte Teamzusammenstellung und so weiter. Schon Polarforscher Roald Amundsen sagte vor rund hundert Jahren, ein Abenteuer sei nichts weiter als schlechte Planung. Er war bekannt als perfektionistischer Logistiker, der jede Kleinigkeit und Eventualität im Voraus bis ins letzte Detail kalkulierte. Sowohl die Expeditionen in die Arktis als auch in die Antarktis seien trotz aller Schwierigkeiten so abgelaufen, wie er es sich überlegt hatte – nach seinem Dafürhalten war er dem Abenteuer also durch seine gründliche Vorbereitung stets zuvorgekommen. Ironischerweise erhielt er 1928 eine größere Dosis Abenteuer, als ihm lieb war, als er bei einer Rettungsmission verschollen ging.

Und auch Reinhold Messner erklärte mir, wer es nur darauf anlege, dass er schon Glück haben, dass schon nichts passieren werde, lebe gewiss keine drei Expeditionen lang. »Ich gehe nur los, wenn ich sicher bin, dass ich wieder zurückkann.« Allerdings ergänzte auch er, er könne »nie ganz sicher sein, weil ein Restrisiko bleibt«. Auch die beste Vorbereitung könne unvorhersehbare Ereignisse nicht verhindern. Er verwies auf seinen Alleingang am Nanga Parbat, als er es mit einem Erdbeben der Stärke 7 auf der Richterskala zu tun bekam. Vorsichtshalber hatte er – dabei an Lawinen und nicht an Erdbeben denkend – sein Zelt unter einen Eisüberhang gestellt und mit einer Eisschraube verankert. Hätte er diese Maßnahmen nicht ergriffen und sich an einer weniger geschützten Stelle am Berg befunden, hätte er wohl kaum überlebt.

Als Helga Hengge ihrerseits auf den Everest stieg, lag jener Tag, an dem sie in New York das allererste Mal an einer Kletterwand hing, gerade einmal drei Jahre zurück. Auf meinen erstaunten Hinweis, dass andere Everest-Besteiger seit ihrer Kindheit jeden Tag an der Kletterwand oder am Berg hingen, gab Hengge zu, dass gerade dieser Mangel an Erfahrung ihre größte Not und Unsicherheit war. Sie fragte sich, ob sie schon bereit war, ob sie das Risiko schon eingehen durfte: »Kann man jemals sagen, dass man gut genug für etwas ist, das größer ist als man selbst und das man eigentlich nicht ermessen kann?« Irgendwann müsse man sich trauen und es probieren.

Diese Relativität von Vorbereitung und Wagnis, von Gefahr und Kontrolle, von Vorsicht und Mut ging mir an jenem Morgen nach unserer Notlage auf dem Mayon immer wieder durch den Kopf, als ich von der Terrasse unseres Gasthauses auf das Meer hinausschaute. Auch ich hatte nicht vorgehabt, mein Leben aufs Spiel zu setzen. Allerdings waren wir im Gegensatz zu Messner zugegebenermaßen definitiv nicht vorbereitet gewesen, und die Kontrolle war uns schon wenige Minuten nach den ersten Regentropfen entglitten. Dafür hatten wir Glück gehabt. Es war gut ausgegangen. Für uns.

Wenige Monate später las ich in der Zeitung von anderen Reisenden, die auf den Flanken des Mayon herumgelaufen waren: wie wir aus Deutschland, wie wir zu viert und in Begleitung ihres Guides. Auch sie wurden überrascht – allerdings nicht von einem Sturzregen, sondern von einer kleinen Eruption. Das war der erste Unterschied zu uns. Der zweite: Ihnen fehlte das Glück. Sie alle kamen ums Leben, erschlagen von herabstürzenden Gesteinsbrocken, die durch die Eruption in die Luft geschleudert worden waren.

Der Fall illustriert das Offensichtliche: Angst und Gefahr sorgen nicht nur für tiefgreifende Erfahrungen, emotionale

Reibung und das befreiende Ringen mit dem eigenen Schicksal. Angst hat eine schützende Funktion – und Gefahr ist gefährlich. Endet die heikle Episode mit einem Happy End, ergibt sie eine gute Geschichte: von der kleinen Anekdote bis hin zur mitreißenden Story. Endet sie jedoch mit einem Drama, folgen Fassungslosigkeit und Kopfschütteln. Wozu das alles? Wie konnte das passieren? Auch das hat Messner erfahren – nachdem er am Nanga Parbat seinen Bruder Günther verloren hatte. Für Messner ein Tiefpunkt, aber kein Endpunkt. Er machte weiter, genauso kompromisslos wie zuvor, nur fortan weitgehend allein. Nur für sich selbst verantwortlich.

Somit ist die Gefahr nicht nur der Reiz, sondern gleichermaßen der Preis des Abenteuers. Wenn wir sie bezwingen, lässt sie uns wachsen. Aber wenn sie uns bezwingt, ist die Geschichte zu Ende.

Was heißt das für die Reisenden unter uns?

Dass der schlechte Ruf der Angst unbegründet ist. Dass wir nicht so tun müssen, als hätten wir keine. Dass echte Selbstbestimmung nur möglich ist, wenn wir uns unseren Ängsten stellen und Ziele ins Auge fassen, die uns gleichermaßen beunruhigen wie anregen. Die uns fordern und erfüllen. Die uns ringen lassen mit dem Wollen und Nichtwollen.

Waghalsige Erlebnisse wie ein Fallschirm- oder Bungeesprung und einschneidende private oder berufliche Lebensentscheidungen haben einiges gemeinsam: In beiden Fällen ringt der Reiz, etwas zu wagen oder etwas zu verändern, mit der Furcht vor der Fremde, vor dem Kontrollverlust, vor dem Scheitern. Wir fühlen uns von dieser Furcht gleichermaßen gelockt wie gebremst. Springen wir schließlich mit einem Fallschirm aus dem Flugzeug oder an einem Gummiseil von der Brücke, überkommt uns ein unglaubliches Freiheitsgefühl, pure Ekstase.

Und genauso ist es auch im übrigen Leben: Haben wir uns einmal überwunden, stellen wir fest, dass das tatsächliche

Risiko oftmals viel geringer ist, als wir angenommen haben. Der neue Job bringt frischen Wind in unseren Alltag. Das Bungeeseil wird halten. Trotz medialer Berichterstattung, in der die ganze Erde als einziges Krisengebiet erscheint, werden wir auf der Reise in ein fernes Land voraussichtlich weder von einem Tsunami dahingerafft noch von Terroristen niedergestreckt oder von einer schlimmen Krankheit befallen.

Treten wir der Angst vor der Angst also entgegen und begreifen sie als Teil unseres Weges. Konfrontieren wir sie und prüfen wir uns auf diese Weise hin und wieder selbst. Indem wir uns dazu überwinden, eine Rede vor Publikum zu halten. Oder indem wir eine Reise antreten, von der wir unsicher sind, ob wir sie meistern werden. Denn ohne Angst gibt es keinen Mut, und wenn wir keine Schritte wagen, die uns wenigstens etwas Angst machen, werden wir nie erfahren, wozu wir in der Lage sind. Wie Wagnisforscher Siegbert A. Warwitz in seinem Buch *Sinnsuche im Wagnis* feststellt: »Wer sich (Selbstprüfungen mit Angst-Lust-Charakter) entzieht, riskiert den Entwicklungsstillstand, ein vorzeitiges geistiges Altern und ein Leben in Selbstbetrug. (...) Der Impuls, lebenslang Herausforderungen zu begegnen und an ihnen zu wachsen, sollte erst mit dem Tode erlöschen.«

Ulla Lohmann und ihr Mann sind ein halbes Jahr nach ihrem gescheiterten Versuch, bis zum Lavasee abzusteigen, übrigens ein weiteres Mal nach Vanuatu zurückgekehrt, dieses Mal für vier Wochen. Wieder regnete es ununterbrochen – bis sich in den letzten drei Tagen ein Schönwetterfenster ergab und ihnen endlich die lang ersehnte Gelegenheit bot, sich bis ganz nach unten abzuseilen; bis zur dritten Terrasse im Schlund des feurigen Giganten, wo die Erde unter Lohmanns Füßen bebte und zitterte, als bestünde sie aus Wackelpudding. Trotz ihrer Schutzkleidung spürte Lohmann die gewaltige Hitze der Lava, als sie ganz vorn am See stand. Was sie jedoch am meisten fesselte, war der Anblick, der sich ihr bot, als sie nach oben schaute: Der Himmel über ihr war sechshundert Meter weit entfernt, sichtbar nur durch ein kleines Loch, das den Ausgang aus dem umgekehrten Trichter markierte, in dem sie sich hier im Herzen der Erde befand. Mit einem Schlag wurde Lohmann die Macht der Natur deutlicher bewusst als je zuvor: »Wir spielen überhaupt keine Rolle, sind noch nicht mal Staubkörner. Und trotzdem dürfen wir solche Momente erleben.«

WIE EIN AUSTRALISCHER FARMER MEIN LEBEN VERÄNDERTE

Schon als ich die Einfahrt des Grundstücks hinauffuhr, ahnte ich, dass ich mich in eine andere Welt begab. Noch sah ich keine Gebäude. Hohe Kiefern reihten sich auf beiden Seiten des von Schlaglöchern und Spurrillen übersäten Schotterwegs auf. Zwischen zwei Bäumen stand die fensterlose Karosserie eines pink angestrichenen Oldtimers. Am Steuer: eine grob gezimmerte Holzpuppe in alten Kleidern, von denen nur noch Fetzen übrig waren. Ich kam an mehreren auf dem Boden liegenden entrindeten Baumstämmen vorbei, in die Worte eingeschnitzt worden waren, die man anschließend mit leuchtenden Farben ausgemalt hatte. »Back to Basics« stand in blauen Buchstaben auf dem einen, »Living with Less« in roten Lettern auf einem anderen. Zu meiner Linken passierte ich in Schrittgeschwindigkeit ein erstes kleines Holzhaus. Seine Form war ungewöhnlich: Es war rund wie eine mongolische Jurte.

Ich versuchte, mir Mut zu machen und weiterzufahren. Aber es fiel mir schwer. Ich war gerade achtzehn Jahre alt geworden und befand mich mutterseelenallein am anderen Ende der Welt. Und ich hatte mich mehr oder weniger selbst eingeladen – auf eine Farm und zu Menschen, über die ich fast nichts wusste. Wie würden sie mich aufnehmen? Sicher, sie wussten, dass ich kam, aber: War ich wirklich willkommen? Nach Wochen *on the road* an der australischen Ostküste war ich des Reisens müde. Meine zwei Freunde, mit denen ich die Reise begonnen hatte, waren längst nach Hause zurückgekehrt. Ich hatte inzwischen mit meinem Auto zahllose Nationalparks in den Bundesstaaten Queensland und New South Wales erkundet, war von einem abgeschiedenen Rastplatz zum nächsten gefahren, hatte morgendliche Zwiegespräche mit Wombats und Kängurus geführt, die mich beim Frühstück besuchten, hatte auf ausgedehnten Wanderungen atemberaubende Natur genossen. Schließlich hatte ich begonnen, mich rastlos und einsam zu fühlen. Es wurde also Zeit, irgendwo zu bleiben und zumindest ein paar kleine Wurzeln zu schlagen. Menschen über flüchtige Begegnungen hinaus kennenzulernen. Mich irgendwo zugehörig zu fühlen.

Ich schloss eine Mitgliedschaft bei der Organisation WWOOF ab, über die Biofarmen Unterkunft und Verpflegung gegen vier bis sechs Stunden Arbeit täglich anboten. Über Stunden hinweg hatte ich das Büchlein gewälzt, in dem sich Hunderte Farmen vorstellten. Mir war bewusst, dass meine Entscheidung nicht nur die weitere Reise, sondern auch mein Selbstvertrauen beeinflussen würde. Eine schlechte Erfahrung – unfreundliche Gastgeber, Ausbeutung – mochte dafür sorgen, dass ich ähnliche Wagnisse künftig mied. Eine positive Erfahrung mochte die Tür öffnen für zahlreiche weitere Einblicke in das echte Australien.

Zuerst telefonierte ich mit einem Schriftstellerehepaar, das Hilfe in seinem Biogarten benötigte. Tagsüber Tomaten ernten, abends bei Rotwein über Literatur diskutieren, diese Vorstellung gefiel mir. Die Stimme, die mich am Telefon begrüßte, klang jedoch schwermütig, wie von jemandem, dem gerade ein Narkosemittel verabreicht worden war und der kurz davorstand, das Bewusstsein zu verlieren. Die Botschaft verstand ich trotzdem: Sie konnten derzeit aus persönlichen Gründen keine freiwilligen Helfer beschäftigen. Ein Trauerfall? Ich wagte nicht zu fragen.

Es dauerte ein paar Minuten, bis ich mich zum nächsten Anruf durchringen konnte. Ich saß in meinem Auto auf einem trostlosen Highway-Rastplatz, auf dem ich schon die letzten paar Nächte verbracht hatte, während ich darauf gewartet hatte, dass das WWOOFing-Buch an die Adresse eines Buchladens in der nächsten Ortschaft geliefert wurde, die ich bei der Bestellung angegeben hatte. Tagelang war ich dort morgens und abends vorbeigegangen und hatte die freundlichen Mitarbeiterinnen gefragt, ob meine Sendung angekommen sei. Heute war es endlich so weit gewesen: Meine Eintrittskarte in eine neue Phase meiner Reise war eingetroffen.

Während ich die nächste Nummer wählte, begann mein Herz wieder schneller zu schlagen.

»Ja, bitte?«

»Guten Tag, mein Name ist Erik Lorenz. Ich rufe an, weil ich Sie als WWOOFer unterstützen möchte. Ich ... «

Ein Knacken unterbrach mich, gefolgt von einem langen Ton. Aufgelegt.

Ich atmete tief durch. Die Suche gestaltete sich schwieriger, als ich erwartet hatte. Ich blätterte erneut im Buch, identifizierte Favoriten, wog ab. Und entschied mich für eine Farm der anderen Art. Der Text versprach ein sechs Quadratkilometer großes Grundstück voller Eukalyptuswälder, sanfter Hügel, beschaulicher Seen. Um einen der Seen gruppierten sich Jurten, in denen Schulgruppen, Pfadfinder und Familien übernachteten, um das Leben auf einem Bauernhof kennenzulernen. Unterrichtet wurden Melken, Reiten, Angeln und viele andere Fähigkeiten, die für das Leben auf einer Farm hilfreich sind.

»Judith hier, was kann ich für Sie tun?«

Eine schwungvolle, freundliche Stimme. Ich atmete erleichtert aus und wiederholte mein Anliegen.

»Klar, komm vorbei, *no worries*!«

»Ach, wirklich? Klasse! Wann würde es Ihnen denn passen?«

»Wann immer du willst, Darling.«

»Na ja ... ich könnte genau genommen schon morgen bei Ihnen sein.«

»Sicher!«

So kurz wie das Gespräch, so überschaubar war mein Wissen darüber, was mich hier erwartete. Ich fuhr weiter, folgte dem Weg um eine Biegung und erblickte ein kleines weiß gestrichenes Farmhaus, an – und in! – dessen Fassade ein gewaltiger, üppig blühender Kaktus wuchs. Er hatte den Putz gesprengt, einen langen Riss verursacht und Teile der Außenwand in Schieflage gebracht. Aber er durfte weiterwachsen.

Wenige Sekunden später stieg ich aus dem Wagen und fand mich zwischen dem weißen Farmhaus, einem großen, wild zusammengezimmerten Wellblechverschlag und einem windschiefen Holzhaus wieder. In Letzterem öffnete sich quietschend eine Tür. Ein Mann kam heraus, erblickte mich und riss die Arme in die Luft. »Du musst Erik sein!«, rief er mit überdrehter, leicht heiser klingender Stimme, machte einen Schritt auf mich zu und reichte mir die Hand. »Ich bin Mike!« Sein faltiges, freundliches Gesicht erinnerte mich an den »Columbo«-Darsteller Peter Falk: Mein Gegenüber besaß sogar dessen unbewegliches blindes Auge, dem der Schauspieler seinen speziellen Schnüfflerblick zu verdanken hatte. Mike hatte es sich, wie er mir später erzählte, bei einem Unfall verletzt, als er neunzehn war. Ich schätzte, das musste knapp sechs Jahrzehnte zurückliegen.

Ich ließ meinen Blick weiter wandern. Das Hemd, das er trug, war zerschlissen und schief zugeknöpft. Seine viel zu große Hose hatte er sich mit einem groben Strick um den Bauch gebunden. Die schwarzen Schuhe mochten in ihrem früheren Leben Anzugschuhe gewesen sein – jetzt waren sie ausgelatschte Treter, in die er hineinschlüpfte, ohne sich damit aufzuhalten, sie zuzubinden.

»Komm mit, ich stelle dir meine Partnerin Judith vor!« Mike packte mich am Arm und zerrte mich hinüber zu dem weißen Farmhaus und durch eine Schiebetür direkt hinein in die winzige Küche. Dort stand eine blonde Frau am Herd, die ich halb so alt schätzte wie Mike.

»Judith! Erik ist da!«, rief Mike aus.

Judith warf einen Blick über die Schulter in unsere Richtung. »Klasse!«, sagte sie in einem etwas sarkastischen Tonfall und wandte sich wieder dem Herd zu.

Aber Mike wollte ihre Aufmerksamkeit nicht so schnell aufgeben. »Judith! Erik kommt aus Deutschland! Und er ...«

»Das weiß ich, Mike. Ich habe es dir ja schließlich gestern erzählt. Und jetzt habe ich wirklich zu tun.«

Mike zögerte einen Moment, dann zuckte er mit den Schultern. »Lass uns besser verschwinden«, flüsterte er mir in einer Lautstärke zu, in der Judith ihn zweifellos hören musste, und zog mich zurück nach draußen und zu dem anderen Gebäude.

»Das hier ist das alte Farmhaus«, verkündete er.

Ich nickte. Und dachte insgeheim, dass das Gebäude, in dem wir gerade gewesen waren, auch keinen besonders neuen Eindruck gemacht hatte.

»Heute nennen wir es das WWOOF-Haus«, fuhr Mike fort. »Hier kommst du unter. Komm rein.«

Das Haus bestand aus einem Hauptraum, einer Mischung aus Küche und Wohnzimmer, sowie einem Bad und zwei kleinen Zimmern, in denen jeweils zwei Betten standen. Die Wände des Wohnzimmers zeigten einen wilden Mix aus Spanplatten und Wellblech. Mittendrin klafften Löcher und Ritzen, die notdürftig mit Alufolie und Zeitungspapier gestopft oder mit festgetackerten Bettlakenfetzen überspannt worden waren. In der Mitte des Raumes diente eine alte Lkw-Felge als Ofen. Ein undichtes Rohr führte von ihm zum Dach. Werkzeuge lagen auf dem alten Holzboden herum, Erde, in der Sitzecke zwischen zwei Sofas ein gammeliger Teppich. Alles war schmutzig und verrußt, in jedem Winkel hingen dichte Spinnweben, durchsetzt mit längst verendeten XXL-Motten und anderen Insekten. So eine Behausung hätte ich in einem bitterarmen Land erwartet oder in einem amerikanischen Reservat, aber nicht hier, in Australien.

»Das Wasser in der Küche ist okay zum Kochen«, sagte Mike, »aber das Dach ist ziemlich alt und mit Moos bewachsen. Für frisches Trinkwasser verwendest du am besten den weißen Tank draußen auf dem Hof. Er ist neuer, und das Dach, von dem er den Regen auffängt, ist das sauberste.«

»Ihr benutzt ausschließlich Regenwasser?«

»Selbstverständlich. Jedenfalls solange wir welches haben. Im Sommer geht es uns oft aus, dann müssen wir es kostspielig von Trucks anliefern lassen. Wir müssen also sparsam sein. Das ist nun mal so, wenn man mehr als eine halbe Autostunde von der nächsten Ortschaft entfernt im Busch lebt. – Ach ja, eine Sache noch. Müsli, Reis und Nudeln stellst du am besten in diesen Schrank dort, da kommen die Mäuse nicht so leicht ran. Also dann, mach es dir bequem. Ich hole dich in einer Stunde ab, und dann legen wir los.« Mike war schon in der Tür, als er sich noch einmal umdrehte: »Ach ja, großartig, dass du da bist!«

Ich ließ mich auf einer ausgefransten, durchgesessenen Couch nieder, auf der ein fleckiges Laken notdürftig die heraushängende gelbe Polstermasse zu verbergen versuchte. Ich bemühte mich, so wenig wie möglich zu berühren, legte meine Hände in den Schoß und schaute mich um. Dies sollte mein neues Zuhause sein? Ich war einigermaßen ernüchtert. Das hier war nicht das heimelige Farmerlebnis, das ich mir vorgestellt hatte. Die Einfachheit, die überall herrschende schmutzige Unordnung – ich hatte das Gefühl, als sei ich in ein Entwicklungsland katapultiert worden.

Mike war ein uriger Kauz, und es war mir ein Rätsel, wie es ihm gelungen war, das Herz einer halb so alten Frau zu erobern. Zudem war Judith viel abweisender, als es gestern am Telefon den Anschein gemacht hatte. Ich versuchte, nicht vorschnell zu urteilen, aber ich war mir sicher, am falschen Ort gelandet zu sein. Wie sollte ich mich in diesem Unterschlupf, den ich mit Mäusen, Ameisen und Gott weiß wie vielen giftigen Spinnen teilte, wohlfühlen? Am liebsten wäre ich sofort wieder abgereist. Aber das brachte ich nicht fertig. Nein, das wäre ganz und gar lächerlich gewesen. Ich nahm mir vor, meinen Fluchtinstinkt wenigstens zwei Tage zu unterdrücken und dann eine Entscheidung zu treffen.

Immerhin: Der Blick nach draußen war traumhaft. Hinter den Fenstern zog sich eine riesige ausgetrocknete Wiese in eine Talsenke hinab. Auf der anderen Seite: Eukalyptuswälder, so weit das Auge reichte.

Einige Zeit später holte Mike mich mit seinem Toyota-Pick-up – in Australien nennt man sie *Ute* – ab. Wir fuhren auf einer Schotterpiste, die über weite Strecken nicht viel mehr als Schrittgeschwindigkeit zuließ, über die Farm. Als wir an einer Baumgruppe vorbeikamen, flog krächzend ein Schwarm weißer Kakadus auf.

»Ist es nicht ein wundervolles Land?«, fragte Mike. »Ich liebe es. Und ich liebe diese Farm!« Er erzählte mir, dass sie hier eine kleine Anzahl Pferde, Rinder, Kühe, Lamas, Schweine, Hühner, Katzen und Hunde hielten. Früher sei es eine Schaffarm gewesen. Damals habe er Tausende Tiere besessen und die wertvolle Merinowolle in alle Welt verkauft. Dann wurden synthetische Stoffe beliebter. »Heute haben wir noch knapp fünfzig Schafe. Sie bringen nicht viel Geld, sind aber eine schöne Erinnerung an vergangene Zeiten. Sie verteilen sich hübsch über die Weiden, wie weiße Fussel auf einem Pullover. Das ist klasse für die Kinder aus der Großstadt. Von denen haben viele noch nie ein Schaf gesehen oder angefasst. Glaubst du das? Sie haben Angst vor Hühnern und Schweinen, können kein Feuer entzünden, kein Wasser kochen, verfügen über keinerlei praktische Fähigkeiten mehr. Hier bringen wir es ihnen bei: den Umgang mit Tieren und Werkzeugen, das Leben und Überleben im Busch, das Reiten, Bauen, Basteln und Fischen. *Living with Less!* Dazu brauchen wir keine Markenklamotten und keinen Fernseher, wir haben das Busch-TV!« Mike deutete durch das heruntergelassene Fenster zu seiner Linken. »Dort hoppeln morgens die Kängurus entlang, dort vorn entdeckt man mit Glück einen Wombat, und dort hinten tummeln sich die Kaninchen. Wer will sich da noch vor die Glotze hocken?« Er erzählte mir all das mit einem Enthusiasmus, als verkündete er eine großartige Neuigkeit nach der anderen.

Mit ähnlicher Begeisterung ging er seine Arbeit an – oder wie er es nannte, seine »Projekte«. In den nächsten Tagen half ich ihm dabei, mit einer Spitzhacke Hunderten widerspenstiger Tussock-Büschel den Garaus zu machen, einer schädlichen Grassorte, die für die Farmtiere unverdaulich ist und einige Teile des Geländes schon vollständig in Besitz genommen hatte. Wir schafften riesige Mengen Heu mit einem Traktor zu einer weit entfernten Weide, auf der Schottische Hochlandrinder grasten, pflanzten neue Eukalyptusbäume, schoren Schafe und kehrten zwischendurch immer wieder zum Jurtendorf zurück, um alte Holzwände neu zu streichen, rostende Wellblechdächer zu erneuern oder kleinere Attraktionen aufzubauen wie eine Seilbahn oder eine Schaukel.

Das Jurtendorf war das Herz der Farm: Rund zwanzig runde, in bunten Farben angestrichene Häuschen drängten sich malerisch um einen Teich und verströmten eine Atmosphäre wie im Auenland. Die meisten waren aus Spanplatten gebaut, einige aus Steinen oder aus mit Lehm verputzten Strohballen, eine sogar aus alten Eisenbahnschwellen. Hier übernachteten unter einfachsten Bedingungen, in Schlafsäcken auf dünnen Matratzen auf dem Boden, die Schulklassen, Pfadfindergruppen und Familien, die auf die Farm kamen, um für ein paar Tage dem Großstadttrubel zu entfliehen.

Es gab eine Küchenjurte, eine Toilettenjurte, eine zu allen Seiten offene Werkstattjurte, in der die Kinder hämmern und sägen konnten. Eine kleine Anzahl weiterer Jurten verteilte sich über die restliche Farm, jeweils tief verborgen im Wald oder auf einer Anhöhe mitten im Busch, zum Zurückziehen, Meditieren, Aussteigen auf Zeit.

Einige Tage verbrachte ich vor allem damit, abwechselnd eine giftige violette Blumenart aus den Pferdeweiden herauszureißen, die den Gäulen gefährlich werden konnte, und Pferdeexkremente mithilfe von Mistgabel und Schubkarre einzusammeln. Stunde um Stunde schob ich die Karre durch die Gegend, von einem Misthaufen zum nächsten, jedes Mal von einem zarten Glücksgefühl durchflutet, wenn ich ein besonders großes Exemplar fand, ähnlich einem Ausflug in die Pilze. Die Zufriedenheit wurde nur dann kurz unterbrochen, wenn just in dem Augenblick, da ich einen besonders trockenen Haufen in die Schubkarre beförderte, der Wind drehte und mich die Dungwolke einhüllte, meine Haut bedeckte, meine Nasenlöcher füllte. Ich lernte dazu, perfektionierte meine Technik und vermochte bald, die Scheiße auch aus einigen Metern Entfernung in hohem Bogen zielgenau in die Schubkarre zu schleudern und so einen großen Teil des Hin-und-her-Laufens zu vermeiden. Beides, die Blumen und die Kacke, lud ich vor Judiths Biogarten ab, wo die Hausherrin die Naturalien für einen nährstoffreichen Komposthaufen verwendete. Ihren Dank für die umfangreichen Ladungen sprach sie so streng aus, dass er mich genauso verschreckte wie ihre insgesamt recht harte und laute Art, die Geschicke auf der Farm zu lenken. Ganz anders Mike, der wohlweislich die Finger von den Tieren und Judiths Garten ließ und sich auf seine Projekte konzentrierte. Er ermahnte mich zudem immer wieder – besonders, wenn ich für Judith im Einsatz war –, bloß nicht zu viel zu arbeiten.

»Was, du hast schon zwei Stunden hinter dir? Höchste Zeit für eine Teepause!«

Auch bei der Arbeit mit Mike spielten Ausscheidungen eine wesentliche Rolle. Eines Morgens verkündete er bedeutungsschwanger: »Erik, wir haben ein Problem, das es zu beheben gilt. Wir haben eine Verstopfung.«

Was er meinte, erfuhr ich kurz darauf: Die Abflussleitung der Toilettenjurte war verstopft.

»Unsere erste Aufgabe besteht darin, die Rohrleitung wiederzufinden, die von der Toilette zum Sickerbecken führt«, erläuterte Mike. »Ich habe sie vor zwanzig Jahren verlegt. Eine wunderbare weiße Leitung. Glücklicherweise erinnere ich mich noch genau, wo sie sich befindet.« Er positionierte sich mitten auf der ausgedorrten Wiese und gab bekannt: »Hier!«

Wir schnappten uns Spaten, stießen sie in den steinharten Boden und begannen zu graben. Ein Loch. Dann ein zweites, tiefer, bis es schließlich vier Meter breit und zwei Meter tief war. Dann ein drittes etwas weiter hangaufwärts. Von der Leitung keine Spur.

»Niemals habe ich sie so tief verlegt«, grübelte Mike am dritten Tag. »Lass es uns noch mal an einer anderen Stelle versuchen.« Und so gruben wir schwitzend und stöhnend weiter. »Wir verrichten hier essenzielle Arbeit«, keuchte Mike – auch nach stundenlangem Graben noch ein gut gelauntes Energiebündel. »Aber am wichtigsten ist, dass wir genügend Reserven für ein Tennismatch übrig lassen!«

Dann, nach einer, zwei oder vier Stunden, das ließ sich nie vorhersagen, hielt er urplötzlich inne, stand für einen Moment reglos da, ließ den Spaten fallen und sagte: »Das war's! Lass uns verschwinden.« Der Feierabend begann.

Zwei Tage später bestätigte uns der Geruch, dass wir auf dem richtigen Weg waren. Die Erde wurde feuchter, bis die braune Suppe in einer kleinen Fontäne aus dem Boden sprudelte. Mikes Freude war unermesslich. Wir gruben tiefer und tiefer, bis die – offensichtlich undichte – Leitung halbwegs freigelegt war. (Nur nebenbei bemerkt: Sie war nicht weiß, sondern schwarz.) Nur wollten wir leider, wie ich nun erfuhr, nicht irgendein Mittelstück finden, sondern ihr Ende, das in ein kleines unterirdisches Sammelbecken führte, von dem aus der Unrat dann weiter zum Sickerbecken befördert wurde.

»Lass es uns ein paar Meter näher bei der Toilette versuchen«, schlug Mike vor. Also weitergraben in der gleißenden Sonne, umhüllt von Fliegenwolken und beißendem Gestank. Dabei begann jeder Morgen mit dem gleichen Prozedere: Voll unerschütterlichem Optimismus verkündete Mike: »Heute schaffen wir den Durchbruch. Da bin ich ganz sicher.«

»Mike, das sagst du schon seit einer Woche«, erwiderte ich.

»Irgendwann muss es so weit sein. Und heute liegt der Geruch des Erfolgs in der Luft. Also, los!«

Danach begann das verzweifelte Graben auf der Suche nach dem Ende der Rohrleitung aufs Neue. Dabei wies ich Mike mehrmals darauf hin, dass die Toilette schon seit Tagen wieder einwandfrei funktionierte und von einer Verstopfung keine Spur mehr war. Aber er war fest davon überzeugt, irgendeine Wurzel oder etwas anderes verstopfe die Leitung und müsse entfernt werden. Also gruben wir weiter. Weil sich kein Erfolg einstellte, kehrten wir zurück zu jenem Loch, in dem sich die Fäkalien schon sammelten, und buddelten tiefer. Mike stellte sich wagemutig mit Gummistiefeln hinein, schöpfte die dunkle Brühe mit einem Eimer ab und reichte ihn mir. »Keine Sorge! Du kannst das ruhig anfassen. Die Erde hat das Wasser gereinigt!«

Das »Projekt« fand seinen wohlverdienten Abschluss, als Mike, der auf sein Erfolgserlebnis einfach nicht verzichten wollte, mit einer schweren Eisenstange ein Loch in die intakte

Rohrleitung schlug und verkündete, dass nun der überschüssige Druck entwichen und das Problem somit behoben sei.

Beim Nachmittagstee, den wir gemeinsam mit Judith einnahmen, erzählte mir Mike, dass morgen ein neues Camp beginnen würde. »Fünfzig Eltern und Kinder.« Er lehnte sich verschwörerisch zu mir herüber. »Was besonders aufregend ist: Viele von ihnen kommen aus Hongkong! Wir müssen uns also ganz besonders anstrengen, ihnen die australische Lebensweise zu zeigen.«

Judith stöhnte auf. »Fängst du schon wieder damit an? Du willst partout nicht wahrhaben, dass all diese Gäste in Sydney leben und einige lediglich chinesische Wurzeln haben.«

»Ah, so ist das.« Mike zuckte mit den Schultern und lehnte sich wiederum zu mir herüber. »Trotzdem. Es wird ein ganz besonderer Besuch.«

»Sie kommen aus Sydney, Mike«, wiederholte Judith und schüttelte resigniert den Kopf.

Von diesem Zeitpunkt an reihte sich über Wochen hinweg ein Camp ans nächste. Bis zu sechzig Kindern und ein paar Begleitpersonen versuchten Mike, Judith und ich in, wie mir schien, hoffnungsloser Unterbesetzung ein paar schöne Tage zu bescheren. Dazu gehörten zwei bis drei Mahlzeiten am Tag, die wir in dem Gebäude beim Farmhaus servierten, das ich bei meiner Ankunft als wild zusammengesetzten Wellblechverschlag abgetan hatte, bei dem es sich aber tatsächlich um einen charmanten historischen Schafstall handelte, in den die Schafe zum Scheren getrieben wurden.

Besonders die Abende waren bemerkenswert, leisteten Judith und Mike hier doch täglich Heldenhaftes. Judith bereitete auf magische Weise drei Gänge für all die hungrigen Mäuler zu, nicht mit einem ganzen Team in einem top ausgestatteten Restaurant, sondern allein in ihrer winzigen Küche. Von hier lief ich jeden Abend unzählige Male zum Schafstall und zurück, schleppte Geschirr und Gerichte.

Nach dem Essen schlug Mikes Stunde. Er verteilte selbst gebaute Rasseln und Trommeln an die Kinder, zückte wahlweise Gitarre oder Akkordeon und sang lautstark – nicht immer in der richtigen Tonlage – Lieder wie »Waltzing Matilda« und »Home Among the Gum Trees«, begleitet von ausgelassenem Klatschen, Singen, Tanzen. Manchmal führte er obendrein noch eine Zaubershow auf. Einige Wochen später begann ich, Mike bei seiner Show zu unterstützen. Inzwischen hatte er mir beigebracht, Gitarre zu spielen – ich gebe zu: mehr schlecht als recht. Bis heute sind die einzigen Songs, die ich spielen kann, australische Volkslieder, aber davon immerhin zwei Dutzend! Außerdem hatte ich inzwischen gelernt, mit den Kindern umzugehen. Anfangs hatte ich mich schwergetan, die Vier- bis Zwölfjährigen im Zaum zu halten, aber mittlerweile hatte ich meine Zurückhaltung abgelegt und durchforstete mit bis zu dreißig von ihnen den Busch, zeigte ihnen Wombatbaue, gab vor, dass wir uns verirrt hatten, entzündete Feuer und machte Stockkuchen, um »zu überleben«. Ich war angekommen. Bisher hatte ich die Welt nur von Schulbänken und Computern aus gesehen. Jetzt tauchte ich in eine völlig fremde Umgebung ein: Feuerholz sammeln, Vieh von einer Weide zur anderen treiben, Schafe scheren, Essen zubereiten.

Meine Frist, hier wenigstens zwei Tage durchzuhalten, war längst verstrichen, und ich verschwendete keinen Gedanken mehr daran, wann es Zeit sein würde weiterzuziehen.

Nach dem Abendessen brachen die Gäste entweder beseelt zum anderthalb Kilometer entfernten Jurtendorf auf, woraufhin für mich die Zeit stundenlangen Abwaschens begann. Oder aber wir veranstalteten eine Geisterwanderung, bei der Mike, mit einer Taschenlampe bewaffnet, die Kinder durch einen düsteren Wald führte und Gruselgeschichten erzählte. Einige Stunden zuvor hatte er mit mir weiße Bettlaken in die Bäume gehängt, und meine Aufgabe ebenso wie die von Mikes beiden Töchtern Tess und Ruby bestand nun darin, sich als Geist verkleidet zwischen den Bäumen zu verstecken, von Zeit zu Zeit gruselig aufzuheulen und hin und wieder hervorzuspringen, um ein paar Kinder zu erschrecken. Selbst Mikes Schäferhündin Dina fegte, eingewickelt in ein Laken, als »Geisterhund« durch den nächtlichen Wald.

Etwas weniger erfolgreich verlief dagegen eine Schafsjagd, bei der wir gemeinsam mit den Kindern versuchten, die Wollknäuel einzukreisen, zusammenzutreiben und von der Weide, auf der sie sich gewöhnlich aufhielten, zum Farmhaus zu führen. Doch von Schafen keine Spur. Mir wurde die Ehre zuteil, den Laufburschen zu spielen und – angetrieben von Mike – von links nach rechts und zurück über die Weide mit ihren kleinen Wäldern, Mulden und Hügeln zu rennen, um zu kundschaften, bevor die Kindermeute zu nahe kam und die Tiere vertrieb. Dina trottete währenddessen gemütlich an seiner Seite.

Die Kinder verloren zunehmend die Geduld; Enttäuschung machte sich auf ihren Gesichtern breit. Wo waren nur die Schafe? Doch Mike war nicht bereit, sich geschlagen zu geben. Nach über einer Stunde ergebnisloser Sucherei blieb er jäh stehen, deutete zu einer schattigen Stelle in einem ausgetrockneten Bachtal und stieß aus: »Da! Ich sehe eine dunkle Wolke. Das muss die Schafherde sein!«

Die Kinder reckten ihre Hälse und spähten. Von Mikes plötzlicher Euphorie in die Irre geführt, glaubten sie zu sehen, was nicht zu sehen war: »Ja, ich sehe sie auch! Da unten sind sie!«

Um die Illusion perfekt zu machen, schickte Mike Dina – immerhin dieses Mal nicht mich – in besagte Richtung. Die Hündin hetzte davon und entschwand bald den Blicken. In farbenfrohen Worten, begleitet von großen Gesten, beschrieb Mike den Kindern, wie sie nun im Tal die Schafe zusammentrieb, was mit bewunderndem Erstaunen angesichts der Fähigkeiten der Hündin quittiert wurde.

Sobald Dina mit hängender Zunge (natürlich ohne Schafe) zurückkehrte, rief Mike mit einem Blick auf die Uhr erschrocken aus: »Es ist längst Zeit fürs Mittagessen! Schnell, zurück zum Farmhaus, bevor ich Ärger mit Judith bekomme!«

So traten wir den Rückweg an, und als wir eine Viertelstunde später das Essen verteilten, schwelgten die Kinder noch immer in Erinnerungen an die aufregende Schafsjagd.

Mike besaß die Fähigkeit, selbst die einfachsten oder langweiligsten Dinge für die Kinder interessant zu gestalten. Wie das Krabbenfischen an einem braunen Tümpel: Dazu händigte er jedem Kind ein Stück Wollfaden aus und ein Stück Bratwurst, oder was auch immer am Vorabend übrig geblieben war. Dann begann das große Wettangeln, begleitet von Mikes begeistertem Geplapper über die hervorragenden Erfolgsaussichten. Was er nicht erwähnte: dass diese Farm seit Jahren keine einzige Krabbe mehr gesehen hatte. Man musste nur die Vorstellungskraft der Kinder zu nutzen wissen! Mike war zufrieden. »Eine Schafsjagd ohne Schafe, Krabbenfischen ohne Krabben und ein Haufen glücklicher Kinder – so lässt sich arbeiten!«

Nachdem die vorerst letzten Gäste abgereist waren, konnten wir durchatmen. Judith nutzte die Gelegenheit, mit Tess und Ruby zu einem einwöchigen Reitcamp zu fahren, sodass Mike und ich einige Tage auf uns allein gestellt waren. Judiths Skepsis, ob vor allem Mike dazu in der Lage sein würde, war kurz vor ihrer Abreise nicht zu übersehen. »Er hat doch nur seine Jurten und seinen Spaß im Kopf«, sagte sie und trug deshalb mir auf, die Tiere zu füttern, mich um die Küken zu kümmern, die im Hühnergehege frisch geschlüpft waren, und auf die hochschwangere Milchkuh achtzugeben.

Mike nutzte die Gelegenheit, neue Projekte ohne Judiths Augenrollen und Kopfschütteln angehen zu können. In einer Schlucht, dem »Grand Canyon«, errichteten wir ein Indianerdorf aus Holzpfählen, die wir mit alten Nylonsäcken umspannten, in denen früher Schafwolle transportiert worden war. Wir errichteten eine Seilbahn, an der Kinder mitten durch die Schlucht sausen konnten. Schmiedeten Pläne für eine neue Jurte an einem der abgelegenen Teiche. Spielten wahlweise Tischtennis auf einer selbst gebauten Platte, Tennis auf einem mehr schlecht als recht betonierten Platz oder Golf auf einer abschüssigen Wiese neben dem Farmhaus. Fuhren wir mit dem *Ute* über die Farm, sangen – oder brüllten – wir prinzipiell aus vollen Kehlen australische Volkslieder, von denen ich bald so viele beherrschte, dass Mike mir eines Tages befahl, meine Gitarre zu schnappen und ins Auto zu steigen. Dieses Mal fuhren wir nicht zu einem abgeschiedenen Teil der Farm, sondern in ein Altenheim, dem Mike an diesem Morgen telefonisch angeboten hatte, dass wir die Bewohner mit einer spontanen Show unterhalten würden.

Und wir redeten. Viel. Immer wieder überraschte er mich aus heiterem Himmel mit Fragen wie: »Erik, wenn du dich entspannst und deinen Gedanken nachhängst, was kommt dir da für gewöhnlich als Erstes in den Sinn?«, oder: »Worauf bist du stolz?«, oder: »Wer sind deine Vorbilder?« Langsam begann ich zu erkennen, dass der kauzige, verspielte Entertainer viel mehr war als das.

Als Judith, Tess und Ruby vom Reitcamp zurückkehrten, währte die Wiedersehensfreude nur wenige Sekunden und ging rasch in Judiths Vorwurf über, Mike habe bei einem Regentank versehentlich die Leitung abgestellt. »Immer, wenn ich weg bin, geht auf der Farm etwas schief!«, blaffte sie Mike an. Ein wenig tat er mir in diesen Momenten leid. Zugleich betonte er häufig, wie stolz er darauf war, so eine starke und unabhängige Partnerin wie sie zu haben.

Stolz war er auch darauf, sich seit mehreren Jahrzehnten keine neuwertige Kleidung mehr gekauft zu haben, sondern sie ausschließlich aus Secondhandläden zu beziehen. Judith teilte einige seiner Werte. Vor geraumer Zeit wollte er ihr eine

Freude bereiten und kaufte ihr ein schönes Kleid. Ihre Reaktion: »Was soll ich damit? Ich brauche kein Kleid für hundert Dollar. Bring es zurück!«
»Dann lass mich dir einen Ring kaufen!«
»Ich will keinen Ring, ich will eine Axt!«
So schenkte er ihr eine neue Axt, mit der sie glücklich Holz hacken konnte.

Zu mir war Judith die meiste Zeit freundlich, aber distanziert. Entweder war sie kein Fan von WWOOFern oder von mir. Ersteres hielt ich für unwahrscheinlich, schließlich war sie vor anderthalb Jahrzehnten selbst, damals als niederländischer Hippie mit Dreadlocks, zum Arbeiten hergekommen – und hiergeblieben. Mike und sie liebten und rieben sich gleichermaßen. Die Grundlage ihrer Beziehung war, möglichst wenig zusammenzuarbeiten. Judith agierte durchdacht und gewissenhaft. Mike dagegen strotzte vor so vielen Ideen, dass er – vorsichtig formuliert – nicht jedes seiner Projekte ordentlich vollendete. Eines seiner Mottos lautete: »If it ain't broke, don't fix it.« Judith erledigte eine Aufgabe lieber gleich akkurat, als später nachbessern zu müssen. Über Mike sagte sie mir einmal: »Die Leute denken, er sei ein kreativer Exzentriker. In Wirklichkeit ist er ein ganz gewöhnlicher Idiot.« Grummelnd fügte sie hinzu: »Aber ich liebe ihn.«

Gestritten wurde häufig auch um Judiths Biogarten. Mike war überzeugt, Judith, die sogar einen Kurs in »Organic Farming« belegt hatte, nehme die ökologische Landwirtschaft viel zu ernst. »Du machst aus dem Kompostieren eine neue Wissenschaft!«, warf er ihr lachend vor. »Das gleiche Ergebnis lässt sich erzielen, wenn man etwas Mutterboden einsammelt und ein paar Samen hineinsteckt.«

»Ach wirklich? Dann zeig mir das doch mal!«, gab sie zurück.

Mike nahm die Herausforderung an. Gemeinsam mit mir machte er sich ans Werk. Von einem Waldrand holten wir mit

Traktor und Anhänger Oberboden und verteilten ihn auf einem ausgedorrten Weidestück, das Mike zu seinem neuen Garten erkor. »Ihr werdet staunen!«, verkündete er am Abend aufregt. »Tomaten, Salat, Kürbisse, all das wird sprießen, dass es nur so kracht. Dazu braucht es keinen Kompost, kein stundenlanges Unkrautjäten, nur etwas Wasser. Der Rest passiert von selbst!«
»Wir werden sehen«, sagte Judith.

Als ich einige Tage später einen nächtlichen Spaziergang unternahm, hörte ich aus Mikes neuem Garten Geräusche. Ich ging näher und sah: Mike. Der sich im Schutz der Dunkelheit, im flackernden Licht einer schwachen Stirnlampe, zu schaffen machte – umgrabend, Unkraut herausreißend, begleitet vom hastigen Keuchen eines Mannes, der etwas Verbotenes tat und es rasch erledigen wollte, bevor er aufflog.

Ich ging schmunzelnd weiter und behielt meine Entdeckung für mich.

Zumindest lernte ich durch diese Auseinandersetzungen, wofür Judiths Herz schlug. An ihrem Geburtstag nutzte ich dieses Wissen. Nachdem ich meine reguläre Arbeit verrichtet hatte, lief ich samt Schubkarre in der Nachmittagshitze über einige Kuh- und Pferdeweiden und sammelte Dung. Außerdem füllte ich zwei große Säcke mit den giftigen violetten Blumen, die für Pferde gefährlich, für Komposthaufen jedoch eine wertvolle Zutat waren. Ich schichtete den Dung zu einem formvollendeten Haufen auf, dekorierte die Spitze mit einer der Blumen und stellte links und rechts je einen der Säcke ab. Nachdem alles hergerichtet und drapiert war, rief ich Judith herbei und präsentierte ihr mein Werk. Ein voller Erfolg: Judith, die minutenlang nicht aufhören konnte zu lachen, bezeichnete es als das einfallsreichste und nützlichste Geschenk ihres Lebens.

Heute, Jahre und zahlreiche Wiedersehen später, bin ich mir sicher, dass dies der Augenblick war, an dem ich ihr Herz eroberte. Sie begann mich mehr zu beachten, meine Gesellschaft zu suchen, sich mir zu öffnen. Eines Tages fragte ich sie geradeheraus, ob sie keine WWOOFer mochte.

Sie sagte: »Nein, das tue ich nicht.« Ihre Direktheit verschlug mir für einen Moment die Sprache, aber sie fügte hinzu: »Das liegt nicht an ihnen oder gar an dir, sondern an mir. Viele unserer freiwilligen Helfer bleiben ein paar Tage oder eine Woche, manche länger. In jedem Fall ziehen sie irgendwann weiter. Habe ich mich bis dahin an sie gewöhnt, ist das einfach zu traurig. Früher schloss ich zu manchen von ihnen, die für mich irgendwann Teil der Farm wurden, Freundschaften. Dann brachen sie wieder auf, und es brach mir fast das Herz. Es kostete mich einfach zu viel Kraft. Heute versuche ich, mich vor dieser Trauer zu schützen.«

Ich sah Judith mit anderen Augen. Und sie mich offenbar auch. Sie begann mich zum Abendessen mit der Familie einzuladen und mich mithilfe alter britischer und australischer Comedyshows in Humor zu unterrichten, schließlich sei ich Deutscher und benötigte schon deshalb Nachhilfe. So verstrichen die Wochen und mit ihnen die Abreisedaten, die ich mir ein ums andere Mal gesetzt hatte, gab es in diesem Land, das zugleich ein Kontinent war, doch noch so viel zu entdecken. Aus Wochen wurden Monate.

Eines Abends begann Mike, mir am Lagerfeuer aus seinem Leben zu erzählen: von seiner Leidenschaft dafür, über Bildung nachzudenken und Kindern Selbstvertrauen zu geben. Ich wollte wissen, warum ihn das interessierte.

»Weil ich vor vielen Jahren selbst ein Kind war und seither immer wieder versucht habe, Neues herauszufinden. Als ich jung war, wollte ich lernen, clever zu sein. Ich wollte mit Werkzeugen umgehen können, praktisch veranlagt sein. Das trieb mich damals an, und dieser Wunsch, zu lernen und nützlich zu sein, hat mich nie verlassen. Genau das ist es, was ich heute weitergeben möchte. Ich möchte Kindern mithilfe der

Natur ein neues Lebensgefühl vermitteln, ihre Denkweisen ändern, sie inspirieren und dafür sorgen, dass sie glücklich nach Hause gehen.« Das sei auch der Zweck hinter dem Jurtendorf. »Egal, ob sie aus Canberra oder Sydney kommen, ob sie reich oder arm sind, bei uns im Dorf sind alle gleich. Niemand hat fließendes Wasser, niemand hat ein luxuriöses Haus, aber alle haben die gleiche Sicht auf den See. Alles ist rund. Die Hütten, der Teich. Es gibt keinen Anfang und kein Ende, kein Besser und kein Schlechter. So findet eine Interaktion auf Augenhöhe statt, ohne Statussymbole und Vorurteile. Alle paddeln gemeinsam im Kanu, schwimmen, finden Freunde. Das gilt für die Kinder wie für ihre Eltern oder Erzieher, die mit ihnen herkommen. Sie erhalten die Möglichkeit, sich zu vergnügen, zu teilen, füreinander verantwortlich zu sein. Das ist nichts Neues. In den armen Ländern der Welt sind die Menschen in ähnlicher Weise voneinander abhängig. Hier vermitteln wir einen kleinen Eindruck von diesem Gemeinschaftsgefühl und den zwischenmenschlichen Beziehungen. Wenn eine Gemeinschaft eins ist, wenn sie teilt und zusammenarbeitet, gibt es weniger Einsamkeit und Selbstmord – ganz anders als das, was wir in unseren Metropolen erleben.«

Er wolle aber auch die Möglichkeit bieten, dieser Gemeinschaft zu entfliehen. Drei Jurten, die sich nicht im Dorf befanden, sondern weit über die Farm verstreut, dienten diesem Zweck. Sie verfügten ebenfalls weder über Strom noch Wasser und waren aus schweren Steinen errichtet, die Mike und freiwillige Helfer in den umliegenden Wäldern gesammelt hatten. Dieses kleine gemütliche Utopia zu erreichen erforderte einen Buschspaziergang, eine Bachüberquerung und die Besteigung eines zerklüfteten Hügels. Die Entfernung zum Dorf sei wichtig, meinte Mike. »Die Jurten liegen mitten in der Natur, in der Gesellschaft von Vögeln, Kängurus und Kaninchen, in völliger Stille. Dort herrscht ein Maß an Zwanglosigkeit und

Geborgenheit, das zu Gesprächen führt, die aufrichtiger und bedeutungsvoller sein können als irgendwo sonst.«

Während Mike einen neuen Ast ins Feuer warf, fragte ich ihn, was ihn in seiner Kindheit geprägt und auf das vorbereitet hatte, was er heute tat. Er überlegte einen Moment und antwortete: »Alles, was du auf dieser Farm siehst, wurde nicht erreicht, weil ich besondere Fähigkeiten besitze, sonderlich brillant bin oder viel Geld habe, sondern weil ich früh erkannt habe, dass es immer produktiver ist, wenn man mit jemandem zusammenarbeitet, mit dem man gut kommunizieren kann. Wie zum Beispiel mit WWOOFern, die aus der ganzen Welt hierherkommen.« Seine Mutter habe ihm beigebracht, wie wichtig es sei, sich für die Menschen um einen herum zu interessieren. Mit jedem und jeder zu sprechen, egal, wer sie waren, und etwas über sie herauszufinden. »Unsere Arbeit hängt von den Menschen ab, die sie verrichten, und den Beziehungen, die sie untereinander entwickeln.«

Zweitens gehe es um Ordnung und Konzentration. Sein Vater habe ihn beispielsweise gelehrt, dass Werkzeuge etwas ganz Besonderes seien und dass man sie pflegen, an einem besonderen Ort aufbewahren und so behandeln solle, als wären sie eine Verlängerung der Hände.

Drittens seien da die persönlichen Werte, die wir manchmal vergäßen. Die Freundlichkeit gegenüber den Menschen um uns herum. Diese Farm biete Mike die Gelegenheit, seine eigene Kindheit noch einmal neu zu erleben, aber auch darauf zu beharren, dass die vielen Kinder, die herkämen, aufeinander und auf ihre Eltern achtgäben, sich umeinander kümmerten. In der Schlangensaison etwa könne es sehr wohl gefährlich sein. Alle müssten deshalb verstehen, welche Folgen es haben könne, wenn sie allein loszögen.

Auch in Mikes Leben ging es nicht immer um Spaß und Spiel. Als junger Mann arbeitete er im Tunnelbau in London. Dort verbrachte er zwölf Stunden pro Nacht unter – wie er es ausdrückte – Höllenqualen, arbeitete mit Presslufthämmern und Baggern, schaufelte Erde, um den Tunnel für eine Eisenbahnlinie zu vergrößern. »Schreckliche Arbeit, schockierende Atmosphäre, furchtbare Menschen. Ich lernte auf die harte Tour, Geld zu verdienen.«

Wenig später entdeckte er das Vergnügen, das ihm eine andere Art von Arbeit bereitete: die als Schullehrer. Saubere Kleidung, korrekte Etikette, sinnvolle Gespräche. Mike lernte in diesen frühen Jahren, dass es viele Möglichkeiten gab, sich im Arbeitsleben zu behaupten. Und kaufte sich schließlich Land mitten im australischen Busch, um Schafe zu züchten. Doch Dürren und der Niedergang der Wollindustrie zwangen ihn in die Knie. Er verließ die Farm und arbeitete zehn Jahre lang als Bürokrat für die Regierung in Canberra. Am Ende war er unglücklich, beruflich wie privat. Seine zweite Ehe lag in Trümmern. Nach der Scheidung versank er in Depressionen. Er suchte nach einem Hebel, der ihn von seinem Unglück befreien würde, ließ sich beurlauben und ging nach Kalifornien, um sich therapieren zu lassen. Dort traf er einfühlsame Menschen, die ihm halfen, mehr über sich selbst herauszufinden und aus seinem Loch herauszukommen.

»Danach geschah etwas Bemerkenswertes«, erzählte Mike weiter. »Einige unserer Gruppensitzungen fanden in einem runden Gebäude statt, in einer Jurte, und mir fiel auf, dass Jurten wunderschöne Gebäude waren.« Er fragte gedankenverloren, ob jemand wisse, wie man eine solche Jurte baut.

Einer der Anwesenden antwortete: »Ich.«

»Du?« Mike war verblüfft. »Und wieso weißt du so etwas?«

»Weil ich als professioneller Jurtenbauer arbeite und nur hier bin, um eine weitere zu bauen. Wenn du dich so sehr dafür interessierst: Warum hörst du dann nicht auf, auf deinen eigenen Bauchnabel zu starren und dich um deinen Verstand zu sorgen, und schwingst stattdessen einen Hammer für mich?«

Mike folgte seinem Rat – und bezeichnete ihn bei unserem Gespräch am Feuer als den besten, der ihm je gegeben wurde. Er arbeitete einige Zeit kostenlos für den Mann, der ihm zum Dank die Baupläne schenkte. Mike brachte sie zurück auf seine Farm, die ihm noch immer gehörte, und baute auf ihr zwei Dutzend Jurten aus gebrauchten Materialien. »Ich hätte in meinen Bürojob zurückkehren können, aber das wollte ich auf keinen Fall. Zumal ich diese Pläne in meinen Händen hatte, die mir geschenkt worden waren. Damit begann ein ganz neues, aufregendes Kapitel in meinem Leben.«

Anstelle von Schafen und Wolle ging es auf der Farm nun um Menschen und Bildung. »Ich bin ein sehr egoistischer Mensch«, gestand Mike, während er mit einem Ast angekokelte Holzreste in die Flammen schob. »Ich denke viel darüber nach, wie ich meine Tage verbringen will. Ich möchte, dass sie zielgerichtet sind. Ich möchte eine Richtung im Leben haben. Und diese Richtung wird nicht bestimmt von moderner Technik, sondern von meinem Wunsch, Kindern dabei zu helfen, sich zu erfahren. Dafür ist diese Farm mit all ihren Möglichkeiten der ideale Ort. Hierher kann ich Städter locken, um ihnen einen alternativen Lebensstil zu vermitteln. Sicher, die Technologie bringt viele Fortschritte, macht vieles leichter und besser. Aber eben nicht alles. Das Leben sollte aus mehr bestehen als aus klimatisierten Büroräumen und Bildschirmen. Das einfache Leben ist das beste Leben, und Geld spielt darin eine untergeordnete Rolle. Ich kann alles, was ich brauche, aus einfachen Mitteln selbst beschaffen, nicht, indem ich ins Geschäft gehe und etwas kaufe, sondern mit Improvisation, Kreativität und Vernunft. Ich kann meine eigenen Werkzeuge herstellen, meinen eigenen Unterschlupf errichten, mein eigenes Essen erjagen und sammeln und am Feuer zubereiten. Und ich kann all das mit unterschiedlichsten Freunden tun, jungen wie alten, Gästen wie freiwilligen Helfern, völlig unabhängig von irgendwelchen spirituellen oder religiösen Ordnungen. Die sind auf dieser Farm überflüssig. Hier geht es nur darum, mit den Menschen um einen herum in Beziehung zu treten.«

In Gesprächen wie diesen wurde mir bewusst, warum Mikes Camps bei den Kindern und Eltern auf so viel Begeisterung stießen. Ich hatte mehrfach beobachtet, dass die Gäste bei ihrer Ankunft wenig beeindruckt waren. Die eine oder andere gerunzelte Braue in den Gesichtern der Eltern und Erzieher erinnerte mich an meine eigenen Gedanken, kurz nachdem ich hier angekommen war. Sie sahen, was ich damals gesehen hatte: lauter Unzulänglichkeiten. Die schiefen Dächer, die Unordnung. Hier war nichts akkurat, nichts an seinem Platz, nichts blitzte und strahlte.

Mittlerweile sah ich jedoch andere Dinge. Ich sah überall den Einfallsreichtum, all das selbst Gebaute, selbst Gestaltete, selbst Erdachte. Die hübschen Mauern aus Natursteinen, die wir mühevoll mit dem Traktor von einem Hang auf der anderen Talseite geholt und dann aufgeschichtet hatten. Judiths Biogarten, in den so viel Sorgfalt und Sachkunde floss. Die entrindeten und kreativ bemalten Baumstämme entlang der Zufahrt zum Jurtendorf, die in den Augen kleiner Kinder fantastische Ungeheuer darstellten. Ich hatte schon vorher die Natur geliebt, war unzählige Male Wandern und Zelten gewesen. Aber erst hier hatte ich die wahre Freiheit und Freude des Draußenseins und Draußenlebens kennengelernt. Auch wenn das bedeutete, sich die Hände schmutzig zu machen, sich vor Spinnen und Schlangen in acht zu nehmen und an kalten Abenden erst ein Feuer entzünden zu müssen, um nicht zu frieren. Und ich hatte in Mike und Judith unerwartet Freunde gefunden.

Nachdem die Gäste abgereist waren, verstand ich: Es war unwichtig, ob sich wirklich Krabben im Teich befanden oder ob Dina tatsächlich die Schafe zusammengetrieben hatte. Es ging um die Werte, die Mike vermittelte, und um die Art und Weise, wie er sie lebte und kommunizierte.

Eines Tages kaufte ich gemeinsam mit ihm in der nächstgelegenen Stadt in einem Supermarkt ein. Wo die meisten anderen Kunden versuchten, möglichst eilig Produkte in den Wagen zu werfen und zur Kasse und zum Auto zu gelangen, sprach Mike drei verschiedene Fremde an und verwickelte schließlich die Kassiererin in ein Gespräch, indem er ihr Komplimente machte: »Das ist eine harte Arbeit, nicht wahr?«, fragte er, während sie im Akkord unsere Einkäufe scannte. »Sie machen einen tollen Job. Ich danke Ihnen!«
Sie hielt kurz inne. »Danke sehr«, sagte sie überrascht. »Wissen Sie was? Sie sind der erste Mensch, der mich heute zum Lächeln bringt.«

Ich betrachtete Mike voller Zuneigung. Ich sah eine wundervolle Persönlichkeit, von den Haaren bis zu den Zehenspitzen. Ich erinnerte mich, wie ich ihn in den ersten Sekunden nach meiner Ankunft auf der Farm beurteilt hatte: anhand seiner Klamotten, seiner urigen Erscheinung, ja, seines blinden Auges. Ich hatte ihn, trotz seiner überbordenden Freundlichkeit, reflexhaft als einen etwas heruntergekommenen Einfaltspinsel abgestempelt, einen Farmer, der so weit entfernt von der Zivilisation und vom wirklichen Leben lebte, dass er vergessen (oder nie gewusst?) hatte, wie man auf eine vorzeigbare Art und Weise daran teilnimmt.

Mir wurde bewusst, dass in dem gleichen Ausmaß, wie sich mein Bild von ihm gewandelt hatte, auch ich mich verändert hatte. Oder, genauer gesagt: er mich verändert hatte. Mit seinen aufrichtigen Überzeugungen, die er mir in zahllosen Gesprächen vermittelte, die er mir vorlebte und die er auch mich erleben ließ. Improvisieren. Reduzieren. Bauen. Lehren. Lernen. *Back to Basics. Living with Less.* Busch-TV statt Kabel-TV. Er offenbarte mir eine völlig neue Art, zu leben und zu denken.

Einige Stunden später, als die Dunkelheit bereits über die Farm hereingebrochen war, suchte ich ihn, um ihm ein paar

Büchsen Bier vorbeizubringen, die wir nach dem Einkauf versehentlich in meinem Kühlschrank untergebracht hatten. Ich suchte ihn im Schafstall, der ihm gleichzeitig als Werkstatt diente und in dem er in den Abendstunden gern bastelte. Verlassen. Ich suchte ihn im Farmhaus. Niemand zu Hause. Ich lief um das Farmhaus herum, um meinen Blick über die mondbeschienenen Weidegründe dahinter gleiten zu lassen, auf denen sich der Schweinestall befand. Niemand zu sehen.

»Hi Erik.«

Ich zuckte zusammen und drehte mich um. Mike saß nur einige Meter von mir entfernt auf einer durchgesessenen Couch unter einem Vordach an der Rückseite des Hauses.

»Ah, hi Mike, ich habe dein ...« Ich verstummte. Denn ich erkannte verblüfft: Er saß nicht auf der Couch, um verträumt die Sterne zu betrachten, nein, er kauerte vor einem winzigen Fernseher, auf dessen flimmerndem Bildschirm ein Footballspiel lief.

»Aber Mike«, sagte ich überrascht, »was ist denn aus ›Wir brauchen keinen Fernseher, wir haben das Busch-TV!‹ geworden?«

Er lachte leise, unterbrach sich aber kurz darauf. Ohne den Blick vom Bildschirm abzuwenden, winkte er mich herbei. »Nicht jetzt, es ist *Footy*-Zeit! Komm, setz dich. Kennst du die Regeln?«

Ich zögerte einen Moment. Mike vor einem Fernseher. Wie passte das in mein Bild, das ich von ihm hatte?

Erkenntnis sickerte in meinen Verstand. Es passte, wenn ich es noch um ein Mü justierte. Mike war weder der Einfaltspinsel, zu dem ich ihn in meiner Einfalt gemacht hatte, noch der Vorzeigeaussteiger, den ich später in ihm sehen wollte. Er war einfach: Mike. Mein Freund am anderen Ende der Welt.

Ich setze mich zu ihm. »Die Regeln? Nein, die kenne ich nicht.«

Mike würdigte mich nun doch eines Blickes.

»Tatsächlich?« Er schüttelte den Kopf. »Erik, du hast noch viel zu lernen.«

Ich reichte ihm ein Bier und öffnete mir selbst eine Dose.

»Ich glaube, da hast du wohl recht.«

LEBENSLEKTION

Unterschiede wertschätzen

Mit einem erschöpften Seufzen setzte ich meinen Helm ab, der ein bisschen zu klein war und mir nach stundenlangem Tragen stets Kopfschmerzen bereitete. Ich stieg vom Motorrad und rieb mir den Staub, der trotz heruntergeklapptem Visier seinen Weg in mein Gesicht gefunden hatte, aus den Augenwinkeln und Nasenlöchern. Und schaute mich um. Nachdem wir einige Tage abgeschiedenen Schotterpisten durch weitgehend menschenleere Gegenden gefolgt waren, hatten wir nun eine der wenigen Passstraßen erreicht, auf denen die Trucks ihre Waren für ein paar schneefreie Monate im Jahr von der einen Seite des Himalajas auf die andere bringen konnten.

Entlang der Straße zogen sich einige Imbissstuben: kein McDonald's oder Kebab, sondern einfache Buden aus Sperrholz und rostendem Wellblech, mit ein paar Plastikstühlen im Staub davor und noch kleineren windschiefen Verschlägen ein paar Meter dahinter, die als Toiletten dienten. Eine Handvoll Trucks und Motorräder standen herum, die Fahrer saßen daneben und verströmten mit ihren wettergegerbten Gesichtszügen und ernsten Blicken einen Hauch von Wildem Westen. Überhaupt fühlte sich dieser Ort mit seiner dünnen, klaren Luft an wie ein Vorposten der Zivilisation, an der Grenze zu einem Reich, in dem die gleichgültigen Berge unangefochten herrschten. Das kühle Licht der sinkenden Sonne tauchte alles in weiche, fast schon unwirkliche Farben und Formen.

Marcus, Bastian und ich betraten eine der Imbissstuben. Innen war es stockduster. Die Wellblechwände hatten keine Fenster. Nur einige Ritzen, durch die kühle Luft zog, und eine müde glimmende Funzel an der Decke spendeten etwas Licht. Wir ließen uns auf Hockern an einem Plastiktisch nieder und gaben unsere Bestellung auf, was keiner großen Entscheidungsfindung bedurfte, denn es gab genau ein Gericht: Reis mit Ei. Ich beobachtete die Frau, die unser Mahl an einem uralten Campingkocher zubereitete. Viel konnte ich nicht erkennen, aber ich war trotzdem beeindruckt: davon, dass sie vermutlich jedes Jahr, sobald die Schneeschmelze die Passstraßen freimachte, für Monate am Stück in diesem finsteren Kabuff auf dem Dach der Welt lebte und arbeitete und Truckern schlichte Speisen anbot, um am Ende der Saison mit ihren bescheidenen Einnahmen in irgendein einsames Dorf zurückzukehren und mit ihrer Familie den Winter zu überstehen.

Die Holztür öffnete sich mit einem Knarren, ein gleißender Lichtstrahl fiel von außen herein auf den Lehmboden und blendete uns. Erst als die Tür wieder zugefallen war und unsere Augen sich erneut an die Dunkelheit gewöhnt hatten, konnten wir die Motorradfahrerin ausmachen, die hereingekommen war und sich zu uns gesetzt hatte. Etwa vierzig Jahre alt, lange schwarze Haare, asiatische Züge, vermutlich chinesischer Herkunft. Ich war zu erschöpft für einen Small Talk, aber Bastians Menschenfreundlichkeit konnte auch ein zehnstündiger Holperritt durchs Hochgebirge nichts anhaben. Er verzog, soweit ich das im Zwielicht erkennen konnte, sein Gesicht zu einem Lächeln und lehnte sich vor: »Hello!«, sagte er überdeutlich und mit deutschem Akzent. »Where – do – you – come – from?« Er betonte jedes Wort, als spräche er mit einem begriffsstutzigen Kind.

Die Frau musterte ihn von oben bis unten. Auf ihrem Gesicht entdeckte ich nicht den Ansatz eines Lächelns – aber vielleicht war es auch die Dunkelheit, die ihn verbarg.

Bastian räusperte sich, offenbar entschlossen, eine Interaktion zu ermöglichen, so rudimentär sie auch sein würde. Noch deutlicher, noch lauter, noch langsamer sagte er: »Wheeere – dooo – youuu ...«
»I'm from Boston.« Ihre kräftige, herablassende Stimme fuhr durch den kleinen Raum wie ein Peitschenhieb. Kein Akzent, keine schüchterne Unsicherheit – und vor allem: keine Chinesin mit überschaubaren Englischkenntnissen.
»Oh!«, brachte Bastian nur hervor.
Die Komik dieser Situation führte dazu, dass ich das Lachen nur unter Aufbietung aller Willenskraft unterdrücken konnte. Ja, Bastian und ich hatten gemeinsam etliche Monate in China verbracht, und ja, die Verständigung war dort, insbesondere in ländlichen Gebieten, oft mühsam gewesen. Aber lag es hier am Ende der Welt nicht nahe, dass wir es nicht unbedingt mit einer zurückhaltenden Frau mit überschaubaren Englischkenntnissen zu tun hatten, sondern mit einer selbstsicheren Abenteurerin – vielleicht aus China, vielleicht aber auch aus Amerika oder Europa?
Trotzdem hatte Bastian die Motorradfahrerin unwillkürlich in eine Schublade gesteckt. War er gar unbeabsichtigt einer Form des Alltagsrassismus auf den Leim gegangen? Oder war es schlichtweg Naivität? In Bastians Kopf schienen ähnliche Gedanken zu wabern. Er schwieg betreten. Die Motorradfahrerin sagte ebenfalls kein weiteres Wort. Und so speisten wir in Stille.
Trotz aller guten Vorsätze, ungeachtet aller Reiseerfahrungen: Manchmal ist es gar nicht so leicht, über Menschen nicht vorschnell zu urteilen, weil sie nun mal anders aussehen oder vielleicht auch anders sind. Die Anekdote mit der Motorradfahrerin ist da noch vergleichsweise harmlos. Umso mehr sollte es unterwegs darum gehen, signifikante Denk- und Verhaltensunterschiede zu tolerieren und wenigstens zu versuchen, sie zu verstehen. Das bedeutet auch, dass man sich auf

Reisen nicht nur auf die Welt als einen abstrakten Ort einlässt, sondern vor allem auch auf die Menschen, denen wir – möglichst offenherzig und vorbehaltlos – begegnen. Versuchen wir, unser Urteil möglichst spät zu fällen und dabei gnädig zu sein. Denn jedes Mal, wenn wir auf einer vorgefertigten Ansicht beharren, berauben wir uns der Chance, etwas dazuzulernen. Gelegentlich zeigt sich auch, dass die Unterschiede, die uns erst irritierten und die wir als gewaltige Barrieren wahrnahmen, nur oberflächlich sind, womöglich eine Folge von Klischees und Vorurteilen.

Ich denke an meinen Beduinenführer Issa, der mir in der jordanischen Wüste Wadi Rum am nächtlichen Lagerfeuer von seinem großen Wunsch erzählte: »Ich möchte Vieh kaufen, mein Zelt irgendwo hinter einer Düne aufschlagen und wieder vollständig in der Wüste leben.« Der verlorene Blick, mit dem er in die Flammen schaute, ließ erahnen, dass es kein dahingeplappertes Gedankenspiel war, sondern ein aufrichtiges Ziel: Er, der Besuchern wie mir seine Wüste zeigte, der ein Smartphone besaß und moderne Lederschuhe trug, wollte zurück in die Wüste. Dorthin, wo seine Eltern aufgewachsen waren. Dorthin, wo noch immer einige seiner Landsleute ein karges, aber tief in Traditionen verankertes Leben führten. Ich lauschte ihm ehrfürchtig, während er mir von diesem Leben erzählte: vom Spurenlesen im Sand, dem Aufspüren von kleinsten Wassermengen und der Orientierung in dieser unwirtlichen Gegend. Ich war fasziniert von diesem Mann, der von der Moderne gekostet hatte und dennoch in die Wüste, das Land seiner Vorfahren, zurückkehren wollte.

Wir hatten unser Lager in einer Felsspalte eines der zahllosen Tafelberge aufgeschlagen, die sich über die flache rötliche Ebene verteilten wie überdimensionale Bauklötze, die ein Riese achtlos hingeworfen hatte. Es war ein gewaltiges Labyrinth aus erodierten, zerfurchten Klippen, die sich jäh aus dem Sandboden erhoben und eine marsähnliche Landschaft bildeten, die atemberaubend anzuschauen, aber zugleich so lebensfeindlich war, dass in ihr nur überleben konnte, wer Experte für das Leben in der Wüste war – oder wer jemanden bei sich hatte, dem die Wüste wie Issa im Blut lag.

Später, als mein Begleiter längst aufgehört hatte zu erzählen, kuschelte ich mich in die schwere Decke, die Schutz vor der heraufziehenden Kälte bot, und beobachtete das Schattenspiel des ausgehenden Feuers an den Felswänden zu meiner Linken. Während die Flammen erstarben, gewannen die Sterne über mir an Kraft. Unter mir eine dünne Matratze und der weiche Sand, über mir und um mich herum schiere Unendlichkeit. Ich dachte an einige der vielen magischen Nächte zurück, die ich auf meinen Reisen erleben durfte: in einem Zelt in der schwedischen Wildnis, in einer Hängematte im kambodschanischen Dschungel, in einem Baumhaus in den laotischen Bergen, in einem Auto im australischen Outback. Und nun: gebettet auf einem Meer aus Sand, in der jordanischen Wüste.

Die leichte Brise, die bisher geweht hatte, ließ nach und mit ihr das feine Rieseln der Sandkörner. Die vibrierende Stille, die sich langsam ausbreitete, war beinahe wie ein eigenes Geräusch. Ich rührte mich nicht mehr, mochte diese Lautlosigkeit nicht zerstören. Es fühlte sich an, als ob die Welt selbst den Atem anhielt.

Bis plötzlich ein Schrei die Stille durchbohrte. Ich riss die Augen auf, die mir mittlerweile zugefallen waren, und sah im Sternenlicht, wie Issa, die Decke von sich werfend, hochfuhr. »Schlangen!«, keuchte er und machte einen Satz in die Luft. »Schlangen!« Er sprang von einem Fuß auf den anderen, um möglichst wenig Berührungspunkte mit dem Boden zu haben, und schaute sich hektisch um.

Langsam erlangte er seine Fassung zurück, bis er sich schließlich erschöpft niedersinken ließ. »Nur ein Traum«, murmelte er. Nachdem er sich äußerlich gesammelt hatte, stand er wieder auf und begann sein Schlaflager um zehn Meter zu verlegen.

»Was tust du?«, fragte ich.

»Mein Traum ist dort, wo ich eben lag«, erläuterte er, »nicht dort, wo ich mich nun niederlasse. Er wird mich nicht wiederfinden. Alles in bester Ordnung.«

Ich hingegen blieb alarmiert. Denn ein Gedanke war gesät worden. Was, wenn es tatsächlich einer Schlange einfiele, in den Genuss der Wärme unter meiner Decke kommen zu wollen? Auf der anderen Seite war ich beruhigt: Issa, der Herr der Wüste, war von dem Podest gestiegen, auf das ich ihn gestellt hatte. Er war deutlich weniger furchtlos, als es den Anschein gemacht hatte. Er kannte die Wüste, aber er kannte auch Angst. Und damit war er ein bisschen wie ich.

Ob in den Bergdörfern im laotischen Dschungel, bei einer chinesischen Gastfamilie oder bei Mike auf der Farm, oft kam ich mit dem Vorsatz an, all das zu erfahren, was diese Menschen mit ihren fremden Sprachen und völlig anderen Lebensumständen von mir unterschied, und wurde überrascht, wie viel mich tatsächlich mit ihnen verband und wie groß die Ähnlichkeiten waren. Die Grundbedürfnisse der Menschen, der Wunsch nach Liebe und Geborgenheit, nach ein wenig Sicherheit, das Bestreben, das Leben mit ein wenig Humor zu nehmen ... diese und andere Gemeinsamkeiten sorgten dafür, dass es mir selbst in entfernteren Winkeln der Welt mitunter erstaunlich leichtfiel, eine Verbindung zu den Einheimischen aufzubauen, nicht unbedingt im Sinne einer tiefen Freundschaft, aber doch eng genug, um mich mit ihnen auszutauschen – und sei es nur durch Blicke und das Beieinandersein.

Möglicherweise hatte ich mir das »Fremde« auch durch meine Teilhabe am dortigen Alltag jeweils so weit zu eigen gemacht, dass es mir vertraut wurde und ich es schließlich gar nicht mehr als fremd erkannte. Auf Mikes Farm dauerte es Wochen, bis sich meine mentalen Barrieren auflösten, ich eigene Routinen entwickelte und Denkmuster veränderte – aber es geschah irgendwann. In den laotischen Bergdörfern verbrachte ich viel weniger Zeit: Ich hatte keine Gelegenheit zu lernen, mich zu Hause zu fühlen, aber die zwischenmenschlichen Barrieren schrumpften im Gespräch mit den Stammesvorstehern auch dort. Wo ich bei meiner Ankunft nur Unterschiede gesehen hatte, entdeckte ich bald erste Gemeinsamkeiten.

Was aber, wenn die Unterschiede unüberbrückbar bleiben? Dann wird es spannend.

Schriftsteller Matthias Politycki erzählte mir, wie ihm sein Führer Sanjay während einer Indienreise zu erklären versuchte, jede gute Ehe sei arrangiert. Eine lebenslange Bindung könne man nicht bloß wegen irgendwelcher Gefühle eingehen. Das sei einfach keine dauerhafte Basis. Sanjays Überzeugungen stellten Polityckis eigene Werte auf den Prüfstand.

Auf einer gemeinsamen Autofahrt legten sie eine kurze Pause in einem Restaurant ein, das für sein gutes dunkles Brot bekannt war. Die beiden Männer beobachteten die Bäckerin, die auf dem Fußboden saß, Fladen knetete und sie in einer Mauernische auf dem offenen Feuer buk. Politycki war fasziniert: von der sorgfältigen Arbeit – und der Schönheit der Frau. Als er Sanjay anschließend auf die ebenmäßigen Züge der Bäckerin ansprach, wusste sein Führer zunächst gar nicht, was er meinte. »Er hatte die Frau gar nicht gesehen«, erklärte Politycki. »Weil sie einer anderen Kaste angehörte, war Schönheit bei ihr von vornherein für ihn ausgeschlossen. Da war ich schon mal platt.«

Über den Tag hinweg unterhielten sie sich immer wieder über die Bäckerin und das Verhältnis der Geschlechter zueinander. »Aber du musst doch zumindest sehen, dass sie schön ist!«, beharrte Politycki. Sanjay schüttelte ein ums andere Mal den Kopf.

»Das hat mich zur Verzweiflung gebracht«, so Politycki. »Dass man ein Kastenwesen überhaupt gesellschaftlich nach wie vor richtig findet, dem könnte ich noch folgen, auch wenn es nach meinem Dafürhalten entsetzlich ist. Es ist nun einmal eine jahrhundertealte indische Tradition. Aber dass man deswegen blind wird für Schönheit, diesen Sprung habe ich nicht hingekriegt.« Irgendwann kamen sie auch auf Sanjays eigene Ehe zu sprechen. Beide, Sanjays Frau und er, bezeugten beim gemeinsamen Abendessen: Die Liebe kam später. »Mich berührte das, denn ich sah, dass ihre Liebe echt war. Sie waren sich sicher, eine gute Ehe muss arrangiert sein.« Für Politycki sei das nicht nachvollziehbar gewesen, aber er habe es akzeptieren müssen. »Dass sie nicht die Einzigen sind, die so denken, steht jedenfalls fest.« Denn Indien sei beileibe nicht das einzige Land, in dem diese Einstellung vertreten werde. Im Gegenteil, wir seien mit der Liebesheirat wohl sogar in der Minderheit auf der Welt.

Über dieses Thema habe ich auch mit Christina Franzisket und Nagender Chhikara gesprochen: Die Deutsche und der Inder, gute Freunde, erzählten mir im Podcast von ihrem Projekt »Culture Curry«, für das sie auf den Spuren der Liebe mit einer blauen Motorriksha siebentausend Kilometer quer durch Indien zurückgelegt hatten. Chhikara erklärte mir, warum es aus seiner Sicht weniger entscheidend sei, ob eine Ehe arrangiert ist oder nicht. Viel wichtiger finde er, ob die Frau innerhalb der Ehe unterdrückt wird oder frei entscheiden kann. Wenn eine Ehe auf offene und harmonische Weise arrangiert werde, sei das nicht grundsätzlich schlecht. Das liege an der größeren Geduld der Inder: Sie erwarteten nicht, sofort glücklich zu sein, sondern akzeptierten, dass die Liebe in einer Ehe erst mit der Zeit entstehen und wachsen könne. »Unsere Geduld befähigt uns, vieles leichtzunehmen und unser Lächeln auch dann nicht zu verlieren, wenn wir schwierige Situationen ertragen müssen.« Dies helfe, Herausforderungen zu bezwingen und Dinge nicht gleich grundsätzlich infrage zu stellen oder gar aufzugeben. Wie zum Beispiel eine Ehe.

Franzisket betonte darüber hinaus, dass die Lebenswirklichkeit der Menschen mit ihren wirtschaftlichen und sozialen Zwängen häufig eine andere sei als bei uns. »Wenn die Frau des Hauses, die Mutter des Sohns, altert und ihr der Haushalt körperlich zu anstrengend wird, wird der Sohn zur Hochzeit gedrängt. Dann wird eine Frau ausgesucht, damit sie die Mutter im Haushalt unterstützt.« Manche Inder litten unter einer solchen Zweckehe, andere hätten ihr lachend ins Gesicht gesagt: »Ach, die Liebe! Bei uns kommt es auf etwas ganz anderes an.«

Chhikara erklärte mir, dass die Liebe in einer arrangierten Ehe entweder später entstehe oder ausbliebe, genauso wie sie in einer Liebesheirat verblassen und verschwinden könne. »Die ganze Welt ist auf der Suche nach dem Glück«, sagte er. »Wenn eine arrangierte Ehe einen glücklich macht, dann kann das niemand anfechten.« Es sei nicht zwangsläufig ein vorgetäuschtes Glück, das weniger wert sei als ein anderes Glück. »Diese Person ist glücklich. Wenn nicht, dann kann und soll sie etwas ändern. Aber das hängt nicht unbedingt von der Frage ab, wie es zu der Ehe gekommen ist. Jede Ehe ist anders, genauso wie jeder Mensch anders ist.«

Wenn Auffassungen aufeinanderprallen, sollten wir jedoch nicht automatisch jede andere Meinung stets widerspruchslos hin- oder gar annehmen. Mitunter gilt es auch, für die eigenen Werte einzutreten. Zudem ist nicht jede und jeder Fremde großartig. Es gibt sie fast überall: die faulen Grenzbeamten, die mürrischen Kellner, die unfreundlichen Zufallsbekanntschaften. Oder auch das eine oder andere Loblied auf »uns Arier« im Iran und den Hitlergruß einer Kassiererin in einem australischen Supermarkt.

In den meisten Fällen lautet mein Ziel aber zunächst einmal – und es klingt so simpel, wie es anspruchsvoll ist: Akzeptanz und Toleranz. Matthias Politycki bezeichnete die Erfahrung, Sanjay zuzuhören und sich dabei der einen oder anderen unüberbrückbaren Differenz auszusetzen, als eine Übung, die wir in unserer gegenwärtigen deutschen Befindlichkeit auch wieder erlernen sollten: »Jemandem, der eine andere Meinung hat, vielleicht aus einer anderen Kultur heraus kommend, zuzuhören und zu versuchen, das Gehörte nicht gleich als besser oder schlechter zu bewerten: Das wäre eine Haltung, die uns allen guttäte, unterwegs wie daheim. In Deutschland merke ich dagegen seit einiger Zeit eher eine gewisse Unduldsamkeit, schon bei kleinen Meinungsunterschieden.«

Politycki illustrierte diese Haltung des gegenseitigen Geltenlassens mit einem Moment, der ihn besonders bewegt hat: In einer kleinen Moschee auf der Sinaihalbinsel führte er eine Glaubensdebatte mit einem Imam, die – natürlich – ohne Übereinstimmung endete. Keiner konnte den anderen überzeugen. Aber die Jünger des Imams, die den beiden zugehört hatten, verabschiedeten sich anschließend sehr nett von Politycki, viel netter als der Imam selbst. »Einer von ihnen gab mir die Hand und sagte zu mir, ich solle ihm versprechen, doch trotzdem einmal im Leben den Koran zu lesen. Ich versprach es. Und bat ihn seinerseits, einmal im Leben die Bibel zu lesen. Auch er versprach es. An diesen Händedruck muss ich oft denken, gerade auch in den Zeiten, in denen wir heute leben, Zeiten, in denen viel von der Konfrontation der Kulturen die Rede ist. Unser Händedruck zeigt mir immer wieder, dass man in einer kontroversen Debatte die Haltung des anderen nicht mit Gewalt bekehren oder die eigene Haltung aufgeben muss. Schon allein dem anderen zuzuhören und auf seine Argumente einzugehen ist der Anfang eines Miteinanders. Selbst der Imam und ich, wir haben uns zwar gefetzt und betont: Nein! Wir glauben eben nicht, was der andere glaubt. Trotzdem konnten wir am Ende mit Achtung voreinander scheiden.«

Auch für Hardy Fiebig macht das Auftun von Differenzen einen großen Wert des Reisens aus. »Jeder dieser Orte, jeder Mensch und jede Kultur hat Vorzüge und Nachteile, und genau das ist es, was mich anregt, immer wieder loszufahren: dass ich überall auf der Welt etwas lernen kann, mindestens so viel Positives, wie man über Schlechtes schimpfen könnte. Wenn du das verstehst und akzeptierst, macht dich das zum tolerantesten Menschen, der du sein kannst.«

So blickten beispielsweise viele Europäer hinsichtlich der Rolle der Frau auf die Araber herab. »Ich möchte auch, dass meine Frau eine Partnerin auf Augenhöhe ist. Aber darum geht es mir jetzt in diesem Zusammenhang nicht, sondern darum, dass wir allzu gern vergessen, dass jede Kultur grundsätzlich davon ausgeht: So wie etwas in ihr üblich ist, sei es normal.« Die Araber hätten von ihrer Warte aus mindestens genauso viele Gründe, über Europa zu urteilen. »Was tut ihr euren Alten an?«, fragte Fiebig rhetorisch. »Denen, die euch großgezogen haben, die eure Windeln wechselten! Nun, da sie euch brauchen, lasst ihr sie fallen und steckt sie in ein Heim? Wie könnt ihr nur?«

Das Entscheidende sei: Die allermeisten Menschen, deren Verhalten wir voreilig als unbegreiflich abstempelten, seien tatsächlich sehr wohl zurechnungsfähig. Man müsse nur ihren zugrunde liegenden kulturellen Kodex kennen, dann erkläre sich vieles. »Dass wir unsere Alten ins Heim stecken, ich formuliere es jetzt bewusst böse, ist aus europäischer Sicht verständlich. Ich habe es bei meiner eigenen Mutter gesehen, die ihren Vater und die Schwester ihres Vaters bis zum Tod gepflegt hat. Das war ein Vierundzwanzig-Stunden-Job, 365 Tage im Jahr. Derartiges mit einer kleinen Familie zu leisten, die nur aus zwei Personen besteht, ist unmenschlich. Man müsste sich vollkommen aufgeben und selbst vor die Hunde gehen. Im Orient sind die Familien dagegen viel größer. Man teilt sich die Aufgabe, sich um die Alten zu kümmern, und profitiert zugleich von deren Lebenserfahrung. Hier würde ich vielleicht eher die Kritik bei uns ansetzen: dass dem Alter bei uns kein Wert beigemessen, sondern es eher als ein bedauernswerter Zustand angesehen wird, der durch Operationen zu beschönigen oder sonstwie abzustellen ist.«

Reisen wecken und füttern unsere interkulturelle Neugierde: Auf ihnen ist die Wahrscheinlichkeit größer als daheim, dass wir Menschen treffen, die anders sind als wir. Einen Menschen wie Mike hätte ich in Deutschland wohl kaum genauer kennengelernt: zu anders als ich, zu unterschiedlich sein Leben, zu groß unser Altersunterschied. In Australien entwickelte sich ungeachtet aller Unterschiede eine Freundschaft zu ihm, die mich bis heute prägt – ich habe wohl nie zuvor jemanden so schnell so tief in mein Herz geschlossen.

Bekanntschaften wie diese lassen uns unserer kulturellen Betriebsblindheit bewusst werden und helfen uns, uns selbst im Weltgeschehen besser einzuordnen. Zu verstehen, dass unsere Heimat nicht der Nabel der Welt ist, sondern dass die Meinungen und Werte, die wir hier vertreten, nicht unbedingt in anderen Kulturen vertreten werden müssen. Außerdem sind wir unterwegs anders eingestellt. In unserem Alltag treffen wir jeden Tag Menschen und interessieren uns nicht für sie. An der Kasse im Supermarkt. Im Café. In der Bahn. Und wenn wir uns doch interessieren und ein Gespräch beginnen, müssen wir damit rechnen, ein skeptisches Schweigen als Antwort zu erhalten.

Natürlich gibt es Ausnahmen: Freundschaften, die sich aus einem zufälligen Gespräch ergeben, gar Liebe auf den ersten Blick. Dennoch sind wir außerhalb unseres gewohnten Umfelds tendenziell offener, fragen uns weniger rasch, was unser redseliges Gegenüber im Schilde führt. In einer fremden Umgebung erhöhen wir unsere Wahrnehmungsbereitschaft, beobachten, lauern geradezu darauf, etwas zu bemerken, das uns wundern lässt. Wir genießen den Funken Aufregung, wenn unser Blick den eines Einheimischen trifft, wenn unser Gegenüber uns mit einem freundlichen Nicken bedenkt und das Wort an uns richtet, wenn erste Gedanken und Fragen ausgetauscht werden. Es ist, als entstehe dann ein kleines elektrisches Feld, in dem die Hoffnung auf ein bisschen Überraschung, Erheiterung, Inspiration schwingt. Und das uns im Idealfall ein ganz klein wenig verändert, uns etwas lehrt, das wir vorher nicht wussten, uns ein wenig mehr an das Schöne und Gute im Menschen glauben lässt. Weil es bestätigt, dass Fremde uns meist wohlgesinnt sind. Dass sie neugierig und bereit sind, uns mit ihren Geschichten zu beschenken.

DIE GASTFREUNDSCHAFT DES TAXIFAHRERS

Hinter den Fensterscheiben zog schemenhaft das nächtliche Isfahan vorbei, mal uralt und mal modern, meist sauber und aufgeräumt und auch in den späten Abendstunden noch einigermaßen quirlig. Ich hatte Schwierigkeiten, irgendetwas davon mitzubekommen, denn in dem Taxi, in dem ich mich befand, herrschte Streit.

Neben mir auf der Rückbank saß Ali, ein Dreiundzwanzigjähriger, mit dem ich heute Abend unterwegs war. Zwischen ihm und dem Fahrer war eine hitzige Diskussion entbrannt, die ich nicht verstand. Und die mir ein gewisses Unwohlsein bereitete. Immerhin war ich noch nicht lange im Iran und fühlte mich noch nicht bereit, schon jetzt das erste Mal die Kontrolle über eine Situation zu verlieren. Aber was war das Problem? Ich hatte es noch nicht begriffen. Gespannt beobachtete ich die beiden Kontrahenten, die ihre Worte zunehmend energischer wechselten.

Schon beim Einsteigen hatte der Fahrer keinen sonderlich vertrauenerweckenden Eindruck auf mich gemacht: strubbelige weiße Haare, zerrissenes Hemd, eine Stimme wie Sandpapier. Er hatte eindringlich auf uns eingeredet und uns mit einer mürrischen Geste eine halb ausgetrunkene, ziemlich ramponierte Wasserflasche hingehalten. Was sollten wir damit? Erst einen Moment später begriff ich: Er wollte uns etwas zu trinken anbieten. Ich lehnte dankend ab.

Für ein paar Minuten herrschte Stille, dann begannen Ali und der Fahrer ein Gespräch, das rasant zum Streit anschwoll. Auch als wir unser Ziel erreicht hatten, den Zayandeh Rud, der durch Isfahan fließt und über den sich imposante historische Brücken spannen, gab der Mann keine Ruhe. Die Worte, mit denen er auf Ali einredete, klangen für mich wie eine wütende Tirade. Offenbar versuchte er, uns übers Ohr zu hauen, aber Ali gab nicht nach. Er streckte den Arm nach vorn und wedelte mit einem kleinen Bündel Scheine vor dem Gesicht des Fahrers, offenbar dem Betrag, den er für die Fahrt für angemessen hielt. Der Fahrer, der immer bedrohlicher auf mich wirkte, wollte davon nichts wissen. Ich hatte derweil eine Hand auf den Türgriff gelegt und hielt mich bereit, jederzeit rausspringen und davonlaufen zu können.

»Lass mich das übernehmen«, sagte ich zu Ali und zog mit der anderen Hand mein Portemonnaie aus der Hosentasche.

Er schüttelte den Kopf. »Auf keinen Fall! Ich mache das.«

»Aber wenn es nicht genug ist ... «

»Schon gut. Lass uns gehen!« Ali warf das Bündel schräg nach vorn auf den Beifahrersitz. Der Fahrer machte eine abwehrende Geste, aber es war klar: Ali würde nicht mehr Geld rausrücken. Und mich auch nicht mehr rausrücken lassen. Wir stiegen aus. Der Fahrer rief uns mit seiner heiseren Stimme durchs heruntergelassene Fenster irgendetwas zu, vermutlich eine Beschimpfung, hupte uns an und düste davon.

Ich nahm mir vor, mein Bild von Isfahan durch diese Begebenheit nicht trüben zu lassen, zu herzlich war das Willkommen, das mir der Iran in der kurzen Zeit, in der ich hier war, bereitet hatte. Allein auf meiner ersten morgendlichen Wanderung durch die Stadt war ich vier Mal zum Kaffee oder Tee eingeladen worden: nicht von gewitzten Ladenbesitzern, die mich behutsam zum Kauf verführen wollten, sondern von Anwohnern, zufälligen Bekanntschaften, und, ja, auch von Ladenbesitzern. Die aber mit keinem Wort oder Blick vorschlugen, ich möge mich für ihre Freundlichkeit durch einen Kauf revanchieren. Stattdessen fragten sie mich aus: über mein Leben, meine Heimat, inklusive der typischen Fußballdiskussion. Ein vielleicht fünfzigjähriger Herr begann regelrecht über die Größen des deutschen Fußballs zu referieren, von Franz Beckenbauer über Rudi Völler bis zu Jogi Löw.

Ali, den ich wenig später kennenlernte, fragte mich über das Studieren in Deutschland aus. Er selbst nahm zweimal in der Woche an einem Kurs in Buchhaltung teil und arbeitete die übrige Zeit in einem Geschäft für bemalte Kupferwaren, wie sie in den Arkaden des Imam-Platzes überall angeboten werden. Er betonte, ich solle ihm, wenn ich plante, dort irgendetwas zu kaufen, vorher unbedingt Bescheid geben, denn er kenne fast alle Verkäufer und würde mir alles für die Hälfte des Preises besorgen. Vermutlich witterte er eine Gelegenheit, die eine oder andere Provision einzustreichen. Ich sah es ihm nach. Wir verabredeten uns für den Abend, um unser Gespräch fortzusetzen, was mir die Gelegenheit schenkte, den Imam-Platz auch bei Anbruch der Nacht zu erleben. Ich hatte damit gerechnet, der riesige Platz käme in der Dämmerung zur Ruhe, aber stattdessen war er noch belebter als am Tag. Überall sah ich Kinder, die Drachen steigen ließen, spazierende Pärchen, Familien, die auf den Rasenflächen picknickten, und auf den Wegen fuhren Pferdekutschen. Die Arkaden, die Moscheen und der Palast erstrahlten in stimmungsvoller Beleuchtung. Die Luft war nach der Hitze des Tages angenehm mild. Dazu zirpten die Grillen.

Als ich Ali in seinem Geschäft abholte, reichte er mir zur Begrüßung einen Tee. Während er die Waren, die vor der Tür standen, hereinholte, traten neue Kunden ein: ein freundlich wirkendes Ehepaar mittleren Alters. Wir kamen ins Gespräch.

Er war Ingenieur, sie Lehrerin. Die Frau erzählte mir von ihrer Schwester, die sie demnächst in Kanada besuchen und für die sie hier Souvenirs kaufen wollte, und fragte mich aus. Nach fünf Minuten bot sie mir an, ich könne statt im Hotel auch bei ihnen schlafen. Dazu kam es zwar nicht, aber wir verabredeten uns für den nächsten Tag zum Mittagessen. Ein weiterer Eintrag in meinem Terminkalender, den ich mittlerweile führen musste, um nicht den Überblick zu verlieren.

Dann brachen Ali und ich auf. Er führte mich in ein Café, wo er darauf bestand, mir einen Kaffee auszugeben. Danach hielt er das Taxi mit dem halsabschneiderischen Fahrer an, dessen Fängen wir nun glücklicherweise entkommen waren. Und so stand ich jetzt mit Ali auf dem Bürgersteig und blickte dem Taxi hinterher, das nach wenigen Sekunden vom Verkehrsstrom verschluckt wurde und unseren Blicken entschwand.

»Was hat er uns zugerufen, als er wegfuhr?«, fragte ich Ali. Die Anspannung begann von mir abzufallen.

»Allemagne«, sagte er. »Deutschland.«

»Er hat auf Deutschland geschimpft, weil du ihm nicht mehr Geld geben wolltest?«

Ali schüttelte den Kopf. »Nein, er hat nicht geschimpft. Ich habe ihm erzählt, dass du ein Gast aus Europa bist, aus Deutschland. Er antwortete sofort: ›Dein Gast ist auch mein Gast!‹ Und weigerte sich, unser Geld anzunehmen.«

»Er wollte uns die Fahrt spendieren?«, fragte ich verblüfft.

»Genau!« Ali zuckte die Schultern, als sei nichts weiter dabei. »Er meinte, die Fahrt sei sein Willkommensgeschenk für den Gast aus der Ferne.«

Ich war erstaunt über die Freundlichkeit des Fahrers, aber auch über meine völlige Fehleinschätzung der Lage. Erst hatte ich Ali unterstellt, dass ihn vor allem die verheißungsvolle Aussicht auf Provision antrieb. Und nun hatte ich mich in einem Taxifahrer getäuscht, der kein Geld nehmen wollte. Was war mit meiner Menschenkenntnis geschehen? Ich tröstete mich mit dem Wissen, dass ich Zeuge eines Rituals geworden war. Zweifellos hatte der Fahrer durchaus erwartet, dass wir darauf bestehen würden zu bezahlen. Er hatte lediglich das *ta'arof* praktiziert: das Anbieten und Ablehnen von Gegenständen, Geld oder Nahrungsmitteln, mit dem bekräftigt wird, dass die zwischenmenschliche Interaktion wichtiger sei als eine erbrachte Leistung und deren Entlohnung. Trotzdem berührte mich seine Geste.

In zuvorkommender Höflichkeit war auch Ali geübt: Er führte mich zu einem Imbiss, kaufte Salat und Hühnchen und weigerte sich erneut inbrünstig, mich bezahlen zu lassen.

»Ich lade dich ein«, sagte er.

»Ich möchte aber dich einladen!«, entgegnete ich.

»Das kannst du beim nächsten Mal machen.«

»Aber du hast schon den Kaffee und das Taxi bezahlt!«

»Und das habe ich gern getan. Du zahlst es mir mit interessanten Gesprächen gleich mehrfach zurück.«

»Aber du arbeitest zu hart für dein Geld!«

»Nein, nein. Nicht zu hart für einen Freund.«

So ging es hin und her. Dabei bewegten wir uns völlig im Rahmen der Etikette. Bis er schließlich das Haupt neigte und demütig murmelte: »Na gut, wenn du darauf bestehst ...«

Der Zayandeh Rud unterteilt Isfahan in zwei Hälften. An seinen Ufern ziehen sich lang gestreckte Parks und Grünanlagen entlang, voller Bäume und Blumen, Natursteinwege und Treppen, Bänke und Fitnessgeräte, Spielplätze und gemütlicher Wiesen. Auf einer ließen wir uns mit unserem Essen nieder, wie es bereits zahlreiche andere Gruppen vor uns getan hatten. Es herrschte geselliges Treiben. Unsere Blicke fielen auf den Fluss und die wundervoll beleuchtete Khaju-Brücke, eine zweistöckige Bogenbrücke aus dem 17. Jahrhundert und eines der Wahrzeichen Isfahans. Wir breiteten das Hühnchen vor uns auf dem Papier aus, in das es eingewickelt war, und öffneten unsere Flaschen Pfirsichlimonade.

»Cheers«, sagte ich gewohnheitsgemäß und hielt Ali meine Flasche hin.

Dieser stutzte, rührte sich nicht. »Was tust du?«, fragte er lächelnd, offenbar unangenehm berührt.

Ich realisierte, dass meine Geste in erster Linie alkoholischen Getränken vorbehalten war, die im Iran verboten sind. »Nur anstoßen«, sagte ich unbekümmert. »Um dir einen genussreichen Schluck zu wünschen.«

»Wir trinken aber keinen ... « Er machte immer noch keine Anstalten, seine Flasche zu heben.

»Ja, du hast recht.«

Ich ließ meist Ali die Themen unserer Gespräche vorgeben, was dazu führte, dass wir uns über das Geheimnis von Glück unterhielten, über Religion und – über Frauen.

»Glücklich zu sein bedeutet für mich, nicht auf später zu warten, sondern jetzt zu leben«, erklärte Ali. »Nicht zu sparen, wie viele meiner Landsleute es ganz versessen tun, sondern das Geld jetzt auszugeben. Sich mal ein paar Schuhe zu gönnen oder einen Restaurantbesuch mit Freunden zu erlauben.«

In Sachen Religion betonte er, »sehr stark« an »den Gott« zu glauben, wobei es beim Glauben egal sei, welcher Religion man angehöre. »Religion ist nicht wichtig, um zu glauben. Moslems, Christen, Juden und andere sind doch weitgehend gleich.«

Und die Frauen? Ali versuchte zwar, eine chinesische Freundin zu finden, um sein Chinesisch zu verbessern, für das er – neben Englisch – Kurse belegte. Aber er hielt nicht viel von Freundinnen und schon gar nichts vom Heiraten. »Höchstens ein Prozent der Iraner sind glücklich verheiratet.« Auch, weil die meisten heirateten, ohne sich wirklich gut zu kennen. »Erst ist die Frau zwei Monate freundlich, dann kommt die Hochzeit, und wiederum zwei Monate später zeigt sie ein neues Gesicht und fordert immer mehr Geld.« Eine Frau vor der Hochzeit genauer kennenzulernen missfiel ihm aber auch.

Sex vor der Ehe bezeichnete er als »ungut« und, wie er es ausdrückte, »nicht ästhetisch«.

Mittlerweile war es kurz vor Mitternacht. Ein paar Meter von uns entfernt rauschte das kleine Wehr unter der Brücke. Ihre Pfeiler zerschnitten den Fluss in viele kleine Ströme, die zwischen ihnen hindurchsprudelten. Von der unteren Etage der Brücke erklangen die Stimmen von Männern, die unter den kühlen, klangverstärkenden Kreuzgewölben leidenschaftliche Gesangseinlagen lieferten. Später liefen Ali und ich über die Brücke, und ich wurde allein in diesen zehn Minuten unzählige Male von jungen Iranern angesprochen, die mich willkommen hießen, sich erkundigten, wie es mir gehe, und mich in ein Gespräch verwickeln wollten. Das Ausmaß ihres Interesses und ihrer Freundlichkeit verblüffte mich. Und das sollte sich auch in den nächsten Tagen nicht ändern.

Am kommenden Tag war ich um siebzehn Uhr mit einem pensionierten Soldaten verabredet, Hadi, dem ich schon bei meinem allerersten Streifzug durch die Stadt auf der Khaju-Brücke begegnet war. Dort lief der ältere Herr gern umher und unterhielt sich mit Einheimischen und Touristen, um sich die Zeit zu vertreiben. Er zeigte mir das armenische Viertel, in dem er lebte, und führte mich auf den Sofeh, Isfahans Hausberg, der über der Stadt thront. Wir sprachen über die Präsidentschaftswahlen, die vor zwei Tagen im Iran stattgefunden hatten und aus der der Amtsinhaber Hassan Rohani erneut siegreich hervorgegangen war. Ein hoffnungsvolles Zeichen? Bei seinem Amtsantritt vier Jahre zuvor erschien Rohani als – vergleichsweise – moderater Reformer. Doch viele der in ihn gesetzten Hoffnungen konnte er nicht erfüllen. Die Menschenrechtslage hatte sich unter ihm nicht verbessert, in einigen Aspekten gar verschlechtert. Aber sein Ton war weniger aggressiv als der seines Vorgängers Mahmud Ahmadinedschad, der den Iran unter anderem mit seinem Atomprogramm und dem Leugnen des Holocaust in die internationale Isolation getrieben hatte.

»Rohani ist ein guter Führer«, sagte Hadi. »Ahmadinedschad war dagegen ein Irrer.« Mein Begleiter lachte: »Wir haben unseren Irren gegen einen vergleichsweise guten Mann eingetauscht. Die Amerikaner haben es genau andersherum gemacht. Sie hatten Obama, jetzt haben sie Trump. Den Oberirren.«

Erst am Vortag hatte Trump in Saudi-Arabien eine große Rede über den Islam und den islamischen Terror gehalten und dabei den Iran ausgiebig als terrorfinanzierenden Oberschurken hervorgehoben. Das von Obamas Regierung federführend ausgehandelte Atomabkommen mit dem Iran, das Trump schließlich aufkündigen würde, begann schon jetzt zu bröckeln. Denke ich ein paar Jahre später an meine Zeit im Iran zurück, an Trumps Rhetorik und an seine brutalen Sanktionen, überkommt mich Traurigkeit. Ich denke an die vielen gastfreundlichen Menschen, die mir begegnet sind, nicht verbohrt, nicht engstirnig, sondern interessiert und weltoffen – ohne aber die Möglichkeit, aufzubrechen und die Welt über das gelegentliche Gespräch mit einem ausländischen Reisenden hinaus kennenzulernen. Ohne die Gelegenheit, ihr eigenes Potenzial an Kreativität, Leidenschaft, Wissensdurst und Selbstverwirklichung auszuschöpfen. Ich denke an meinen Fahrer, der mich in einem verbeulten alten, aber innen top gepflegten Wagen einen ganzen Tag lang kutschierte: von Shiraz zur altpersischen Residenzstadt Persepolis und von dort zu weiteren archäologischen Stätten. Er trug ein weißes Hemd, hatte tiefschwarze, elegant gestylte Haare, war gebildet und höflich – zurückhaltend, aber nicht unterwürfig.

Auf der Rückfahrt nach Shiraz kamen wir ins Gespräch.

»Arbeitest du gern als Fahrer?«, fragte ich ihn.

Er zuckte mit den Achseln. »Ich habe keine Wahl.« Nach einigen Sekunden fügte er hinzu: »Es ist eine leichte Arbeit. Aber das Geld genügt kaum. Es gibt zu wenige Touristen.«

»Was würdest du denn lieber machen?«

»In meinem Beruf arbeiten, als Ingenieur.«
»Du bist Ingenieur?«
»Ja. Ich habe vor drei Jahren mein Studium abgeschlossen.« Er erzählte mir davon, dass nur ein Bruchteil der Bewerber auf die begehrten Studienplätze angenommen würde. Und dass nur ein kleiner Teil der Studenten schließlich den Abschluss schaffte. Ihm war beides gelungen – mit guten Noten. Er hatte fleißig gelernt und zusätzlich, um das Studium zu finanzieren und seine Eltern zu unterstützen, gearbeitet. All das war jetzt drei Jahre her.

Er zuckte erneut mit den Schultern. »Es gibt kaum Arbeit für Ingenieure. Die Sanktionen ...«

Für einige Minuten verstummten wir. Ich sinnierte über sein Pech und mein Glück nach, zur falschen oder richtigen Zeit am falschen oder richtigen Ort aufzuwachsen. Wie weit würde ihn sein Potenzial in einem Land wie Deutschland bringen? Und wie viel von dem bisschen, das ich bisher in meinem Leben erreicht hatte, wäre mir in einem Land wie dem Iran gelungen? Fleiß, Talent, sicher, all das sind nahezu überall und in den meisten Fällen Voraussetzungen für Erfolg, wie wir ihn gemeinhin verstehen. Aber es genügt nicht. Noch viel entscheidender ist das Spielfeld, auf dem wir zufällig platziert worden sind.

Studien zufolge hängt unser Wohlstand zu fünfundneunzig Prozent davon ab, wo wir geboren werden, wo wir leben. Die übrigen fünf Prozent ergeben sich daraus, wie fleißig wir in der Schule sind, wie energisch wir unsere Karriere vorantreiben – aus unserer Leistung, die wir uns bei Erfolg stolz auf die Fahne schreiben. Dabei vergessen wir, dass wir einen unsichtbaren, aber tatkräftigen Gehilfen hatten: den geografischen Zufall. Mit dem gleichen Potenzial, mit der gleichen Leistungsbereitschaft hätten wir im Sudan vielleicht nur einen Bruchteil unserer Erfolge verbuchen können. All das ist kein Aufruf zu einem neuen Zeitalter des schlechten Gewissens, sondern nur ein Anstoß, mit ein wenig Bescheidenheit über die eigenen Privilegien nachzudenken. Und zu erkennen, »dass es andere gibt – zwei Drittel der Menschheit! –, die in Sack und Asche leben«, wie es Andreas Altmann in meinem Podcast formulierte. »Anlass, vielleicht ein bisschen unseren Hochmut zu schleifen, ein bisschen unser Ego schrumpfen zu lernen, ein bisschen Leichtigkeit zu trainieren. Ich mag mir zuschauen, wenn ich Erfahrungen mache, die mich vom Ross herunterholen.«

Ich gehöre zu dem glücklichen Teil der Weltbevölkerung, der sich das Reisen überhaupt leisten kann. Für den eine Kinderlähmung nicht automatisch lebenslange Armut bedeutet. Für den fließendes Wasser und Strom Selbstverständlichkeiten sind. Ich habe in den Bergdörfern im Dschungel von Nordlaos eine Ahnung davon erhalten, was es bedeutet, in einfachen Hütten aus Bambus und Bast zu leben, ohne Elektrizität, ohne Supermärkte und Cafés und Kinos, sondern gänzlich darauf ausgerichtet, mit Land- und Viehwirtschaft das eigene Überleben zu sichern. Dabei geht es diesen Menschen noch gut im Vergleich zu Rinal, den ich in Kambodscha vor den Toren Siem Reaps auf einer Müllkippe kennengelernt habe und der sich seinen mageren Lebensunterhalt aus dem stinkenden Unrat der nahe gelegenen Stadt wühlte. Von Selbstverwirklichung und dem Verfolgen großer Träume sprach hier jedenfalls niemand. Dieser Kelch ist an mir vorübergegangen. Nicht, weil es fair ist oder ich es verdient hätte, sondern weil ich einfach nur Glück hatte.

Ich denke an eine Bootsfahrt auf dem laotischen Fluss Nam Ou. Ein bis vor Kurzem wilder und unberührter Fluss, der nun durch eine ganze Reihe gewaltiger neuer Staudämme gezähmt wird. Durch sie steigt der Wasserspiegel so stark an, dass die Dorfgemeinschaften, die seit Generationen an den Ufern des Flusses tief im Dschungel leben, umziehen müssen. Die Regierung nutzt die Gelegenheit, sie in die Zivilisation umzusiedeln.

Näher an eine größere Straße heran, ins Randgebiet einer Ortschaft. Wo es einfache Arbeit und Zugang zu Bildung und medizinischer Versorgung gibt. Aber echter Wohlstand stellt sich dadurch selten ein. Viele ehemalige Flussanwohner sind nach der Umsiedlung schlechter dran. Für sie waren die umliegenden Wälder ihre Supermärkte, in denen sie sich je nach Bedarf bedienen konnten und in deren Regalen die Waren stets nachwuchsen: Gemüse, Medizin, Bambus zum Bauen. Aber nach der Umsiedlung müssen die Menschen die Güter, die ihnen früher frei zur Verfügung standen, kaufen. So treten sie in die Konsum- und Geldgesellschaft nach westlichem Vorbild ein, müssen oft reguläre Jobs auf Plantagen oder in Fabriken annehmen – und verlieren ihre Heimat. Materieller Gewinn gegen kulturellen Verlust. All das ist ganz im Sinne der Regierung, die auf diese Weise Statistiken mit wachsenden Durchschnittseinkommen präsentieren kann. Aber zu welchem Preis für die Menschen? Was würde diese Menschen wirklich glücklich machen?

Es sind Fragen wie diese, die wir auch uns selbst stellen können. Eine Reise liefert eine günstige Gelegenheit dafür, einen Blick hinter diesen Schleier aus Gewohnheiten und Selbstverständlichkeiten zu werfen. Wir reisen mit einem Bruchteil der Besitztümer herum, die uns zu Hause umgeben – welche davon vermissen wir wirklich? Die meisten Spielzeuge unserer Zivilisation dürften wenig hilfreich sein bei dem Versuch, ein wahrhaft glückliches Leben zu führen. Stattdessen betäuben sie nur unsere Unzufriedenheit und füllen die Leere, die das Konsumzeitalter in uns hinterlässt. »Alles, was du besitzt, besitzt irgendwann dich«, sagt man. Was brauchen wir also tatsächlich zum Leben? Und welche Beschwerden und Sorgen, die uns im Alltag begleiten, erachten wir im Angesicht der Welt noch immer als wichtig?

Die eine oder andere Antwort auf diese Fragen zu finden befähigt uns dazu, uns unserer größten Kostbarkeiten dankbar bewusst zu werden: unserer Gesundheit; der Menschen, die wir lieben, und der Möglichkeit, Zeit mit ihnen zu verbringen; unserer Chance, jeden Tag neu zu gestalten, anstatt ihn als eine Selbstverständlichkeit abzutun, die beinahe unbeachtet an uns vorüberhuscht, während wir das Gestern bedauern und uns vor der Zukunft sorgen.

Und natürlich liefert das Reisen noch viel mehr Gründe, dankbar zu sein. Für die unvoreingenommene Hilfsbereitschaft etwa, die wir immer wieder erfahren dürfen. Als ich in Jordanien auf halbem Wege zwischen Amman und Wadi Rum auf der Suche nach einem Geldautomaten völlig verloren durch eine staubige Wüstenstadt fuhr, gab mir ein Einheimischer in seinem Wagen per Lichthupe das Zeichen anzuhalten. Er stieg aus und redete durch mein heruntergelassenes Fenster auf mich ein, während ich ihm zu vermitteln versuchte, warum ich hier so ziellos meine Kreise zog. Als er mich verstanden hatte, wurde er noch energischer, lachte, winkte, spurtete zurück zu seinem Auto, sprang hinein und düste los, nicht ohne sich durch die Heckscheibe immer wieder zu vergewissern, dass ich ihm folgte. Ich tat es zögerlich und fragte mich insgeheim, welche Hintergedanken er wohl hegte. Wollte er mich in eine Teestube lotsen? Mir eine Übernachtung aufschwatzen? Mich gar ausrauben? Dann ließ ich Stück für Stück die Erkenntnis zu: Nein, er führte rein gar nichts im Schilde, wollte einfach nur helfen – und das unbedingt. Es war eine Erkenntnis, die die Seele streichelte, denn sie bewies auf ihre kleine, unspektakuläre Weise, dass es das Gute in der Welt gab.

Als der Mann schließlich anhielt und auf einen Geldautomaten am Rande der Straße wies, dankte ich ihm so nachdrücklich, dass er sich für einen Moment über die Verhältnismäßigkeit zu wundern schien: so viel Dankbarkeit für so wenig Hilfe? Er klopfte mir auf die Schulter, sprang zurück in seinen Wagen und fuhr winkend davon.

Mittlerweile war ich mit Hadi auf den Sofeh gestiegen und blickte auf das nächtliche Lichtermeer von Isfahan herab, das sich weit über die Ebene zog, bis hin zu den schemenhaften Bergen am Horizont. Inzwischen hatten wir über alles Mögliche gesprochen, aber jetzt kam mein Begleiter wieder auf die Politik zurück. »Die achtjährige Herrschaft Ahmadinedschads war eine Katastrophe«, erklärte er, »ebenso seine vehemente Israel-Hetze.«

»Haben Sie wirklich den Eindruck, dass sich unter Rohani viel verändert hat?«, fragte ich.

»Nicht alles, aber einiges. Rohani und Obama haben gemeinsam viel bewirkt. All das ist jetzt in Gefahr. Ich weiß nicht, was kommt. Ich hoffe einfach, dass der Iran zukünftig wieder besser mit seinen Nachbarn klarkommt. Und ich hoffe, dass ich das noch miterleben werde.«

Männer wie er, wie mein Fahrer in Shiraz oder wie Ali haben mir eindrücklich gezeigt, dass selbst hinter den beängstigendsten Herrschern ein Volk steht, das aus Individuen besteht. Wie wütend die Hetze der Regierung auch sein mag, wie hasserfüllt die Propaganda, wie einseitig die Berichterstattung – hinter einer auf Zuspitzung ausgerichteten Politik verbergen sich Einzelschicksale und vielfältige Meinungen. Sie sind nicht immer leicht greifbar, sondern leuchten oft unscharf wie die vielen Lichter weit unter uns im Talkessel. Aber wenn wir uns diesen Lichtern nähern, werden sie nicht nur größer und heller, sondern gewinnen an Kontur und offenbaren Dinge, die bisher im Schatten lagen. Natürlich ticken nicht alle Iraner wie die, mit denen ich gesprochen habe. Irgendjemand musste Ahmadinedschad ja – immerhin zwei Mal – gewählt haben. Genau wie Trump gewählt wurde – nicht von der Mehrheit der Amerikaner, aber eben von vielen.

Auf manchen Reisen bietet es sich an, Muscheln am Strand zu sammeln. Im Iran sammelte ich Begegnungen. In einer

Nebenstraße des Imam-Platzes entdeckte ich ein kleines Restaurant, das nicht sonderlich einladend aussah, aber vor einheimischen Gästen beinahe überlief. Ich deutete auf irgendetwas und erhielt einen großen Becher, in den der Koch mit einer riesigen Kelle eine klebrige gelbe Masse füllte. Ich zückte das Portemonnaie, aber der Koch redete auf mich ein und gestikulierte wild. Was wollte er mir sagen? Stimmte etwas mit dem Geld nicht? Nein, das war es nicht. Schließlich gab er auf.

Da es im Restaurant eng und laut war, setzte ich mich draußen auf eine Bank, die kreisförmig um einen Baum herum verlief, und begann zu essen. Oder besser: versuchte zu essen. Die Masse war so dickflüssig, dass ich sie mit meinem Plastiklöffel kaum aus dem Becher bekam. Sie enthielt geröstete Zwiebeln, Zimt und etwas, das in dreißig Zentimeter langen Fäden vom Löffel hing. Schlecht schmeckte sie nicht, aber sie war so reichhaltig, dass ich mir nicht vorstellen konnte, dass irgendjemand einen ganzen Becher davon essen konnte, ohne nicht selbst zu Brei zu werden.

Eine Gruppe von sieben jungen Frauen kam vorbei. Zwei von ihnen setzten sich hinter mich auf die Bank, die anderen standen im Halbkreis. Es dauerte wenige Sekunden, bis mich die erste von ihnen ansprach und wissen wollte, wo ich herkäme, ob ich allein unterwegs sei, was ich hier machte und so weiter. Die anderen stimmten rasch mit ein. Auch diese Frauen trugen schwarze Kopftücher, aber schon nach den ersten Worten spürte ich eine aufgeschlossene Selbstsicherheit, die rein gar nichts mit der schüchternen Zurückhaltung zu tun hatte, die ich vermutlich fälschlich in die gesenkten Blicke einiger Frauen hineininterpretiert hatte, denen ich bisher begegnet war. Sie erzählten mir, dass sie Sport studierten und gerade eine Stunde vorlesungsfreier Zeit genossen. Als ich einen Bissen meines Snacks vertilgen wollte und der Löffel sich unter der Last des Breis bog, bevor er mit einem widerwilligen Schmatzen von der Masse freigegeben wurde, lachten sie.

»Willst du das wirklich essen? Weißt du denn nicht, dass das nur ein Dip ist, in den man sein Naan-Brot taucht?«

Ach, das hatte mir der Koch erklären wollen! Ich wunderte mich, warum er mir das Brot nicht einfach dazu gereicht hatte. Sei's drum ...

»Och, schmeckt auch so«, erwiderte ich unbekümmert und schob mir den Löffel in den Mund. Lange, dünne klebrige Stränge hingen mir aus den Mundwinkeln. Ich wischte sie rasch fort, was die Frauen erneut mit einem Lachen quittierten. Plötzlich wurde mir mit jedem Bissen oder Schluck (was auch immer in diesem Fall das richtige Wort war) bewusster, dass das wirklich schweres Zeug war. Ich bekam kaum noch etwas davon herunter, aß aber tapfer weiter. Jedenfalls bis sich die jungen Frauen verabschiedet hatten.

Sobald sie außer Sichtweite waren, warf ich den Becher in den nächsten Mülleimer. Zumal die nächste Mahlzeit bereits nahte. Für den Abend hatte mich wiederum Ali eingeladen, dieses Mal zu sich nach Hause. Im Iran war ich in den ersten Tagen meiner Reise von Hunger genauso wenig bedroht wie von Einsamkeit. Ich wurde weiterhin angelächelt und angesprochen und hatte irgendwie das Gefühl, auch mit den Leuten, die nicht das Wort an mich richteten, jederzeit ein Gespräch beginnen zu können. Niemand schaute mich seltsam an, ein jeder war offen und herzlich, manche riefen mir im Vorbeigehen ein »Willkommen« zu. Ich hatte schon in vielen Ländern freundliche Menschen kennengelernt, aber das hier stellte alles in den Schatten. Es war beinahe unwirklich. Und beinahe zu schön, um wahr zu sein ...

In meinem Podcast sprach ich auch mit Nadine Pungs, die ebenfalls in den Iran aufgebrochen war, um ihre eigenen Klischeevorstellungen herauszufordern. Ich erzählte ihr davon, wie mich Isfahan mit Schönheit und Freundlichkeit verzaubert hatte. Sie selbst wurde in der Stadt weniger verzaubert als irritiert: von einem jungen Mann, der an der Rezeption ihres

Hotels arbeitete, kurz nach ihrer Ankunft bei ihr anklopfte und wissen wollte, ob sie allein reise und ob sie denn keine Angst habe. Pungs, die mit den Fragen nichts anzufangen wusste, bejahte die erste und verneinte die zweite. Wisse sie denn nicht, fragte der Hotelangestellte weiter, dass die Menschen hier nur nett und freundlich zu ihr seien, weil sie aus Europa komme? Chinesen und Inder würden hingegen nicht beachtet.

»Das hat mich erschüttert«, erzählte Pungs. »Er meinte das völlig ernst. Er wollte mich warnen. Und hat mich damit wirklich ins Grübeln gebracht. Sind die Menschen nett zu mir, weil sie sich über *mich* freuen? Oder weil ich weiß bin und aus dem reichen Deutschland komme?« Sie habe fortan ganz genau in die Gesichter geschaut und jedes »Welcome to Iran!« hinterfragt. »Und irgendwann beschloss ich, wieder daran zu glauben. Man hat ja ein Gefühl dafür, ob das Gesagte nur aus Worthülsen besteht oder von Herzen kommt. Ob ein Lächeln bis zu den Augen reicht oder nicht. Und ich konnte mir einfach nicht vorstellen, dass jemand, der es nicht ernst meint, dich einlädt, dich acht Stunden lang durch die Stadt führt, dich zum Essen ausführt, dir einen Schlafplatz anbietet – und all das nur, um irgendwelche Interessen zu verfolgen.«

Wann ist Gastfreundschaft eigentlich echt? Ist sie weniger wertvoll, wenn unser Gegenüber eigene Interessen dabei verfolgt, die über bloße Neugierde hinausgehen? Hadi habe ich am Ende unseres Ausfluges ein wenig Geld zugesteckt, als Dank für seine Mühe. Er nahm es an. Von Anfang an war mir klar, dass der Mann, der seine Zeit damit verbrachte, über die Brücken der Stadt zu schlendern und Fremde anzusprechen, das nicht nur aus schierer Kontaktfreude tat. Sondern auch, um – unaufdringlich und bescheiden – ein kleines Zubrot zu seiner Rente entgegenzunehmen. Davon völlig unabhängig war er mir für einige Stunden ein Freund. Damit will ich sagen: Vielleicht erwarten wir gelegentlich zu viel Reinheit und

Selbstlosigkeit von den Menschen, denen wir begegnen. Gastfreundschaft ist keine Einbahnstraße, ist nicht nur dann wahrhaftig, wenn unser Gegenüber keinen Gedanken an mögliche Gegenleistungen verschwendet. Diese Gegenleistung kann in einem netten Gespräch bestehen, in guter Gesellschaft, in einer kleinen Zuwendung oder auch – gemäß dem Prinzip der Gegenseitigkeit – in der Erwartung des Gastgebers, unter ähnlichen Bedingungen ähnlich gastfreundlich behandelt zu werden, ob in Europa, Kanada oder sonst wo.

Davon abgesehen gehört Gastfreundschaft als eines der ältesten Kulturgüter überhaupt seit jeher zu den wichtigsten religiösen Pflichten. Sie regelt unser Verhältnis zum Fremden; die Vernachlässigung des Gastes gilt als Ehrverlust. Schon Platon verankerte in seinen *Nomoi*, den Gesetzen, um die Mitte des 4. Jahrhunderts vor Christus das Gastrecht als höchste ethische Pflicht. Der Koran fordert zu Gastfreundschaft auf, indem er den Reisenden als »Sohn des Weges« bezeichnet, der zu den Empfängern der *zakat* gehöre, einer für Muslime verpflichtenden Abgabe eines Anteils ihres Besitzes an Bedürftige und andere festgelegte Personengruppen.

»Im Nachhinein kann und möchte ich dem jungen Herrn aus dem Hotel nicht recht geben«, sagte mir Pungs. »Noch heute habe ich mit vielen Iranern, die ich damals kennenlernte, sehr netten Kontakt. Keiner von ihnen äußerte je den Wunsch, mich in Deutschland besuchen zu wollen, niemand bat je: Kannst du mir ein Visum besorgen? Nein, sie erkundigen sich einfach, wie es mir geht. Wie das Wetter ist. Und das war es dann wieder für einige Monate. Ich möchte an diese Gastfreundschaft glauben.«

LEBENSLEKTION

Allein, aber nicht einsam sein

Plötzlich war die kleine Unterkunft, in der ich die letzten Nächte als einziger Gast übernachtet hatte, voller Leute. Zwanzig Besucher strömten in ihre Zimmer, Mitarbeiter eines deutschen Unternehmens, das im Iran operierte, und ihre Familien. Iraner, Deutsche, Spanier, Serben, lauter gut gelaunte Menschen, denen ich mich gern für eine abendliche Tour in die Wüste anschloss.

In einem Minibus verließen wir den abgelegenen kleinen Ort Varzaneh gen Wüste. Fünf oder sechs Stunden verbrachten wir anschließend inmitten der hoch aufgetürmten Kunstwerke aus Sand, Wind und Licht. Wir stürzten uns, Purzelbäume schlagend, von der höchsten Düne. Wir beobachteten, wie die Sonne sich senkte und den Horizont glutrot färbte. Wir genossen ein ausgiebiges Barbecue über offenem Feuer, bis schließlich die Flamme langsam verglomm und Platz machte für die Dunkelheit und den endlosen Sternenhimmel, der sich wie ein schwarzes Tuch voller Leuchtdioden über uns aufspannte. So nah, dass ich glaubte, ihn mit ausgestreckter Hand berühren zu können. Die Luft, die mich sanft umwehte, und der Sand, auf dem ich saß, wurden merklich kühler. Ich vernahm nur noch das melodische Säuseln des Windes und das leise Klicken der Sandkörner.

Für ein paar Minuten jedenfalls. Denn wenig später war die andächtige Atmosphäre verschwunden. Gespräche wurden wieder aufgenommen, Witze zu Ende erzählt. Eine halbe Stunde vor Mitternacht erhellte plötzlich das Scheinwerferlicht unseres allradgetriebenen Minibusses die Nacht. Der Motor wurde angelassen. Alle standen auf. Die Grüppchen, die sich über die Dünen verteilt hatten, strebten zügig dem Bus zu, um ja nicht zurückgelassen zu werden, und sprangen hinein. Zuletzt stiegen zwei Hobbyfotografen ein, die die letzte Stunde damit verbracht hatten, auf einer besonders hohen Düne den Sternenhimmel abzulichten. Mit grimmigen Gesichtern ließen sie sich auf die Sitze sinken.

»Müssen wir gerade jetzt aufbrechen?«, blaffte einer von ihnen, ein schlanker Mann mit hakenförmiger Nase. »Gerade jetzt, als die Milchstraße sichtbar wurde?«

Sein Nachbar pflichtete ihm bei: »Noch zehn Minuten mehr, und wir hätten die tollsten Bilder machen können!«

Während der Fahrer losfuhr und der Bus in Schrittgeschwindigkeit durch den Sand holperte, entbrannte eine Diskussion darüber, wer nun der oder die Schuldige war.

»Wer hat eigentlich die eigenmächtige Entscheidung zum Losfahren getroffen?«, fragte der eine Fotograf.

»Und warum gerade jetzt?«, fragte der andere und schloss mit einer wütenden Bewegung den Reißverschluss seiner Fototasche.

Für mich war zumindest die Antwort auf die erste Frage klar: Der Fahrer hatte es selbst entschieden. Zu seinem Glück sprach er offenbar kein Englisch, sodass er zwar nicht vom Tonfall, aber doch vom Inhalt der Diskussion verschont blieb.

Jetzt schaltete sich eine Frau ein: »Es wäre vielleicht schlau von euch gewesen, vor der Abfahrt einfach rechtzeitig Bescheid zu geben, wie viel Zeit ihr braucht. Kann ja keiner ahnen!«

»Genauso wenig, wie wir ahnen konnten, dass wir plötzlich Hals über Kopf die Flucht ergreifen müssen!«, sagte der hagere Fotograf.

Ein kräftig gebauter, glatzköpfiger Mann, der sich bisher zurückgehalten hatte, stöhnte entnervt auf. »Meine Güte, dann halten wir eben noch mal an, damit ihr eure zehn Minuten fotografieren könnt!«

»Quatsch!«, entgegnete der Fotograf. »Jetzt ist es zu spät! Außerdem bräuchten wir mindestens eine halbe Stunde.«

Der Schlichter winkte ab. »Besser eine halbe Stunde auf euch warten, als die ganze Rückfahrt über eure schlechte Stimmung zu ertragen!«

Nun begannen andere Gruppenmitglieder zu murren. »Es ist fast Mitternacht!«, beschwerte sich eine Frau, die einen vielleicht sechsjährigen Sohn bei sich hatte. »Wir müssen morgen früh raus. Genug jetzt!«

So ging es hin und her. Ich lenkte mich damit ab, durchs offene Fenster hinaus in die Sternennacht zu schauen. Bis der Fahrer, der wohl doch genug verstanden hatte, abrupt am Lenkrad kurbelte und wendete. Er fuhr ein Stück zurück und schaltete Motor und Licht aus. Für einige Momente rührte sich niemand. Dann erhoben sich die Fotografen zögerlich.

»Hoffentlich werden die Fotos wenigstens gut!«, sagte jemand von denen, die zurück zum Gasthaus wollten. Die Fotografen schnappten sich ihr Equipment und verließen – immer noch mit mürrischen Gesichtern – den Bus.

Sosehr ich die Gesellschaft dieser Menschen genossen hatte, die am Nachmittag und Abend größtenteils nett und witzig gewesen waren, so groß war meine Dankbarkeit, mich solchen Diskussionen auf dieser Reise nicht noch einmal aussetzen zu müssen und morgen wieder meiner eigenen Wege gehen zu können.

Das Reisen in einer Gruppe kann gefährlich sein. Das gilt für große Gruppen, aber auch für Zweier- oder Dreiergespanne. Eine Gruppe erzeugt mit ihrer Dynamik ein unsichtbares Spannungsfeld, das sie umgibt, wohin auch immer sie sich bewegt, und das den Herzschlag des Ortes, an dem sie sich befindet, abschirmt. Statt die Wahrnehmung nach außen zu richten und Flüchtigkeiten aufzusaugen wie ein Schwamm, bildet der selbst geschaffene Mikrokosmos einen Klangkörper, in dem die Echos oftmals lauter hallen als die Umgebungstöne. Kein Sandkornklicken kommt an gegen das Klicken von Fotoapparaten, die Rufe von Führern, die Widerworte von jenen, die ihre Wünsche nicht ausreichend berücksichtigt finden. So wird vieles versäumt. Fotograf Stefan Forster meint in unserem Interview dazu, allein sei »jede Gefahr größer. Auch jede Angst ist größer. Aber irgendwie ist auch die Freude größer. Darum reise ich allein.«

Ilija Trojanow schildert in seiner *Gebrauchsanweisung fürs Reisen*, wie er bei einer zufälligen Begegnung mit einer Reisegruppe in Mopti am Niger an Mungo Park denken musste, jenen Schotten, der im 18. Jahrhundert zwei Reisen nach Afrika unternommen hatte, weil er die Geheimnisse des Nigers lüften wollte. Auf die erste Expedition begab er sich lediglich in Begleitung eines Dolmetschers und eines Dieners. Er geriet zwar in Gefangenschaft, entkam aber und verfasste anschließend ein Buch über sein Abenteuer, das zum Bestseller wurde. Bei seiner zweiten Afrika-Expedition, finanziert von der britischen Regierung, führte er dreißig britische Soldaten ins westafrikanische Inland. Auf dieser Reise kam er ums Leben.

Ja, das Reisen in der Gruppe kann gefährlich sein. Denn es vermittelt Sicherheit, wo es tatsächlich Freiheit rauben kann. Es beginnt mit kleinen Kompromissen und kann mit enormer Unzufriedenheit oder übermäßiger Bequemlichkeit enden als Folge der Versuchung, Verantwortung abzuwälzen und es sich an der Seite des Begleitschutzes allzu leicht zu machen.

Ich fragte auch Nadine Pungs, ob sie jemals erwogen habe, sich einen Mitstreiter für ihre Reisen zu suchen – also mal nicht allein zu reisen. »Zu zweit versage ich«, antwortete sie. Natürlich sei sie auch gelegentlich mit Freunden gereist. Ein besonders guter Freund sei der Einzige, der sie ertrage, aber sie sei eine schlechte Begleiterin, weil »ich kompromisslos bin. Ich möchte lieber ins Museum oder raus in die Stadt, statt am Strand zu gammeln. Zudem werde ich bräsig und faul, wenn ich mit jemandem reise. Ich gebe die Verantwortung ab. ›Ach, kauf du doch die Tickets‹, sage ich dann und traue mich selbst nicht mehr.« Um all das zu vermeiden, müsse sie sich zwingen, rauszugehen und sich allein über ihre eigenen Grenzen zu erheben – getreu einem Sprichwort von Hafis, dem persischen Dichter: »Du bist deine eigene Grenze. Erhebe dich darüber.« »Das versuche ich«, erklärte Pungs, »und deshalb reise ich allein. Nur allein bin ich frei.«

Diese Freiheit, die nur möglich ist, weil keine Kompromisse notwendig sind, lag auch *Schatzinsel*-Autor Robert L. Stevenson am Herzen, der in seinem Essay »Fußwanderungen« festhält: »Um eine Wanderung wirklich genießen zu können, muss man sie allein unternehmen. (...) Auf die Freiheit kommt es an; man muss frei sein, anzuhalten und weiterzugehen und diesen Weg einzuschlagen oder jenen, wie es einem gerade in den Sinn kommt, und man muss im eigenen Tempo gehen können.«

Damit spricht der Autor einer leidenschaftlichen Wanderin aus der Seele, die einer ganz anderen Generation angehört: Christine Thürmer. Ihren einzigen Versuch, einen Fernwanderweg mit jemandem zusammen zu laufen, unternahm sie auf dem Continental Divide Trail; er endete in einer »höchst unglücklichen Liebesgeschichte. Das hat mich ein für alle Mal geheilt«, erzählte sie. »Seitdem bin ich immer allein unterwegs. Die Leute denken immer: *Ach, wie schön, dann kann man die Erlebnisse teilen und sich gegenseitig unterstützen.* Das ist leider Blödsinn, denn laufen musst du letztendlich allein. Kein noch so toller Partner hilft dir den Berg hoch. Das bist du, der einen Schritt vor den anderen setzt.« Zudem sei das Langstreckenwandern eine »unglaublich egozentrische Angelegenheit«. Um diese langen Strecken durchzuhalten, müsse man konsequent und gnadenlos sein eigenes Tempo gehen. Einem Partner könne man sich vielleicht ein, zwei Wochen anpassen. Aber spätestens nach ein paar Monaten gebe es zumeist eine von zwei Konstellationen: »Entweder dein Partner ist so langsam, dass du ihn genervt aufforderst: ›Geh endlich schneller, du Schnecke!‹ Oder du hast selbst Schwierigkeiten mitzuhalten, überlastest dich und bekommst Fußprobleme.« Folglich liefen viele Ehepaare, die gemeinsam unterwegs seien, einfach getrennt. »Man verabredet sich zum Zelten oder zum gemeinsamen Mittagessen, aber auf dem Trail ist man allein unterwegs.«

Was beim Wandern selbstverständlich erscheint, gilt ebenso fürs Reisen an sich: Denn auch da haben wir unseren eigenen Rhythmus und profitieren davon, uns ihm gänzlich hingeben zu können. Doch was bedeutet das nun für den – verständlichen – Wunsch, Erfahrungen und Erinnerungen teilen zu wollen? Ist wirklich nur das Soloreisen das wahre Reisen?

Natürlich nicht. Für jedes flammende Plädoyer, allein loszuziehen, lässt sich eine ebenso kraftvolle Gegenstimme finden. Matthias Politycki sagte über sich, als wir im Podcast-Interview auf die opulenten Maharadscha-Paläste in Indien zu sprechen kamen, er erdulde Hagel und Schnee problemlos und gern allein, aber »bei Schönheit, da habe ich Probleme«. Sie mache ihn traurig, wenn er sie nicht teilen könne. Anita Burgholzer und Andreas Hübl, die mit ihren Rädern um die Erde gefahren sind, erzählten mir, wie viel Kraft sie aus der gemeinsamen Unternehmung gezogen hätten. Die Brüder Paul und Hansen Hoepner reisten in achtzig Tagen ohne Geld um die Welt, schrien und schwiegen sich unterwegs an und meisterten viele Herausforderungen schlussendlich doch nur, weil ihre Stärken und Schwächen einander ergänzt und aufgewogen haben. Katharina Nickoleit berichtete mir, wie es ist, als Reisejournalistin mit einem Kleinkind in Südamerika oder Asien unterwegs zu sein: Für viele frischgebackene Eltern klingt das nach einem unerreichbaren Traum – oder einem dramatischen Nervenkrieg. Und André Schumacher brach mit seiner Frau Jenni und dem achtzehn Monate alten Sohn Unai zu einer dreieinhalbtausend Kilometer langen Tour mit dem Lastenfahrrad von Bäbelin bei Wismar bis nach Pamplona in Spanien auf – und zwar, wie Schumacher selbst sagte:

»auf schönstmöglichem Umweg«. Das Ergebnis: vier Monate voller kleiner und großer Abenteuer, Hitzewellen und Schneestürme, Spinner und Visionäre, unbeschreiblicher Strapazen und Momente größten Glücks.

Bleibt da noch ein Zweifel an dem reichen Erfahrungsschatz, den uns eine gemeinsame Reise schenken kann? Wie gern erinnere ich mich zusammen mit meinem Vater an unsere Wanderung durch Nordengland »von Küste zu Küste«, mit meiner Mutter an einen Trip durch Kambodscha, mit Freunden wie Bastian und Falk an Reisen durch Indien, Chile und China. Deshalb versuche ich, mir beides zu ermöglichen: mal gemeinsam zu reisen und mal allein. Die Reisen unterscheiden sich. Auf der einen Seite steht das gemeinsame Erleben im Mittelpunkt, das Teilen, die Freundschaft, das Bewusstsein, Abstriche zu machen in der Art und Weise, wie wir einen Ort erfahren. Und auf der anderen geht es ums Erkunden und Erspüren der Fremde und ihrer Menschen, fast wie bei einer Meditation mit Überlänge, bei der wir uns ganz in uns selbst zurückziehen, um unsere Umwelt anschließend noch stärker wahrzunehmen und uns gänzlich auf sie einzulassen. Dabei trainieren wir unweigerlich unsere Fähigkeit, neue Bekanntschaften zu machen und Freundschaften zu schließen. Wir selbst und viele der Menschen, denen wir begegnen, sind zugänglicher, besser drauf, teilen bereitwilliger Geschichten, als das in unserem Alltag der Fall ist. Das perfekte Übungsfeld für mehr Offenheit, Schlagfertigkeit, Witz und Tiefe im Gespräch also. Wobei viele der Gespräche zugegebenermaßen häufig so losgehen: Wie heißt du? Woher kommst du? Wie lange reist du schon? Wo warst du schon? Wie lange wirst du noch unterwegs sein? Wo willst du noch hin? Ah, du kommst aus Deutschland? BMW! Mercedes! Bayern München! Jürgen Klinsmann!

Allzu oft bleibt es dabei auch. Wohl jeder Langzeitreisende kennt diese sich ständig wiederholenden Fragen und Antworten, die bei fast jeder Begegnung mit einem anderen Reisenden oder Einheimischen ausgetauscht werden. Oft fehlt die Zeit oder die Lust, die oberflächliche Kennenlernphase zu überwinden und in die Tiefe zu gehen. Egal, wie freundlich und aufgeschlossen der andere sein mag, wer immer wieder die gleichen Gespräche führt, stumpft ab. So ist es jedenfalls auf ausgedehnten Reisen bei mir. Seit ich dieses Dilemma erkannt habe, versuche ich Fragen zu stellen, deren Antworten ich mit an Sicherheit grenzender Wahrscheinlichkeit nicht auf dem Facebook-Profil meines Gegenübers finden würde. Ich fordere mich gelegentlich dazu heraus, bei dem einen oder anderen Gespräch gänzlich auf Floskeln zu verzichten und echte Fragen zu stellen. Das ist anstrengender, aber auch anregender. Wer ist die interessanteste Person, die du auf dieser Reise bisher kennengelernt hast? Was vermisst du unterwegs am meisten? Was hat dich auf dieser Reise an dir selbst am meisten überrascht? Hast du auf diesem Trip etwas über dieses Land gelernt, das andere vielleicht nicht wissen? Würdest du sagen, dass das Reisen dich zu einem besseren Menschen macht? All das jeweils gefolgt von einem »Warum?«. Schon kommt ein Gespräch in Gang, das sich nicht auf die Reiseroute der letzten zwei Wochen beschränkt.

Eine andere Möglichkeit wäre, den Spieß einmal umzudrehen und zum Beispiel den Einheimischen, der sich floskelhaft erkundigt, wie wir sein Land finden, zu fragen, was er von seinem Heimatland hält? Warum? Sehen das alle in seiner Familie so? Was müsste sich ändern, um die Lage zu bessern? Wie kann das gelingen? Und warum hat das bisher noch nicht geklappt? Ein solches Gespräch muss nicht zwangsläufig politisch werden. Es können ganz alltägliche Klagen und Freuden zur Sprache kommen, die zuverlässig Einblicke hinter die Kulissen liefern.

Abhängig von den kulturellen Eigenheiten der Gegend, in der wir uns befinden, und je nach Persönlichkeit unseres

Gesprächspartners kann das mehr oder weniger mühevoll sein. Ich habe stockende Unterhaltungen geführt, die an meinen mangelnden Sprachkenntnissen oder an einer ausgeprägten Zurückhaltung meines Gegenübers litten. In anderen Fällen waren die Menschen regelrecht euphorisch angesichts der Gelegenheit, mit einem Ausländer zu sprechen. Dann waren auch Sprachbarrieren keine Hindernisse. So wurde ich in der jordanischen Hauptstadt Amman immer wieder angesprochen, manchmal von älteren Männern, die mich stolz durch ihre Stadt führen wollten, manchmal von Jugendlichen, die die Chance ergriffen, ihr Englisch zu schulen. Hilfreich ist es, wenn wir selbst ein paar Worte der lokalen Sprache beherrschen. Zumeist genügen ein paar Sätze, um das Eis zu brechen, egal, wie fehlerhaft Aussprache und Grammatik auch sein mögen.

Wer sich nicht ausschließlich auf zufällige Begegnungen vor Ort verlassen möchte, kann bereits vor der Reise mit anderen Reisenden, Einheimischen oder Expats in Kontakt treten. Auf Plattformen wie InterNations tummeln sich Menschen, die das Zielland kennen und lieben und ihre Begeisterung dafür gern mit uns teilen, ob bei einer Radtour oder einem Abendessen. Die sogenannte Sharing Economy hat im Tourismus zahlreiche solcher Möglichkeiten geschaffen, einfach und kostengünstig einen direkten Zugang zum Land und zu seinen Einwohnern zu erhalten.

Ein spannender Ansatz kann auch sein, sich selbst ein Thema für die Reise zu überlegen, eine konzeptionelle Klammer, ein Projekt. Mit Hannes Koch sprach ich über das Projekt »Sailing Conductors«: Gemeinsam mit seinem Freund Benjamin Schaschek segelte und fuhr er vier Jahre lang auf den Spuren der Musik um die Welt. Insgesamt steuerten sie – zunächst mit einem vierzig Jahre alten Segelboot, später mit einem umgebauten Schulbus – einunddreißig Länder an und begaben sich dort auf die Suche nach Musikern. Sie suchten und fanden Hunderte von ihnen auf der Straße, in Kneipen, in Musikschulen. Und baten sie, bei jeweils einem Song mitzuwirken: mit einem Text, einer Melodie oder mit einem Instrument. Koch und Schaschek zeichneten das am Straßenrand, am Strand oder wo auch immer auf und fügten es anschließend ihrem Tonmix hinzu. So entstanden hundertdreißig Songs mit Sängern, Drummern, Gitarristen, Pianisten und vielen mehr, die einander nie begegnet sind, sondern ihre Sounds an unterschiedlichsten Orten der Welt aufgenommen haben. Die beiden » Sailing Conductors « bezeichnen dieses selbst geschaffene facettenreiche Musikgenre als » Expedition Music «. Und sie erzählten mir, die Musik habe ihnen unterwegs immer wieder die Türen zu den Herzen der Menschen geöffnet. » Man kommt nicht als Tourist an, um ein Foto von einer lokalen Sehenswürdigkeit zu machen «, erklärte mir Koch, » sondern man ist da, um gemeinsam mit den Leuten vor Ort etwas zu tun. « Es finde sofort eine ganz andere Kommunikation statt, denn es gebe ein Einstiegsthema, idealerweise gar erste Gemeinsamkeiten. Dadurch lerne man die Länder mit seinen Menschen auf eine ganz andere Art und Weise kennen.

Dazu muss man nicht vier Jahre lang um die Welt reisen und aufwendig Musik produzieren. Kreative Projekte, die unterwegs Türen und Herzen öffnen, können ganz unscheinbar sein. Internationale Rezepte austauschen, lokale Geschichten aufzeichnen, Fotos von bestimmten Szenerien aufnehmen, je nach Interesse des Reisenden. Die » Sailing Conductors « haben das zu zweit getan und damit nebenbei bewiesen, dass gemeinsames Reisen nicht automatisch mit Abschottung einhergehen muss.

Ob allein oder zusammen, in beiden Fällen können wir uns öffnen oder verschließen. In beiden Fällen können wir uns allein fühlen. Es ist an uns, unsere Umwelt und ihre Menschen nicht flüchtig an uns vorüberziehen zu lassen, sondern uns inhaltlich auszutauschen und kennenzulernen. Gelingt uns das, sind wir auch allein nicht einsam.

KLEINE ALLTAGSFLUCHT IM KÖNIGSFORST

Je weiter wir uns vom Parkplatz entfernten und dem Forstweg in den Wald hinein folgten, desto undurchdringlicher wurde die Dunkelheit, die uns einhüllte. Es drang gerade so viel Licht zu uns durch, dass wir die Bäume am Wegesrand noch erahnen konnten und uns zutrauten weiterzugehen, ohne unsere Stirnlampen einzuschalten. Denn wir wollten nicht gesehen werden, nicht von der Straße aus, auch nicht von den letzten Spaziergängern des Tages, die hier womöglich mit ihren Hunden noch eine Runde Gassi gingen. Der Verkehrslärm auf der Landstraße hinter uns wurde langsam leiser, die Stille des Waldes lauter. Kein Vogel sang, kein Blatt raschelte. Es hing längst kein Laub mehr an den Bäumen in dieser Februarnacht im Königsforst östlich von Köln, und die Vögel waren noch nicht zurückgekehrt.

Die Stille wurde jedoch immer häufiger von heftigen Böen durchbrochen, die plötzlich durch die nackten Wipfel fuhren, deren kahle Äste schemenhaft im Wind wogten und klapperten. Das verhieß nichts Gutes. Dazu benetzte feiner Nieselregen unsere Haut. Nein, ein gemütlicher Waldausflug würde das hier nicht werden.

Wir liefen tiefer in den Wald hinein, weiter fort von der Straße, als wir auf einmal das Geräusch eines sich nähernden Motors vernahmen. Der Lichtkegel eines Scheinwerfers erhellte die Nacht.

»Was sollen wir tun?«, fragte mich mein Freund Cedric, der mich begleitete. Er klang beunruhigt. Ich wusste, warum.

»Selbstbewusst am Wegesrand weitergehen!«, entgegnete ich, fühlte mich aber deutlich weniger sicher, als ich mit meinen festen Schritten vorzugaukeln versuchte. Die vollgepackten großen Rucksäcke, die wir auf unseren Rücken trugen, verrieten eindeutig, dass wir nicht für einen kleinen Spaziergang hier waren, und aus irgendeinem Grund hatte auch mich das Gefühl beschlichen, etwas Verbotenes zu tun. Aber das taten wir nicht – nicht wirklich.

Der Scheinwerfer erfasste uns, das Auto – vermutlich ein Forstfahrzeug – fuhr langsam an uns vorbei und verschwand hinter einer Biegung. Stück für Stück kehrte die Dunkelheit zurück. Eigentlich hatten wir ihr zuvorkommen und den Wald im letzten Tageslicht auskundschaften wollen. Aber der Tag war prall gefüllt mit Terminen gewesen, und wir hatten es nicht rechtzeitig geschafft.

An einer Lichtung, die wir aufgrund einer Unterbrechung in der dunklen Wand aus Bäumen zu unserer Linken erahnten, verließen wir den Forstweg und betraten kurz darauf morastigen Boden, der unsere Schuhe mit jedem Schritt widerwilliger freigab. Das feuchte Schmatzen klang wenig verlockend. Trotzdem gingen wir weiter, nun mit eingeschalteten Stirnlampen, die uns vor den gröbsten Schlammpfützen bewahrten.

Wir erreichten eine Handvoll locker stehender Kiefern. Die Stelle war für unsere Zwecke abgeschieden genug. Also ließen wir unsere Rucksäcke von den Schultern gleiten und errichteten unser Lager, indem wir zwei Hängematten zwischen den Kiefern aufspannten und über ihnen zwei Plastikplanen festzurrten, um den Regen abzuschirmen.

Unwissende hätten meinen können, wir seien hier, um eine Schnapsidee zu verwirklichen. Oder konkreter, um einfach nur im Wald zu schlafen. Beides wäre nicht falsch gewesen – aber beides griff zu kurz. Viel zu kurz. Nein, wir waren keine Naturfreunde, die einfach für ein paar Stunden dem Großstadtwohlstand entfliehen wollten, um sich Abwechslung zu verschaffen und den Kopf frei zu kriegen. Das hätten wir vielleicht früher so gemacht, aber heute wussten wir es besser – wir erlebten ein Abenteuer, genauer: ein »Mikroabenteuer«!

Der Begriff liegt im Trend. Er beschreibt »kleine Abenteuerausbrüche, die in Sachen Zeit, Planung, Ausrüstung und Geld wenig Aufwand erfordern und in der näheren Umgebung stattfinden«. So definierte der britische Abenteurer Alastair Humphreys die von ihm erfundenen *Microadventures* in meinem Podcast »Unfolding Maps«, dem englischsprachigen Ableger von »Weltwach«. In Deutschland machte Christo Foerster das Konzept des Mikroabenteuers populär, und er erklärte mir in unserem Gespräch, dass es eine allgemeingültige Definition dafür nicht geben könne. Trotzdem gälten für ihn drei Regeln, die erfüllt sein müssten, um von einem Mikroabenteuer sprechen zu können. Erstens das Zeitfenster: Ein Mikroabenteuer dauert mindestens acht und höchstens zweiundsiebzig Stunden. Zweitens die Fortbewegung: kein Auto, kein Flugzeug, nur öffentliche Verkehrsmittel und Muskelkraft. Drittens die Schlafstätte: Erstreckt sich die Unternehmung über eine Nacht, verbringt man sie draußen, ohne Zelt. Weil das Schlafen unter den Sternenhimmel magisch ist und Freiheit bedeutet – und weil es in Deutschland in der Regel verboten ist, in freier Natur ein Zelt aufzuschlagen. Sich mit Schlafsack auf einer Iso- oder – wie wir es im Königsforst taten – in einer Hängematte niederzulassen ist dagegen erlaubt.

Eine rasche Suppe, am Gaskocher erhitzt, dann wuchteten wir uns in die Hängematten und krabbelten in unsere Schlafsäcke. Für ein gemütliches Beisammensitzen war es schlicht zu kalt. Und die Temperatur fiel weiter in Richtung Gefrierpunkt, während der Regen stärker wurde und der Wind an

Kraft gewann. Er fauchte seitlich von der Lichtung ins Lager hinein und trieb den Regen unter die Planen, die uns vor ihm hatten schützen sollen und die jetzt mit einem ohrenbetäubenden Donnern über uns flatterten.

An Schlaf war nicht zu denken. Alle fünf Minuten drehte ich mich umständlich in der Hängematte, um den eisigen Böen eine Seite zuzuwenden, die noch nicht ausgekühlt war. Aber nach einiger Zeit hatte ich meine Seiten aufgebraucht – und mir war einfach nur noch kalt. So baumelte ich vor mich hin.

Warum das alles? Weil ich es versprochen hatte – in meinem »Weltwach«-Interview mit Christo Foerster. Er schilderte darin das Ausbrechen aus dem Alltag, die Rückbesinnung auf unseren Entdeckergeist. Er betonte, all das verlange nicht nach einer tausend Kilometer langen Pilgertour oder einer Expedition durch die entlegensten Regionen der Erde, nicht einmal nach dem lang ersehnten zweiwöchigen Jahresurlaub, bei dem wir endlich unsere Akkus wieder aufladen wollten. Der Clou sei: »Das Abenteuer muss keine Flucht aus dem Alltag sein, sondern kann in diesen integriert werden. Es wartet vor der Haustür! Und bewirkt auf diese Weise eine viel nachhaltigere Veränderung.«

Vor lauter Begeisterung ließ ich mich zu dem Gelöbnis hinreißen, mir zu Weihnachten eine Hängematte zu wünschen, mich bald darauf ins Mikroabenteuer zu stürzen und das Beweisfoto auf den Social-Media-Kanälen von »Weltwach« zu posten. Tja, und nun hing ich hier – und hatte auch noch den unschuldigen Cedric mit in die Misere hineingezogen. Ich ließ ihn ein Foto aufnehmen, das mich mit Stirnlampe in der Hängematte zeigte, postete es wie versprochen »live aus dem Kölner Königsforst« und fragte in dem Beitrag herausfordernd: »Wer möchte spontan dazustoßen?« Innerhalb weniger Minuten hagelte es Reaktionen und Ratschläge. Manche wunderten sich skeptisch (»Ist das nicht zu kalt und ungemütlich?«), andere amüsierten sich genüsslich. Lydia Möcklinghoff, Tropenökologin, Ameisenbärenforscherin und auch schon Gast meines Podcasts, schrieb: »Du spinnst! Bei dem Wetter. Ich strecke noch mal behaglich meine Füße zur Wärmflasche und kuschle mich fein ins Federbett. Eher schieße ich mir ein Loch ins Knie, als mich da auch rauszuhängen. Pappnase.«

Langstreckenwanderin Christine Thürmer empfahl, eine Mütze aufzusetzen, um weniger zu frieren. Andere fragten besorgt, ob ich denn ein Tarp als Regenschutz aufgespannt und wo ich das bei diesen Temperaturen unverzichtbare Underquilt gelassen hätte, eine Art Schlafsack, den man unter die Hängematte hängt, um nicht von unten auszukühlen.

Genau diesen Tipp hatte mir Christo Foerster schon im Interview gegeben und mich gewarnt: vor dem »Cold Butt Syndrome«, wie es die Engländer nennen. Dort, wo man bei niedrigen Temperaturen auf der Hängematte aufliege, werde der Schlafsack komprimiert und wärme nicht mehr. Deshalb sei es unabdingbar zu isolieren. Um nicht gönnerhaft zu wirken, verschwieg ich, dass ich durchaus mit Underquilt hier war, es aber Cedric überlassen hatte.

Auch Foerster meldete sich auf meinen Post hin zu Wort, wünschte mir guten Schlaf, erinnerte sich seinerseits mit einem Foto an den Königsforst und gab mir ein paar Tipps, die mir wohl erst beim nächsten Ausflug weiterhelfen würden: Das Underquilt sei ein Muss, klar, aber ich solle besser auch die Hängematte ein Stück höher hängen und die Aufhängung verlängern – dann sei die Matte nicht so straff gespannt, und ich läge besser diagonal.

Kurzum: Als professioneller Mikroabenteurer gab es für mich noch Luft nach oben. Immerhin konnte ich die Erfahrung mit Freunden aus der »Weltwach«-Community teilen. Selbst hier im Wald fühlte ich mich unterstützt. Schon nach der Veröffentlichung der Podcast-Folge mit Foerster hatten sich viele HörerInnen bereitwillig beteiligt: indem sie mir

Fotos ihrer eigenen Mikroabenteuer schickten oder E-Mails mit Erfahrungsberichten. Auch eine Physiotherapeutin aus München hatte mir in einer Nachricht ausführlich eine Frage beantwortet, auf die ich im Interview mit Foerster gestoßen war, die wir aber nicht beantworten konnten: Es heißt, in einer Hängematte zu schlafen sei rückenfreundlich – wie ist das angesichts der krummen Körperform zu erklären?

Die Erklärung kurz zusammengefasst: In der Hängematte zu liegen entlaste die verkürzten Muskeln auf der Vorderseite der Hüfte und Oberschenkel. Zusätzlich entfalle beim Liegen die Belastung auf Wirbelsäule und Bandscheiben. Schön zu wissen, dass dies hier trotz aller Widrigkeiten zumindest für Teile meines zitternden Körpers gesund war.

Als es nun, da ich mit steifer werdenden Fingern unter den wütend flatternden Plastikplanen in der Hängematte schaukelte, auch noch WhatsApp-Nachrichten hagelte, realisierte ich, dass ich doch eigentlich hier war, um all das für ein paar Stunden hinter mir zu lassen. Ich legte also das Smartphone zur Seite und suchte nach einer halbwegs bequemen Schlafposition. Die ich jedoch nach ein paar Minuten ohnehin wieder aufgeben musste, um dem Wind, der unablässig Regentropfen auf mich peitschte, eine neue Seite zuzuwenden. Der Schlafsack wurde klamm, meine Haut und Knochen ebenfalls. Ich versuchte, mich mit der Vorfreude auf den nächsten Tag abzulenken: Wir würden ihn komplett in einer Saunalandschaft verbringen, das perfekte Gegenprogramm. Und wer weiß, vielleicht würde die Welt morgen früh schon ganz anders aussehen. Vielleicht würde uns die Sonne gar ein paar wärmende Strahlen schenken. Der letzte Facebook-Kommentar, den ich gelesen hatte, lautete: »Ist es nicht schön, morgens aufzuwachen und die Bäume über einem zu sehen und die Vögel zwitschern zu hören?«

Mit diesem hoffnungsvollen Gedanken fiel ich in einen unruhigen Schlaf.

Leider sah die Welt am folgenden Morgen ganz und gar nicht anders aus. Es war immer noch windig, es regnete immer noch, und das Tageslicht offenbarte zusätzlich eine Tristesse, die uns am Abend zuvor dankenswerterweise verborgen geblieben war. Der Begriff »Lichtung«, mit dem ich die Abwesenheit von Bäumen beschrieben hatte, war etwas zu wohlwollend gewesen: Neben uns erstreckte sich ein Kahlschlag, in dem sich Baumstümpfe, zerfetzte Stämme, Erdhaufen und Schlammgruben abwechselten wie auf einem zerbombten Schlachtfeld. Das alles unter einem bleigrauen Himmel, in bleigraues Licht getaucht. Guten Morgen!

Tja, so lief mein erstes offizielles Mikroabenteuer ab. Keine Heldenreise, Genussfaktor überschaubar, ästhetisch nicht wirklich *instagrammable*. Aber: eine Erfahrung, eine Erinnerung, ja, ein kleines Abenteuer! Und das ist auch der Grund, warum ich diese ungemütliche kleine Anekdote hier erzähle, denn es geht um die Botschaft dahinter: aufraffen und machen statt zögern und zaudern! Raus aus den vier Wänden, rein ins Erlebnis! Natürlich muss es bei einem veritablen Mikroabenteuer nicht so elendig zugehen wie bei uns im Königsforst. Wir hatten einfach schlechtes Timing bewiesen, war dies doch das einzige Zeitfenster, das Cedric und ich in den nächsten Wochen haben würden. Also zogen wir es trotz des miesen Wetters durch, denn die Aktion deshalb abzublasen wäre genau die Art von Einknicken gewesen, von der Christo Foerster mir erzählt hatte. »Nicht bei dem Regen!« Oder auch: »Mir fehlt noch die richtige Ausrüstung.« Foerster zufolge glaubten viele von uns, wir bräuchten Himalaja-Equipment, bevor wir uns vor die Tür wagen könnten.

»Ich kenne viele Menschen, die von sich sagen, sie seien eigentlich Abenteurer«, erzählte er. »Das ›eigentlich‹ bringt es schon gut auf den Punkt, denn – gerade geht es nicht.« Gerade sei noch dieses Projekt zu beenden, oder die Kinder müssten noch zwei Jahre älter werden, oder es müsse erst noch mehr Geld her oder das Haus erst noch abbezahlt werden. »Aber so, wie deine Tage aussehen, sieht dein Leben aus! Wir sollten nicht die ganze Woche fürs Wochenende und das ganze Jahr für den Jahresurlaub leben oder, schlimmer noch, für die Rente. Pack jetzt deine Sachen! Nimm den Schlafsack und die Isomatte. Draußen regnet es gerade, es ist dunkel, es ist ein bisschen kalt. Jetzt zeig mal, ob du ein Abenteurer bist. Bist du Träumer oder Macher?«

Entscheide man sich dennoch, zu Hause zu bleiben, weil es einem in dem Moment wichtiger sei, gemütlich einen Film zu schauen, sei auch das völlig in Ordnung. Aber dann sollten zumindest das Jammern und die Ausreden abgestellt werden.

Die beliebteste Ausrede laute: »Keine Zeit!« Foersters Gegenargument: Prioritäten überprüfen und Zeitfenster berücksichtigen, die wir bislang ignorierten, zum Beispiel zwischen zwei Arbeitstagen. Christo schlägt vor, alles schon zur Arbeit mitzunehmen, was wir für eine Nacht draußen bräuchten. »Und dann vom Arbeitsplatz direkt los, eine Stunde raus, mit der Bahn, zu Fuß, mit dem Rad – und draußen sein. Ein paar Stunden, vielleicht sogar bis zum nächsten Morgen. Ich weiß vorher nicht, wo und wie ich genau schlafe, ob da nachts vielleicht jemand kommt, wie die Witterung sich verhält. Da ist all das im Kleinen drin, was oft auch ein großes Abenteuer ausmacht. Und anschließend geht es mit all dem Kram direkt wieder ins Büro. Warum nicht? *Five to Nine* statt *Nine to Five*! Die Zeit ist da, wir sind uns ihrer häufig nur nicht bewusst.«

Das leuchtete mir ein. Aber braucht es für derlei Streifzüge wirklich einen eigenen Begriff? Ein spezielles Konzept für etwas, das viele von uns schon immer selbstverständlich tun: rausgehen und Dinge unternehmen, ob im Wald, am See oder auf dem Rad?

Foerster holte auf meine Frage hin weit aus. Draußen zu sein sei für ihn ein Synonym für Freiheit. Ohne vier Wände um sich herum weit blicken, tief atmen und die Sinne einsetzen zu können lasse ihn sich lebendig fühlen.« Die Natur ist ja unser ursprünglicher Lebensraum. Wir Menschen sind Natur, sind ein Teil dessen und fühlen uns deshalb dort so wohl. Nicht ohne Grund fahren wir im Urlaub ans Meer oder in die Berge oder unternehmen, wenn wir Stress haben, einen Waldspaziergang. Wir fühlen uns verbunden. So geht mir das auch.«

Im Laufe der Zeit hätten wir uns von der Natur als Lebensraum jedoch immer weiter entfernt. Zugleich spürten wir, dass sie in uns steckte – und wir uns nach ihr sehnten.» Und das ist der Grund, weshalb ein solcher Begriff funktioniert. Denn er provoziert mit seinem Anschein der Neuartigkeit die Erkenntnis: stimmt eigentlich! Was hält mich davon ab, diese Sehnsucht morgen, heute, vielleicht sogar hier und jetzt zu bedienen? Ohne viel Aufwand, direkt vor der Tür!«

Für Foerster diene der Begriff auch als augenzwinkernde Überschrift für » all die bekloppten Ideen, über die andere bisher den Kopf geschüttelt haben und über die wir jetzt sagen können: ›Kennst du das nicht? Ist 'n Mikroabenteuer!‹« Wem der Begriff dabei helfe, der dürfe ihn gern benutzen. Jene, die ihn nicht bräuchten, könnten ihn einfach liegen lassen. » Mich motiviert er, auch durch die Regeln, die ich für mich aufgestellt habe. Die Hauptsache ist, etwas zu machen!«

Was also machen? Ideen gibt es genug. Erklimme die höchste Erhebung in der näheren Umgebung oder deines Bundeslandes und verbringe, wenn möglich, eine Nacht darauf unter freiem Himmel. Fahr bis zur Endhaltestelle der nächsten Straßenbahn- oder S-Bahnlinie und erkunde die Gegend aufs Geratewohl. Lauf los und lass einen ganzen Tag lang bei jeder Kreuzung eine Münze entscheiden, ob du links oder rechts abbiegst. Besuch deine Eltern zu Fuß oder per Rad statt mit dem Auto, auch wenn du dazu um vier Uhr morgens aufbrechen musst. Lauf barfuß durch einen Wald. Stell auf einer Karte eine Tasse mittig über deinen Wohnort, zieh mit einem Stift einen Kreis und wandere ihn ab. Spring in einen Fluss oder See, an dem du bisher nur vorbeigefahren bist. Übernachte ohne Zelt im Garten oder auf dem Balkon. Unternimm eine winterliche Nachtwanderung. Egal was, die Herausforderung lautet: aufraffen und machen statt zögern und zaudern!

Oder ist dir so viel Aufheben um eine Kleinigkeit doch zu blöd? Dann geht es dir vielleicht wie einigen Skeptikern, mit denen Foerster es zu tun hat. »Natürlich gibt es Leute, die zu mir kommen und sagen: ›In der Bundeswehr haben wir schon vor dreißig Jahren draußen geschlafen! Muss man da jetzt so ein großes Ding daraus machen?‹« Er gibt dann zu bedenken, dass sich die Zeiten geändert hätten und die Menschen heute anders ticken würden. Früher lebten wir abenteuerlicher, auch im Alltag. Wir konnten nicht einfach unser Smartphone konsultieren, ob es in zwei Stunden regnen oder die Sonne scheinen würde. Wir wussten nicht immer dank Google Maps, wo wir uns gerade befanden und wie wir da wegkommen würden. Foerster fragt seine Kritiker dann gern: »Wann war denn das letzte Mal, dass du draußen geschlafen hast?« Allzu oft laute die Antwort darauf: »Na ja, wie gesagt, vor dreißig Jahren ... «

Und genau das sei der Punkt.

LEBENSLEKTION

Verantwortung tragen

Das Abenteuer vor der Haustür ist nicht nur leicht in den Alltag integrierbar, es ist für gewöhnlich auch ökologisch verträglicher, als bis ans andere Ende der Welt zu reisen. Und das ist ein Thema, über das wir sprechen müssen. Ich will ungern die große Moralkeule schwingen, aber ein Buch über weltwaches Unterwegssein wäre unvollständig, würden wir uns nicht auch einigen unbequemen Fragen stellen. Sicherlich ermöglichen

Reisen die persönliche Horizonterweiterung, den Kulturaustausch, lokale Arbeitsplätze, regionale Entwicklung und vieles mehr. Was aber, wenn unendlich viele von uns den Wunsch verspüren, die Welt kennenzulernen?

Fakt ist: Viele der in diesem Buch beschriebenen Unternehmungen sind unter ökologischen Gesichtspunkten eine mittlere Katastrophe und sollten unserem Planeten zuliebe wohl besser unterlassen werden. Wie gehen wir mit dieser niederschmetternden Tatsache um? Wir könnten sie ausblenden. Das wird dadurch erleichtert, dass die Vorzüge des Reisens für uns so persönlich und greifbar sind, die Nachteile aber eher weit weg von uns stattfinden. Oder wir bleiben fortan zu Hause und tun Gutes, indem wir nichts tun. Nicht mehr reisen. Nicht mehr fliegen. Uns nicht mehr als Teil einer globalen Masse zwischen überrannten Sehenswürdigkeiten und auf vermeintlich abgelegenen Pfaden durch die Welt schieben.

Es ist nicht leicht, einen konstruktiven Weg zwischen absichtlicher Ignoranz und rigoroser Abstinenz zu finden. Das liegt daran, wie dogmatisch die Diskussion rund um Nachhaltigkeit oft geführt wird – darüber, was sie ist, sein kann und sein soll. Und es liegt an fehlenden Informationen und mangelnder Transparenz, denken wir nur an den Dschungel mehr oder weniger glaubwürdiger Zertifikate und Siegel. Zugleich haben mich viele HörerInnen in einer großen Umfrage zur 100. »Weltwach«-Folge darum gebeten, das Thema Nachhaltigkeit künftig stärker zu berücksichtigen. Das Interesse ist da, die Relevanz allemal.

Können wir also heute noch guten Gewissens in die Ferne ziehen? Und wenn ja: Wie können wir nachhaltig reisen, und was sind wir bereit, dafür aufzugeben?

Allzu oft wird diese Frage auf #flugscham reduziert und eine Diskussion entfacht, in der Nichtfliegende leidenschaftlich auf die Fliegenden eindreschen. Als glichen Flugabstinenz oder CO_2-Kompensation einer Absolution und als seien all die Fliegenden per se fahrlässige Hedonisten. In Wirklichkeit umfasst nachhaltiges Reisen deutlich mehr Facetten.

»Der Tourist zerstört, was er sucht, indem er es findet«, schrieb einst Schriftsteller Hans Magnus Enzensberger und spielte damit auf die Auswirkungen des Reisens auf Klima und Umwelt an, vor allem aber auf die konkreten Folgen unseres Daseins vor Ort. Auf die Art und Weise, wie wir das »authentische Dschungeldorf« verändern, einfach nur, indem wir es betreten. Darauf, wie auch der letzte Volksstamm zum Kuriosum umfunktioniert wird, das wir besuchen, betrachten und fotografieren, um dann wieder abzureisen. Darauf, wie das Reisen die Zerstörung des Kosmopolitischen, befeuert von Globalisierung und Digitalisierung, zusätzlich begünstigt. Und wie es soziale Gefüge beeinflusst, in abgelegenen Gebieten ebenso wie in Metropolen. Nehmen wir die Innenstädte touristischer Hotspots wie Barcelona und Venedig: Sie verfügten einst über Bäcker, Metzger und andere Geschäfte zur Grundversorgung ihrer Bewohner. Durch die Besucherscharen wandelte sich dieses Angebot, alteingesessene Geschäfte wurden ersetzt durch Souvenirläden, Hotels, Restaurants, Fast-Food-Ketten und den einen oder anderen Tattooshop. Mietwohnungen wurden zu Airbnb-Wohnungen umgewandelt. Bald konnten sich die Einheimischen ihre Mieten nicht mehr leisten und wurden an den Stadtrand verdrängt. Touristifizierung statt Gentrifizierung. Die Menschen werden vom Tourismus praktisch überrannt.

Ein anderes Beispiel dafür, dass Tourismus die Lebenswirklichkeit ganzer Regionen verändern kann: An der Nordwestküste Costa Ricas wurden die Grundstücke von Fischern aufgekauft und ihre vormaligen Besitzer mehr oder weniger sanft von ihrem Land vertrieben. Wo einst Dorfgemeinschaften vom Fischfang lebten, errichteten Großkonzerne Hotelanlagen. Einige Fischer heuerten als billige Arbeitskraft im neu entstandenen Sektor an – was der Regierung erlaubte, stolz auf die neu geschaffenen Arbeitsplätze zu verweisen. Dabei hätten die meisten Fischer am liebsten einfach nur weiter gefischt. Viele von ihnen zogen ins Inland, um dort ihre Familien zu ernähren, indem sie Landwirtschaft betrieben. Doch der Wasserbedarf der neuen Besucherhochburgen war unersättlich, und so wurden große Leitungen gebaut, die das Wasser aus dem Inland an die Küste transportierten. Die Gäste hatten im Hinblick auf die Versorgung mit Wasser, Nahrungsmitteln und Energie Vorrang. Der ehemalige Fischer mit seinen vertrocknenden Feldern hatte einmal mehr das Nachsehen.

Diese und andere Beispiele erzählt der Tourismusexperte Frank Herrmann in unserem Interview. Er berichtet darin auch, wie ihm Einheimische auf Kuba verrieten, sie hätten an einigen Tagen nur vier bis fünf Stunden lang Wasser, während Herrmann in seinen Mittelklassehotels jederzeit den Wasserhahn aufdrehen konnte. »Und das erwarten wir als Reisende ja auch. Wir gehen im Hotel an den Hahn, drehen ihn auf, und dann kommt Wasser raus. Aber für die Einheimischen, besonders in vielen trockenen Gebieten, ist das nicht normal.« Er erinnert an Gegenden in Afrika, in denen Wachpersonal die zu Luxushotels verlaufenden Wasserleitungen absichere, weil man befürchte, die Leitungen könnten von Einheimischen angezapft werden. Was nicht weiter verwunderlich sei, wenn in den Hotels tausend Liter und mehr pro Person pro Tag verbraucht würden, während die Einheimischen mit zwanzig oder dreißig Litern täglich auskommen müssten.» Swimmingpool, blühende Gartenanlagen, dazu ein Golfplatz ganz in der Nähe: Da prallen Welten aufeinander – und da hört bei mir dann auch das Verständnis auf.« Oft gehörten diese Hotels ausländischen Ketten aus den Ländern des globalen Nordens. Vom eingenommenen Geld verbleibe meist wenig im Land.

Die negativen Auswirkungen des Tourismus sind vielfältig und oft schwer zu durchschauen. Sicherzustellen, dass das Reisen für alle ein Gewinn ist, nicht nur für uns, die wir die Möglichkeit haben, in die Ferne aufzubrechen, ist eine schwierige Aufgabe, über die sich nachzudenken lohnt.

Über die Herausforderungen des Reisens für Klima, Umwelt und die Menschen vor Ort hat Frank Herrmann ein ganzes Buch geschrieben, das innerhalb kürzester Zeit zu einer Art Standardwerk geworden ist: *FAIRreisen. Das Handbuch für alle, die umweltbewusst unterwegs sein wollen.* Ein wesentlicher Faktor sei die schiere Anzahl an Touristen. Noch nie gab es so viele von ihnen in der Welt wie heute. Allein in China sind in den vergangenen Jahrzehnten mehrere Hundert Millionen Menschen der Armut entflohen. Wie einst wir Mitteleuropäer entdeckten auch viele von ihnen das Reisen für sich, zunächst im eigenen Land, dann darüber hinaus. »Für die Menschen ist das eine tolle Sache«, so Herrmann, »und natürlich sind sie mit demselben Recht unterwegs wie wir auch. Nur sind es weltweit mittlerweile so viele, dass manche Orte anfangen, darunter zu leiden.« Der Tourismusexperte zieht Parallelen zu einem Rockfestival, auf dessen Gelände es nach drei Tagen aussähe, als hätte eine Bombe eingeschlagen. »So ist es auch im Tourismus an immer mehr Stellen: Die Besucher hinterlassen einen immer größeren ökologischen Fußabdruck.« Deshalb habe sich die Faustregel »Je mehr Tourismus, desto besser«, die vielerorts lange galt, heute mancherorts ins Gegenteil verkehrt.

Verantwortlich dafür ist neben der Menge an Touristen unser Herdentrieb, der durch die Digitalisierung, die uns mit ihrer Transparenz und Informationsvielfalt angeblich Zugang zu aufregenden Geheimtipps verschafft, nur noch verstärkt wird. Herrmann vergleicht den Effekt mit dem Autoverkehr: Weil wir alle Mobilität wünschen und vorwärtskommen wollen, blockieren wir uns gegenseitig und stehen alle im Stau. So verhalte es sich auch mit vielen Sehenswürdigkeiten, vor denen wir geduldig Schlange stünden, um schließlich das lang ersehnte Foto zu machen.

Millionen drängen jährlich nach Machu Picchu, Angkor Wat oder zum Eiffelturm. Von solchen überfüllten Sehenswürdigkeiten gehen die Menschen wiederum woanders hin – und beschweren sich aufs Neue darüber, dass es auch hier zu voll sei, zu touristisch, zu eng. So weichen sie, der Menschenmassen überdrüssig, erneut aus, suchen andere Ziele, die abermals, beschleunigt durch die sozialen Netzwerke, nach und nach bekannter werden. Andere Reisende folgen. »So setzt sich das immer weiter fort, und irgendwann haben wir dann auch den letzten Winkel der Erde mit Touristen bevölkert«, erklärt Herrmann.

Das Ergebnis sind Erfahrungen, wie sie auch Journalistin Maria Kapeller machte – wenn auch nicht im letzten Winkel der Erde, so doch zumindest jenseits der Hauptreiserouten. Sie berichtet in einer Reportage auf der »Weltwach«-Webseite von einem Trip durch den Südwesten Sri Lankas. Vor ihrem Hotel wird sie von einem smarten, Deutsch sprechenden Tourguide angesprochen, der beteuert, ihr das *andere* Sri Lanka zeigen zu wollen. Sie willigt ein – und findet sich auf einer viertägigen Kaffeefahrt wieder, auf der sich unvereinbarte Stopps bei Ananasverkäufern, Gewürzgärtnern und Teebauern aneinanderreihen. Ein paar nette Worte und eine kleine Vorführung von den Einheimischen, dann wird die Kurzbesucherin wieder und wieder zur Kasse gebeten. Sicher nicht zum ersten und letzten Mal an diesem Tag. Inszenierte Gastfreundschaft im Akkord. Kein Betrug, auch keine Abzocke, aber doch nicht die erhoffte Art der Begegnung; genauso wenig wie das Aufeinandertreffen mit dem Fischverkäufer, der ungefragt für ein Bild posiert und dann die Hand nach Geld ausstreckt, und genauso wenig wie die Episode mit dem Mönch, der auf der Suche nach finanziellem Nachschub geflissentlich berichtet, welch hohe Summen andere für die Restaurierung seines Klosters zu geben bereit sind.

Die Erfahrung zeigt, dass nicht nur Reisegruppen auf vielfach begangenen Pfaden unterwegs sind. Auch Individualreisende steuern unweigerlich bestimmte Hostels in bestimmten Regionen an. Frank Herrmann hierzu: »Es ist ja nicht so, dass man jeden Abend ganz exotisch in ganz entlegenen Gegenden unterwegs sein und einen auf Abenteurer machen kann. Und selbst wenn man das tut, ist man trotzdem nicht der Erste.« Das Erlebnis sei zwar nicht wie erhofft einmalig, aber das sei nicht weiter tragisch. »Wir jagen oft Illusionen hinterher, glauben alle, etwas Besonderes zu sein und dieses Recht auf ein besonderes Erlebnis zu haben. Nein! Vor uns waren viele da, nach uns werden noch einige kommen. Dementsprechend müssen wir akzeptieren, wenn manch Einheimischer, der Geld verdienen muss, nett und freundlich zu uns ist, dabei jedoch ein Showprogramm für uns abzieht.«

Maria Kapeller fragt sich in ihrer Reportage schlussendlich: »Ist vor diesem Hintergrund eine wertfreie, für beide Seiten positiv-nachhaltige Annäherung zwischen Touristen und Einheimischen überhaupt möglich?«

Fragen wie diese treiben heute viele Reisende um: Im Zeitalter einer globalen, auf Skalierung getrimmten Tourismusindustrie suchen wir nach besonderen Orten und Erlebnissen und lassen uns zugleich von unseren Reisen durch schmale, klar definierte Flure führen, die uns oft unbemerkt von der Wirklichkeit des besuchten Ortes abschotten und vor seinen Stacheln schützen. Das Ausscheren aus vordefinierten Abläufen, ob nun vom Reiseführer oder lokalen Guide vorgegeben, kostet Mühe und Überwindung. Aber: Wer der Masse folgt, wird für gewöhnlich nicht weiter kommen als die Masse und nichts anderes sehen und erleben als die Masse. Und dabei dazu beitragen, die besuchten Orte weiter zu verändern – selten zum Besseren.

Die Aufgabe ist klar: ausscheren, Zumutungen hinnehmen, woanders hingehen. Matthias Politycki spricht im Podcast von den »Rückseiten« von Orten, die entdeckt werden müssten, Ilija Trojanow von den »Gettos der Behaglichkeit«, die wir verlassen sollten. Hier beißt sich die Katze ein wenig in den Schwanz, weist Frank Herrmann doch, wie oben zitiert, zu Recht darauf hin, dass auch dort oftmals schon Touristen waren oder künftig folgen werden.

Politycki befindet, es sei früher nervenaufreibender gewesen, sich in der Fremde in einem neuen Alltag zurechtzufinden. Heute gebe es in vielen Ländern auf den entgegengesetzten Seiten des Globus Strukturen, die sich ähnelten. Er bedauere das, denn er sei Anhänger eines kosmopolitischen Weltbildes und stehe auf Vielfalt, auf Unterschiede. »Ich möchte nicht, dass sich alles zu einem globalisierten Weltbrei vermischt, möchte es auch weiterhin genießen, Grenzen zu überschreiten.«

Dass ebendies schwieriger geworden ist, bewegt ihn nicht etwa dazu, das Ausscheren aufzugeben, im Gegenteil, er versucht es nur umso hartnäckiger: »Das Reisen ist eines der schönsten Geschenke, das uns die Welt noch immer macht. Was sich alles entdecken lässt! – Aber nach der echten Ferne und dem wirklich anderen müssen wir heute viel länger suchen als früher. Wir müssen weiter reisen und noch weiter, hinterm Horizont noch mal eine Tagesetappe hinzufügen und von dort nach dem nächsten Horizont Ausschau halten. Dort erst findet man das, was man früher vielleicht auch schon mitten in Kairo, Venedig oder Marrakesch gefunden hat.«

Auf diese Weise aus dem Strom auszubrechen und unserer eigenen Wege zu gehen, anstatt uns vor Ort nur ein bereits vorgefertigtes Bild bestätigen zu lassen, benötigt die Bereitschaft und Willenskraft, touristische Autobahnen zu verlassen, und eine andere Art von Neugierde. Diese Motivation, dorthin zu gehen, wo das wahre Leben stattfindet, ist Frank Herrmann zufolge eine Voraussetzung für sozial nachhaltigen Tourismus. Reisen bedeutet für ihn, neben den Schönheiten auch die Probleme und Schattenseiten eines Landes zu erleben, die im Tourismus jedoch viel zu oft ausgeblendet würden. Dabei entgehe uns ein wesentlicher Teil der Realität. Und damit die Möglichkeit, die Menschen, denen wir begegnen, kennenzulernen und zu verstehen. Statt sich nach inflationär gewordenen *Must-see*-Listen zu richten, wolle er sich selbst ein Bild machen. Und das solle möglichst umfangreich sein.

Im Interview unterhalten wir uns über einen Ort in Nordlaos, den wir beide kennengelernt haben: Hier wurde vor einigen Jahren ein Projekt zur Unterstützung eines behutsamen, nachhaltigen Tourismus initiiert: die »Akha Experience«. Wesentlicher Bestandteil war die Begegnung mit Stammesmitgliedern der Akha, eines Bergvolks, das damals noch recht traditionell lebte. Innerhalb weniger Jahre wurden in der Region jedoch die Dschungel von chinesischen Investoren gerodet und durch Kautschukplantagen ersetzt, und wo die Menschen noch kürzlich auf althergebrachte Weise Reis anbauten, erstrecken sich heute von einem Horizont zum anderen Bananenplantagen, auf denen sich viele Akha als Tagelöhner verdingen. Mit diesen rasanten Veränderungen verschwand nicht nur die bisherige Lebensweise der Akha, sondern auch das Interesse der Touristen, deren Erwartungen die Wirklichkeit nicht mehr gerecht wurde. Aber ist die neue Wirklichkeit weniger wahr, weniger echt, weniger interessant? »Der Tourist hat eine bestimmte Vorstellung, wie so ein Dorf zu sein hat«, sagt Frank Herrmann, als wir über die Akha sprechen. »Ein bisschen rückständig, ein bisschen bunt, ein bisschen chaotisch.« Dass die Touristen sich nicht auch für die neue Realität interessierten, zeige eine gewisse Doppelmoral.

So empfindet es auch Ilija Trojanow, der lange in Ostafrika gelebt hat und dort Zeuge wurde, wie der Tourismus vehement versuchte, nomadische Völker wie die Massai in einem angeblich »naturbelassenen Zustand« zu präsentieren: mit Lendenschurz und Stab, am besten auf einem Bein stehend. Werfen sie im falschen Moment einen Blick auf ihr Smartphone, werden sie von ihren fotografierenden Besuchern freundlich gebeten, das Handy zu verbergen, denn es störe das Motiv. Für Trojanow ist das ein »Denkfehler«, denn viel spannender als die Inszenierung einer zehntausend Jahre alten Lebensweise, die man sich auch in Geschichtsbüchern anschauen könne, sei es doch, die Wirklichkeit von Menschen zu ergründen, die immer noch nomadisch leben, aber trotzdem digitale Kommunikation betreiben. So habe das Mobilfunknetz in Kenia das Leben unzähliger Kleinbauern und Kleinviehhirten erleichtert. Früher hatten die allerwenigsten von ihnen Zugang zum Bankwesen. Dann ermöglichte ein neues System namens M-Pesa die Abwicklung von Geldtransfers und bargeldlosem Zahlungsverkehr über Mobiltelefone. Plötzlich war jeder in der Lage, Überweisungen vorzunehmen. Wie überbrückt nun ein Massai, der im 21. Jahrhundert mit seinem Handy in eine hochmoderne Welt eingebunden ist und sich gelegentlich mal gegen einen Löwen verteidigen muss, solche Widersprüche und Gegensätze? Fragen wie diese sind für Trojanow die interessanteren.

Echtes Interesse braucht keinen Exotikfaktor. Und nachhaltiges Reisen bedeutet nicht zwangsläufig Verzicht und Kompromiss. Warum sich nicht trotzdem umschauen und erkunden, was sich verändert hat? Warum nicht versuchen, mit den ostafrikanischen Massai oder den laotischen Akha ins Gespräch zu kommen und ihre Einschätzung dazu zu hören, was es bedeutet, innerhalb eines Jahrzehnts von einem Entwicklungsstand des 18. oder 19. Jahrhunderts in die Lebenswelt des 21. Jahrhunderts katapultiert worden zu sein?

Wenn man dann auch noch zu diesen Dörfern hinwandert, statt kamerabehängt aus einem Reisebus zu steigen, und bei den Familien vor Ort eine einfache Mahlzeit einnimmt, dann erlebt man etwas, das der Wirklichkeit wohl sehr viel näherkommt, erhält wahrhaftigere Einblicke und minimiert zugleich die sozialen und ökologischen Konsequenzen des eigenen Reisens. Die Einheimischen profitieren: durch – auch für sie – aufschlussreiche Begegnungen, Einnahmen und Arbeitsplätze. Ohnehin hat der Tourismus mitnichten nur schlechte Folgen. Häufig ist er der einzige Grund, weshalb Traditionen überhaupt noch praktiziert und so am Leben erhalten werden. Das »Whale Watching« bringt in der Regel mehr Einnahmen als das Erlegen von Walen und schützt auf diese Weise die Tiere. Fotograf und Regenwaldspezialist Dieter Schonlau erklärt im Podcast, dass es seiner Meinung nach oft sogar überlebenswichtig für die Dschungel sei, dass dort Touristen hinkämen, Geld im Land ließen und den Menschen vor Ort so ihr Interesse für diese Natur zeigten. Ideal sei auch das nicht, aber »es ist viel besser, dass dort ein paar Touristen, die sich wirklich für die Natur begeistern, durch diese Regenwälder laufen mit einem Einheimischen, der dadurch ein Einkommen hat, als die Wälder mit der Kettensäge plattzumachen und noch eine neue Palmölplantage anzulegen«.

Ob in Nordlaos oder irgendwo im Regenwald: Wichtig für einen sozial nachhaltigen Tourismus ist, dass die Einheimischen selbst darüber entscheiden können, ob sie überhaupt Besucher wollen und was sie mit den erzielten Einnahmen anstellen möchten.

Und sonst? Welche Anforderungen gibt es darüber hinaus an einen gerechten, umweltverträglichen Tourismus? Frank Herrmann sagt dazu: »Am besten zu Hause bleiben und von dort aus auf Radtouren die nähere Umgebung erobern!« Er schränkt aber zugleich ein, dies sei eine überspitzte Wunschvorstellung. Menschen seien schon immer gereist und würden dies auch in Zukunft tun. Ein schlechtes Gewissen müssten wir deshalb grundsätzlich nicht haben. »Ich plädiere eher für einen gesunden Realismus. Dafür, uns bewusst zu werden, dass wir diese Erde mit vielen, vielen Menschen teilen und privilegiert sind, weil wir sie bereisen *dürfen* und *können*. Wir dürfen, während in vielen anderen Ländern die Reisemöglichkeit von vornherein eingeschränkt ist. Und wir können, weil wir ein reiches Land sind und über die finanziellen Möglichkeiten sowie die notwendige Zeit verfügen. Ein Privileg, das wir dankend annehmen – aus dem aber eine beträchtliche Verantwortung resultiert.«

Dieser gerecht zu werden umfasst auch, sich über die politischen Auswirkungen unserer Reisen Gedanken zu machen. Ich bin mir durchaus bewusst, dass ich mit meinen Besuchen in Ländern wie dem Iran oder Kambodscha mit ihrer zweifelhaften beziehungsweise schlechten Menschenrechtslage womöglich autoritäre Regime und diktatorische Herrscher unterstützt habe, die unsere Devisen dankbar entgegennehmen. Zugleich glaube ich, besonders in solchen Ländern Vorurteile abgebaut und neue Erkenntnisse gesammelt zu haben. Zudem habe ich versucht, meine Reiseausgaben zum größten Teil den Menschen vor Ort zugutekommen zu lassen, aber das ist mitunter leichter gesagt als getan. Nicht immer ist klar ersichtlich, wohin das Geld fließt. In Myanmar gehören viele Hotels Militärangehörigen, die furchtbare Verbrechen an der muslimischen Minderheit der Rohingya begangen haben, allerdings nicht in Uniform hinter der Rezeption stehen. Hier gilt es, sich gründlich zu informieren und abzuwägen. (Frank Herrmann schlägt als Quelle die Länderberichte von Amnesty International vor.)

Das Gleiche ist übrigens auch für die Freiwilligenarbeit geboten, hinter der oftmals ein lukratives Geschäftsmodell steckt. Viele Unternehmen, die Freiwilligenarbeit vermitteln, verfügen über ein reichhaltiges Angebot. Was sich wirklich dahinter verbirgt und welchen Anteil am Umsatz die Organisationen vor Ort erhalten, ist häufig schwer nachzuvollziehen. Und nicht jedes Projekt, das man als Freiwillige(r) mit idealistischen Vorstellungen unterstützen könnte, eignet sich auch dafür. Für Frank Herrmann ist ein wichtiges Kriterium, dass man länger vor Ort bleibt und nicht im Vorübergehen während einer Reise mal eben für eine Woche Kinder hütet. Das sei bloße Selbstverwirklichung, bringe den Organisationen vor Ort aber gar nichts. »Im Gegenteil, es kann dazu führen, dass, wie beispielsweise in Ghana oder Kambodscha, parallel zum Anstieg der Touristenzahlen Waisenhäuser entstehen, und man fragt sich: Wo kommen plötzlich die ganzen Waisen her?« Die gebe es in solchen Mengen natürlich nicht.« Stattdessen schicken die Eltern ihre Kinder dorthin: ›Die Touristen wollen Waisen hüten, also macht mal.‹ Das ist eine kranke Entwicklung.«

Wir sollten das Thema ernst nehmen und uns fragen, welche Fähigkeiten (wichtig: Sprachkenntnisse) wir haben und ob eine Arbeit unter drei Monaten für die Organisationen, die ja auch einen gewissen Aufwand mit der Einarbeitung und Betreuung der Freiwilligen haben, wirklich Sinn ergibt.

Als ich vor einigen Jahren in Australien dabei half, Tausende Bäume zu pflanzen, stellte ich mir die Frage nach dem Sinn nicht. Bäume pflanzen ist eine gute Tat, ist doch klar! Wochen verbrachte ich damit, Dickicht zurückzuschneiden und zu entfernen, kleine Löcher zu graben, Setzlinge einzupflanzen, sie zu bewässern und anschließend zu umsorgen. Nur um einige Jahre – und Dürren – später zurückzukehren und festzustellen: Jeder einzelne Baum verdurstet und verdorrt. So kann es auch gehen. Selbst die engagierteste Armee an Freiwilligen hätte dem zunehmenden Regenmangel, der in dieser Region des südostaustralischen Hinterlandes zu verzeichnen ist, nichts entgegenzusetzen gehabt.

Schließlich gehört zu den Fragen, die wir uns stellen müssen, natürlich auch die nach unserem ökologischen Fußabdruck – und wie wir ihn reduzieren können. Ilija Trojanow fordert, zunächst einmal das Verhältnis zwischen dem Gewinn einer Reise und dem angerichteten Schaden zu berücksichtigen. Bei Kreuzfahrtreisen sei dieses Verhältnis beispielsweise besonders desaströs. »Der ökologische Schaden ist immens.

Der Gewinn ist, dass einige Hundert oder Tausend Leute eine gute Zeit haben. Aber es ist kein kultureller Gewinn. Sie erfahren die Welt nicht wirklich, setzen sich nicht mit ihr auseinander, sondern es handelt sich um eine unglaublich flüchtige Verkostung der Welt.« Was man als sozialen Gewinn des Reisens bezeichnen könne, komme hier nicht vor. Für ihn sei diese Art zu reisen ein »Sinnbild der imperialen Lebensweise«. Ein paar wenige vergnügten sich auf einem Schiff, und der Rest der Menschheit habe nur Nachteile.

Aus solchen Erwägungen heraus schlägt Frank Herrmann vor, Fernreisen insgesamt allmählich wieder als Luxus zu begreifen. Das bedeute: »Nicht zu sagen, ich fliege jedes Jahr nach Thailand, nur weil es günstig ist. Sondern Verantwortung zu übernehmen, indem wir Fernreisen reduzieren. Man kann auch in der Nähe schön und gut reisen.«

Fliegen wir trotzdem einmal, sollte es möglichst nicht für einen Kurztrip sein, sondern für einen ausgedehnten Aufenthalt, der den beträchtlichen ökologischen Fußabdruck ein Stück weit rechtfertigt. Diesen Fußabdruck können wir durch eine freiwillige CO_2-Kompensation zumindest teilweise ausgleichen. Dabei rechnet man über einen Onlinerechner wie dem des Umweltbundesamts (www.uba.co2-rechner.de) aus, wie viel Kohlenstoffdioxid der Flug (oder auch die Kreuzfahrt oder gar die ganze Reise) verursacht, und entrichtet dann einen festgelegten Preis pro Tonne. Dieses Geld wird anschließend in ein Projekt investiert, das CO_2 reduziert und im Idealfall darüber hinaus der einheimischen Bevölkerung zugutekommt, insbesondere in Ländern des globalen Südens. Das kann ein Aufforstungsprojekt sein oder eine kleine Biogasanlage oder – ganz simpel – die Versorgung mit brennstoffsparenden Kochern. Wenn Familien, die in einfachen Hütten leben und bisher am offenen Feuer gekocht haben, stattdessen einen Herd benutzen können, der wenig Feuerholz benötigt oder gar gasbetrieben ist, ist das ökologisch sinnvoller und sorgt dafür, dass die Menschen nicht mehr den Rauch einatmen und in einer verrußten Hütte leben müssen.

Dadurch wird das Reisen zwar teurer, aber auch fairer, denn das Verursacherprinzip wird angewendet. Jene, die die Schäden anrichten, begleichen sie auch.

Also: Dürfen wir noch reisen? Matthias Politycki berichtet im Podcast, ihm werde immer häufiger gesagt, seine Reisen seien wegen der Klimabilanz etwas »ganz Schreckliches«. Er entgegne dann leidenschaftlich, er sehe das Argument, aber: »Reisen ist eine politische Haltung. Wir stiften ein Verständnis zwischen Kulturen und Menschen, das unsere politischen Repräsentanten und auch die Medien nicht stiften können. Die Eins-zu-eins-Begegnung ist für mich das, was die Welt hoffentlich zusammenhält oder immer wieder neu zusammenführt – und jedenfalls dort, wo sie klappt, auch für Interesse füreinander sorgt und für Frieden.«

Deshalb und aus zahllosen anderen Gründen, die im Laufe dieses Buches hoffentlich deutlich geworden sind, sage ich: Ja, wir dürfen und sollen sogar reisen! Nur lasst uns dabei auch Frank Herrmanns Worte zu Herzen nehmen: »Wir vergessen oft, dass nach uns hoffentlich noch ein paar Generationen kommen, die auch noch etwas von der Erde sehen möchten. Es ist schlimm genug, dass wir sie ihnen jetzt schon in einem schlechteren Zustand hinterlassen, als wir sie mal von unseren Eltern bekommen haben. Das allein darf schon nicht sein.« Er wünscht sich, dass wir aufeinander Rücksicht nehmen, statt alles auszureizen, was geht. Damit wir die Welt nicht kaputt reisen. Und alle, die künftig unterwegs sein wollen – bisweilen bescheidener und bewusster –, weiterreisen können.

# DEN ERSTEN SCHRITT TUN

Mit Wagga Wagga fing alles an.

Zumindest spürte ich damals zum ersten Mal die Sehnsucht nach der Ferne.

Auf einer abstrakteren Ebene hatte die Ferne mich schon immer angezogen. Bereits als ich klein war, beflügelte mich der Gedanke daran, auszubrechen und loszuziehen. Aber lange Zeit blieben das Luftschlösser: fantastische Geschichten, die ich mir in Gedanken selbst erzählte – genauso wie die Abenteuer, die ich meine Actionfiguren erleben ließ und die ich mit Büchern von Karl May und Jules Verne nachempfand. Auch wenn wir im Geografieunterricht die abgelegeneren Teile der Welt besprachen, blieb die Ferne für mich vage Theorie. Ich vernahm klangvolle Orte und Namen, hörte von Lebenswirklichkeiten, die mit meiner eigenen nichts zu tun hatten. Und war fasziniert. Aber nicht, weil ich spürte, wie sich mein Verständnis für die Welt erweiterte, nicht weil ich die Kultur der Inuit oder die Sorgen der Viehhirten im Sudan wirklich nachempfand, sondern weil meine Fantasie angeregt wurde wie durch die Lektüre eines spannenden Romans.

Ich erinnere mich gut an eine Stunde, in der wir uns mit Ozeanien beschäftigten. Wir studierten Karten von Neuseeland und Australien und verorteten Wahrzeichen wie den Uluru und Metropolen wie Melbourne. Doch mein Blick blieb an etwas anderem hängen: einem Begriff, der mich in kindlicher Albernheit glucksen ließ. »Wagga Wagga« – eine Stadt im Bundesstaat New South Wales im Südosten von Down Under. Ich stieß meinen Freund und Banknachbarn Benny mit dem Ellenbogen an, machte mich über den Namen lustig und malte mir zugleich aus, wie es dort wohl sein mochte – an diesem Ort namens Wagga Wagga. An eine rasche Suche nach Informationen oder Bildern auf Google dachte ich damals noch nicht. Ebenso wenig an die Möglichkeit, dass es sich bei dem Namen um einen Begriff der Aborigines handeln mochte. Für mich war es einfach nur ein Wort von melodischer Heiterkeit, wie sie mir in einem Land mit Ortsbezeichnungen wie Darmstadt, Würselen und Pforzheim noch nicht begegnet war.

»Irgendwann werde ich dorthin reisen«, sagte ich zu Benny. »Irgendwann werde ich mir dieses Wagga Wagga ansehen.« Benny runzelte nur die Brauen.

In den folgenden Jahren vergaß ich dieses Vorhaben nicht, gelegentlich bezog ich mich in Scherzen darauf – aber ohne in Erwägung zu ziehen, dass es tatsächlich wahr werden könnte. Wagga Wagga war für mich etwas Kurioses, etwas Ungreifbares am anderen Ende der Welt. Eine Destination voller Wunderlichkeiten, die ich mir ausmalen konnte, ohne mein Vorstellungsvermögen von einer womöglich ganz anderen Realität einengen zu lassen. Selbst als ich mich schließlich entschied, nach dem Abitur für ein Jahr nach Australien zu gehen, glaubte ich nicht ernsthaft daran, mich jemals in Wagga Wagga wiederzufinden. Gewiss fasste ich nicht den Plan, extra dorthin zu reisen und womöglich Hunderte Kilometer zurückzulegen nur wegen eines Spruchs, den ich vor Jahren einem Kumpel zugeflüstert hatte.

Doch als ich nach einem Trip entlang der Westküste zurück gen Osten fuhr, führte mich die Route auf der A20 ausgerechnet in die Stadt mit dem lustigen Namen. Als ich links neben der Straße das Ortsschild erblickte, machte ich beinahe eine Vollbremsung, steuerte auf den schmalen Rasenstreifen neben der Fahrbahn, stellte die Kamera mit Zehn-Sekunden-Countdown auf das Armaturenbrett und stürzte hinaus, während die vorbeirasenden Wagen mich wütend anhupten. Ich postierte mich neben dem »Wagga Wagga«-Schriftzug und nahm ein Foto auf, das ich am gleichen Abend nach Deutschland schickte, zu Benny.

»Du hast es wahr gemacht!«, mailte er mir euphorisch zurück.

Ja, ich hatte es wahr gemacht.

Ich habe mir Wagga Wagga nicht einmal genauer angesehen, sondern fuhr einfach durch. Keine unerwarteten Abenteuer, kein tiefes Eintauchen, keine lebensverändernde Begegnung. All das kam später auf diesem Trip. Ich fand mich dort am Straßenrand auch nicht selbst, während das Hupkonzert auf dem Highway an mir vorüberzog. Nein, ich stand einfach nur da, am anderen, scheinbar so unerreichbaren Ende der Welt, und machte mein Foto.

Aber ich hatte – ganz profan und doch so wegweisend – eine erste Kostprobe davon erhalten, dass es möglich war, auch unwahrscheinliche Ziele zu erreichen. Ich begriff: Wenn ich nach Wagga Wagga gelangen konnte, konnte ich überallhin gelangen! Und ich habe fortan nicht mehr aufgehört, mir genau das immer wieder zu bestätigen, ganz so, wie es auch viele meiner »Weltwach«-Gesprächspartner taten. Als etwa Stephan Meurisch beschloss, ohne Geld von München nach Tibet zu laufen, glaubte kaum jemand daran, dass er sein Ziel je erreichen würde. Freunde und Familie bezeichneten ihn als Träumer und Spinner. Vier Jahre später betrat er Tibet – aber das Ziel war inzwischen nebensächlich geworden. So antwortete er auf die Frage nach seinem größten persönlichen Erfolg auch nicht, seine Reise trotz zahlloser Widrigkeiten erfolgreich vollendet zu haben. Sondern: »Dass ich damals das Buch zugeklappt und den ersten physischen Schritt getan habe. Selbst wenn ich nie in Tibet angekommen wäre, hätten mich die Erfahrungen, die ich auf dem Weg dorthin gemacht habe, für alles entschädigt. Das Aufbrechen ist das Wichtigste.«

Ob wir von einer Expedition träumen, ein Auslandsjahr erwägen oder den Job wechseln möchten – irgendwann müssen wir aufhören, davon zu träumen, und es tun. Den ersten Schritt wagen. Eine dänische Redewendung besagt: »Wer über die Türschwelle gekommen ist, hat die Reise halb getan.«

Wem von uns gelingt es wirklich, diejenigen Erfahrungen zu machen, nach denen wir uns sehnen? Wer ist – ob beim Reisen oder im Alltag – tatsächlich bereit, die Kraft aufzubringen, sich aufzuraffen und aus der Gemütlichkeit und Gewohnheit auszubrechen? Klar, meist ist es am bequemsten, einfach so weiterzumachen wie bisher. Im gleichen Job, in der gleichen Beziehung, im gleichen Leben – selbst wenn eine Veränderung viel bessere Perspektiven böte.

In einer meiner Podcast-Episoden unterhielt ich mich mit dem Fotojournalisten André Schumacher über das Aufbrechen und Ankommen. Ich hatte erst wenige Stunden zuvor einen sehr emotionalen Abschied von meinen Kollegen durchgestanden, nachdem ich meinen Job der letzten sechs Jahre gekündigt hatte, um mich selbstständig zu machen. Es war ein Schritt, der mir sehr schwergefallen war. Ich hatte die Arbeit gemocht: die Tätigkeiten und die Menschen, mit denen ich sie ausübte. Ich hatte tagsüber nie malochen müssen, um abends meinen Hobbys zu frönen. Stattdessen: spannende Projekte und ein Team, in dem ich mich wohlfühlte. Komfortzone pur. Zugleich hatte ich auf meinen Reisen und in den »Weltwach«-Gesprächen immer wieder erfahren: Das Leben wird vor allem dann bunt und reichhaltig, wenn man etwas wagt. Und so wollte ich von Schumacher wissen, woran wir erkennen könnten, dass die Zeit für eine Veränderung gekommen sei.

»Veränderung fällt immer schwer«, antwortete er. »Sie bedeutet ein Verlassen des Bekannten zugunsten von etwas Neuem. Strukturen und Gewohnheiten geben Sicherheit und Stabilität. Ungewissheit macht Angst.« Wer könne schon sagen, wie diese Veränderung beschaffen sei und was sie bereithalte? »Wird alles schlimmer? Ergibt sich Neues? Oder entsteht womöglich gar nichts? Sitzen wir dann auf dem Trockenen? Werden wir einsam sein?«

Leichter scheine es da, den Status quo zu halten, den Weg des Erprobten weiter zu beschreiten. Möglichst ohne Wirren und Reibungsverluste – bis ins Alter. »Spätestens auf dem Sterbebett fragen wir uns, was dieses Leben eigentlich war, und fallen damit ein in den großen Kanon der Philosophen und Denker aller Kulturen, die dieses Feld seit Jahrtausenden beackern: ›Was machen wir hier eigentlich und wofür ist das alles gut?‹«

Die schönste Antwort, die Schumacher bei seinen Reisen um die Welt darauf gefunden habe: »Wir leben, um mit uns selbst in Kontakt zu kommen.« Wer im Autopilot durch die Tage segle, um am Abend mit dem wohligen Gefühl ins Bett zu gehen, einen weiteren Tag in angenehmer Monotonie absolviert zu haben, der verschwende seine Lebenszeit. »Vielmehr sollten wir die gegebene Zeit nutzen, um uns zu fragen, wer wir sind. Was uns guttut und was nicht. Was schmerzt, was beflügelt. Ob Beruf und Berufung zusammenfallen. Und wie wir im Miteinander – in der Beziehung, in der Gesellschaft – einen Platz finden, der es uns ermöglicht aufzublühen. Reibungen machen diese Fragen sichtbar, Unbekanntes relativiert Bekanntes, Herausforderungen bewegen, und oft hält das Scheitern – alle Abenteurer und Sportler wissen das – die größere Lehre bereit als der Erfolg. Aus dieser Einsicht erwächst Furchtlosigkeit: gegenüber der Fremde, der Leere, dem noch nicht Bekannten. Damit ausgestattet, so meine Empfehlung, sollten wir einen Sprung ins kalte Wasser des Öfteren wagen.

Vermutlich entdecken wir beim Aufschlag, was die Buddhisten seit Langem wissen: Buddha, sagen sie, ruhe in jedem von uns. Man müsse ihn nur wecken.«

Dieser gelegentliche Sprung ins kalte Wasser wird uns auch dadurch erschwert, dass wir unser Potenzial zur Veränderung meist unterschätzen. Mehreren Studien der Universität Chicago zufolge blicken wir auf vergangene Transformationen in unserem Leben meist positiv zurück. Wir sehen den Mut, der uns erlaubt hat, den Wandel herbeizuführen, und freuen uns über die neuen Möglichkeiten, die er uns geboten hat, darüber, dass wir gereift und gewachsen sind. Für die Zukunft hingegen erwarten wir zumeist keinen umwälzenden Wandel mehr. Wir wähnen uns auf einer Art Plateau – bis hierher und nicht weiter. In einer *GEO*-Reportage erläuterte die Journalistin Ruth Hoffmann, dass Psychologen für dieses Phänomen den Begriff »End of History Illusion« geprägt haben: »die Illusion, am Ende der eigenen Entwicklung zu stehen«. Die Forscher befragten rund neunzehntausend Menschen mithilfe standardisierter Fragebögen, in denen die eine Hälfte einschätzen sollte, wie sehr sie sich in den vergangenen zehn Jahren verändert hatte, und die andere (durchschnittlich zehn Jahre jünger), welche Veränderungen sie in den kommenden zehn Jahren erwartete. »Das Ergebnis: Durch alle Altersklassen hindurch waren die Teilnehmer überzeugt, sich beträchtlich gewandelt zu haben, rechneten für die Zukunft allerdings nur noch mit minimalen Verschiebungen.«

Dieses Muster zeigte sich nicht nur bei wesentlichen Entwicklungen der Persönlichkeit oder des beruflichen Tätigkeitsfeldes, sondern sogar bei Hobbys, besten Freunden oder dem Musikgeschmack. Zukünftige Veränderungen in diesen Bereichen stuften die Befragten zumeist als unwahrscheinlich ein, obwohl sie vergleichbare Transformationen in den vergangenen zehn Jahren deutlich erkannten. Das Fazit der Wissenschaftler, so Hoffmann: »Wir überschätzen unsere Stabilität und unterschätzen die transzendierende Macht der Zeit.« Sie zitierte den Harvard-Professor Daniel Gilbert: »Wann also ändert das Leben seine Gangart von Galopp auf Mäuseschritte? Mit dem Studienabschluss? Im Rentenalter? Für die meisten lautet die Antwort: jetzt. Wann immer dieses ›Jetzt‹ auch ist.«

Beim Vergegenwärtigen, dass wir uns ein Leben lang verändern können, beim Neugierigbleiben, beim Sichhinterfragen und Sichkennenlernen erledigt das Reisen eine wichtige Aufgabe. Indem es uns darin schult, über die Grenzen unserer Erfahrung und Konditionierung hinauszublicken, reinigt es langsam unsere mentale Windschutzscheibe. Es setzt uns anderen Kulturen und Lebensumständen aus und konfrontiert uns mit Zumutungen, Ängsten und Rätseln, die uns aufrütteln, dem Trott entreißen und uns eine Außenansicht auf das ermöglichen, was uns antreibt. Es fördert nicht nur unseren Mut, Veränderungen anzugehen, sondern zeigt uns mit neuen Sichtweisen, welche Veränderungen überhaupt möglich sind. Dadurch mindert es die Gefahr, dass wir nur nach dem streben, was wir ohnehin längst kennen. Jedenfalls dann, wenn wir – einmal aufgebrochen – bereit sind, uns den Widrigkeiten und Unwägbarkeiten zu öffnen, die unterwegs lauern, anstatt uns mithilfe von TripAdvisor und Co. vor ihnen wegzuducken und auch in der Ferne wieder nur auf vorbestimmten Pfaden von A nach B zu hetzen.

»Ich wünschte, ich hätte dein Leben«, sagte mir kürzlich ein Bekannter und machte dabei ein versonnenes Gesicht, aus dem irgendeine Art von Sehnsucht sprach. Ich vermutete: nach etwas, von dem er selbst keine genaue Vorstellung hatte.

Ich reagierte geradezu erbost, wollte wissen, wie er zu dieser irrwitzigen Aussage gekommen war – irrwitzig in Anbetracht seiner eigenen Lebensumstände: Er hatte eine Frau, mit ihr ein kleines Kind und ein schönes Haus sowie eine Arbeit, die er mochte. Wie kam er auf die Idee, all das eintauschen zu wollen? Es gab nur zwei Möglichkeiten: Er war auf unschuldige Weise unehrlich mir gegenüber und hatte nur gedankenlos drauflosgeplappert, oder – schlimmer – er war sich selbst gegenüber unehrlich, und das schon seit Jahren.

In dem Moment schien auch ihm ein Licht aufzugehen. »Vielleicht nicht dein ganzes Leben«, schob er hinterher, »aber hinsichtlich deiner Reisen!«

»Du möchtest also mehr reisen«, stellte ich trocken fest. Mein Gegenüber öffnete den Mund und schloss ihn wieder, ohne etwas zu erwidern. Ich hätte ein »Dann tu es doch!« hinzufügen können, aber das war nicht nötig. Mein Bekannter hatte längst begriffen, dass ihm kein ungnädiges Schicksal irgendetwas vorenthielt, sondern nur er allein dafür verantwortlich sein konnte, dieses Stück Leben für sich in Besitz zu nehmen; sich sein eigenes Wagga Wagga zu erobern. Dieser Weg würde ihm für immer versperrt bleiben, wenn er es nicht vermochte, eine Brücke zu bauen über all die Zweifel: die beruflichen und familiären Verpflichtungen, den Mangel an Zeit und Geld. Andernfalls würde die »Vernunft« siegen und die Weltneugierde verlieren.

Zu schnell begraben wir Reiseträume unter einem solchen Berg aus vorgeschobenen Rechtfertigungen. Wir haben dieses Jahr schlicht keine Zeit für eine große Reise. Unser Chef gibt uns nur eine Woche am Stück Urlaub. Unsere Karriere kommt gerade ins Rollen. Oder wir sind selbstständig und können und wollen uns keine verlängerte Abwesenheit leisten. Vielleicht haben wir kürzlich mit dem Hausbau begonnen. Und sowieso sind wir gerade knapp bei Kasse. Mag alles sein. Alles berechtigte Bedenken. Natürlich gibt es Gründe, ob familiär, gesundheitlich oder beruflich, warum man tatsächlich nicht reisen kann. Manchmal verhindert es auch eine internationale Viruskrise. Zu oft sind diese Gründe aber nur vorübergehende Hindernisse, die es alsbald zu überwinden gilt, bevor sie zur Ausrede werden.

Kein Geld? Tatsächlich unterscheiden sich unsere Möglichkeiten. Nicht jeder kann es sich leisten, sich alle Träume zu erfüllen. Genau genommen die wenigsten von uns. Aber trotzdem haben viele von uns zumindest so viel Spielraum, dass sie ihre Prioritäten verschieben können. Voraussetzung dafür ist, dass wir uns diese grundlegenden Fragen konsequent beantworten: Was sind unsere Träume? Was macht uns wirklich glücklich?

Manch ehrliche Antwort mag lauten: mein Haus, mein Auto. Aber ebenso denkbar ist, dass mehr oder weniger tief in uns eine rastlose Seele schlummert, die spürt, dass wir unsere Lebensweise justieren müssen, um glücklich zu sein.

Fakt ist: Erlebnisse machen glücklicher als Sachgegenstände. Das bekräftigen etliche Studien und – neben vielen anderen – auch Elizabeth Dunn und Michael Norton, die dem Thema mit *Happy Money. So verwandeln Sie Geld in Glück* ein ganzes Buch gewidmet haben. Nachdem Dunn ihren Doktor in Sozialpsychologie gemacht und begonnen hatte, Geld zu verdienen, fragte sie sich, was sie mit dem neu gewonnenen Wohlstand anfangen sollte. Und wandte sich an die wissenschaftliche Literatur. Sie spürte nicht weniger als siebzehntausend Artikel auf, die sich mit dem Zusammenhang zwischen Geld und Glück beschäftigen. Die wesentliche Erkenntnis der meisten Beiträge: Zusätzliches Einkommen führt in überraschend geringem Ausmaß zu zusätzlicher Zufriedenheit.

Mit dieser Einsicht begnügte sich Dunn jedoch nicht, sondern grübelte weiter. Bedeutete die Tatsache, dass Geld uns häufig keine zusätzliche Zufriedenheit verschafft, dass Geld dies grundsätzlich nicht zu tun vermag? Oder ließe sich das Ergebnis verändern, wenn die Menschen ihr Geld anders nutzen würden? Zusammen mit Co-Autor und Harvard-Professor Michael Norton begab sie sich also auf die Suche nach einer besseren Art und Weise, Geld auszugeben. Ihre Untersuchungen füllen mehrere Hundert aufschlussreiche Seiten, aber das entscheidende Ergebnis ist das bereits genannte: Wer sein Geld in Erfahrungen investiert anstatt in materielle Güter, ist glücklicher.

Klingt offensichtlich? Scheint es aber nicht zu sein, jedenfalls, wenn wir uns vor Augen führen, wie prall gefüllt die Regale in den meisten Buchhandlungen mit Ratgebern zur Vermögensmehrung sind. Wieder und wieder wird die Jagd nach Erfolg und Lebensfreude mit der Jagd nach Cash gleichgesetzt. Weil man sich dann schöne Dinge kaufen kann. Wer oben bei der Antwort »mein Haus, mein Auto« heftig genickt hat, möge darüber nachdenken: Es gibt aus wissenschaftlicher Sicht so gut wie keine Beweise dafür, dass ein Hauskauf oder der Tausch eines Hauses gegen ein neueres, größeres für mehr Zufriedenheit sorgt.

Du freust dich trotzdem auch nach drei Jahren noch über die neuen vier Wände, bist deutlich begeisterter von ihnen als von den Vorgängern? Schon möglich – aber dann bezieht sich deine gewachsene Glückseligkeit Studienergebnissen zufolge höchstwahrscheinlich ausschließlich auf dein Haus (fantastische Lage, schön helle Räume ...) und nicht auf dein Leben. Soll heißen: Du magst deine Gemäuer genießen – insgesamt bist du aber vermutlich genauso zufrieden oder unzufrieden wie zuvor.

Das ist ein bisschen deprimierend, oder? Die größte materielle Anschaffung, die die meisten von uns jemals tätigen werden, hat keine eindeutig positive Wirkung auf unsere Gesamtzufriedenheit. Wie steht es dann erst um all die technischen und anderen Spielzeuge, die wir uns so gern zulegen? Wie ein Zuckerstück verhelfen sie uns zu einem kurzlebigen Hochgefühl. Doch der Moment vergeht, die Gewohnheit setzt ein, die Leidenschaft erlischt. Erinnerungen an Konzerte, Restaurantbesuche und – ja! – Reisen lassen dagegen Szenen entstehen, Gerüche und Gespräche leben wieder auf. Erinnerungen erfreuen uns; nach einer Woche und auch – je nach Gnade unseres Gedächtnisses und Intensität der Erfahrung – Jahren.

Was sagt uns das? Beschäftigen wir uns endlich damit, was uns wirklich wichtig ist. Insbesondere dann, wenn mal wieder schulterzuckend die Ausrede »Kein Geld!« im Raum steht, sobald die Gelegenheit zur Sprache kommt, in die Welt aufzubrechen. Reisen können deutlich günstiger sein, als viele denken. Wir können unsere (Reise-)Ansprüche durchaus unseren Möglichkeiten anpassen. Sicher, auch ein zweiwöchiger Urlaub ist oft teuer, aber das liegt vor allem daran, dass wir es lieben, uns mit schönen Hotels und leckeren Mahlzeiten in bekannten Restaurants zu verwöhnen. Und dann die Flugkosten!

Ein Gegenbeispiel von vielen: Mein Gesprächspartner Hardy Fiebig radelte einst mit 3000 D-Mark ein ganzes Jahr durch Afrika und sammelte unzählige Erfahrungen, von denen er noch heute, drei Jahrzehnte später, zehrt. Auf die Kosten einer Reise wirken sich zahlreiche Faktoren aus, bei denen man sparen kann, ohne den Wert des Erlebnisses zu schmälern. Sich hier und da einzuschränken und günstig zu reisen bedeutet nicht, notgedrungen Kompromisse eingehen zu müssen, denn tendenziell ermöglicht es diese Art zu reisen sogar, näher an Land und Leuten zu sein. Müssen wir unbedingt im Wellnesshotel absteigen, oder genügt nicht doch eine einfache, saubere Unterkunft? Vom Preis für eine Nacht im Hotel könnten wir zehn Nächte in einem Hostel bezahlen (wo wir viel eher anderen Reisenden begegnen) – oder einige nette Geschenke für Gastgeber, die wir zum Beispiel beim Couchsurfing kennenlernen.

Dies ist kein Buch über günstiges Reisen. Es gibt viele hilfreiche Bände und Blogs zu dem Thema. Mir geht es vielmehr um Folgendes: Die Ausrede »Kein Geld!« zählt genauso wenig wie viele andere. Denn Reisen ist eine Lebenseinstellung, und wer sie sich zu eigen macht, findet zumeist auch Möglichkeiten, sie auszuleben. Und damit ziele ich nicht nur auf jene Königinnen und Könige im Loslassen ab, die alles hinter sich lassen und als digitale Nomaden durch die Lande ziehen. Zwischen dem großen Loslassen und dem kleinen Aufraffen gibt es viele Zwischenstufen. Es muss und soll nicht immer gleich der große Ausstieg sein.

Wenn mir in den »Weltwach«-Gesprächen eines klar geworden ist, dann die Tatsache, dass es *die* Reisende oder *den* Reisenden nicht gibt. Hörerin Birgit Gniosdorz drückte es in einer E-Mail an mich so aus: »Faszinierend an ›Weltwach‹ finde ich die Vielfalt deiner Gäste: die Jungen, die Älteren, die Erfahrenen, die Neulinge, die Berufsreisenden, die Freizeitweltentdecker, die Organisierten, die Planlosen, die Zielstrebigen, die Sich-treiben-Lasser, die Provozierenden, die Sanften, die Promis, die Unbekannten, die Zurückhaltenden, die Draufgänger, die Träumer, die Pragmatiker, die Lebenshungrigen, die Begeisterten. All diese Eigenschaften können mal nützlich und mal hinderlich sein, und es gibt so viele verschiedene Wege, auf denen man weltwach unterwegs sein kann. Und doch ist allen gemein, dass sie die Schönheit und Einzigartigkeit unserer wunderbaren Welt erkennen, allen Problemen, allem Leid und allen Bedrohungen zum Trotz.«

Ich hätte es nicht besser ausdrücken können. Weltwach zu reisen bedeutet nicht, Meilen zu zählen, Passstempel zu sammeln oder Fotoalben zu füllen. Es geht darum, die Augen neuen Orten, das Herz neuen Kulturen und den Geist neuen Denkweisen zu öffnen. Auch wer nicht gleich seinen Job aufgeben und »aussteigen« will, hat mit der richtigen Planung Gelegenheiten, längere Reiseperioden in seinen Lebenslauf einzubauen. Mit »Work and Travel« nach der Schule oder dem Studium, mit einem Auslandssemester, mit einer Auslandsentsendung durch den Arbeitgeber oder einem Sabbatical. Oder indem wir unsere Vorgesetzten davon überzeugen, das Homeoffice etwas großzügiger zu definieren, leben wir doch in einer Zeit, in der immer mehr (selbstverständlich: nicht alle) Aufgaben problemlos aus der Ferne erledigt werden können.

Geld- und Zeitmangel, Verpflichtungen, Vernunft: Wer noch immer glaubt, schlichtweg nicht reisen zu können, sollte sich die »Weltwach«-Folgen mit dem Fotografen Andreas Pröve anhören, der es neben vielen anderen Abenteuern bis an die Quelle des Mekong im Hochland von Tibet geschafft hat – querschnittsgelähmt, im Rollstuhl. Davon abgesehen fallen mir zu jedem der genannten Hindernisse Reisebekanntschaften ein, die sie überwunden haben. Wie der Franzose Pierre, den ich in Schweden getroffen habe und dem als PR-Manager und Familienvater die Zeit fehlt, um seinen Wunsch einer Weltumrundung per Fahrrad zu verwirklichen. Anstatt sich damit abzufinden, dass ein solches Abenteuer für einen fest angestellten Familienvater nun mal nicht infrage kommt, unterteilte er seine Traumroute in realisierbare Etappen, die er seit einem Jahrzehnt Stück für Stück abfährt. Über Weihnachten und Ostern verreist er mit der Familie, aber einmal im Jahr nimmt er einen Solotrip mit dem Rad in Angriff. Anstelle eines großen Abenteuers unternimmt er viele kleinere. Am Ende seiner Reisen wird er die Welt über Jahre hinweg umrundet und zahllose Erinnerungen und Eindrücke gesammelt haben. Klingt das nicht besser, als ausschließlich zu Hause zu bleiben?

Oder wie die Britin Charlotte, die ich in Australien kennengelernt habe: Sie hatte ihren gut bezahlten, aber psychisch ermüdenden Job bei einer Londoner Bank aufgegeben, sich einen ersten Traum erfüllt, indem sie sich zur Konditorin ausbilden ließ – und stürzte sich anschließend mit dem Rest ihrer Ersparnisse ins Abenteuer. Nicht in ein hochglanzpoliertes Vorzeigeabenteuer in den Wolkenkratzerbars und Shoppingmalls der schicken Metropolen dieser Welt, nein, wir trafen uns als schlecht bezahlte und äußerlich ziemlich verwahrloste Erntehelfer auf einer Apfelfarm südlich von Perth.

Wie bei ihnen gewinnt auch in mir der Drang, rauszukommen aus der Stadt, aus der von Klimaanlagen gleichgeschalteten Luft und den toten Wänden, die mich vom echten Leben abschirmen, immer wieder die Oberhand. Der Drang, reinzukommen in die Weite, den Wind, den Himmel, die Hitze und die Kälte, die Waldgerüche und Bachgeräusche, die Sternenhimmel und Sonnenaufgänge. In meinem Alltag verpasse ich all das – das eigentliche Wunder unserer Welt. Für eine gewisse Zeit nehme ich das hin, denn ich mag mein Leben. Ich brauche keinen Fluchtweg aus der »Banalität«, es ist keine Unzufriedenheit, die mich forttreibt. Nein, mich packt das nagende, nach einer gewissen Zeit wieder übermächtig werdende Gefühl, vom Draußen zu viel zu verpassen, ebenso wie das Bestreben, einen Erinnerungsschatz anzuhäufen, von dem ich jeden Tag ein wenig zehren kann, ohne dass er kleiner wird.

Bei aller Ergriffenheit tun wir jedoch gut daran, zum Abschluss noch einmal kurz innezuhalten. Und uns zu vergegenwärtigen, dass nicht jede Begegnung, nicht jeder Schritt unser Leben verändern wird – es nicht soll! Denn hier lauert, gleich hinter der Bequemlichkeit, die nächste Gefahr: die der überhöhten Erwartungshaltung, die Sehnsucht nach Bedeutung in jedem dritten Augenblick. Wir müssen nicht jeden Tauchgang, jede Gipfelbesteigung, jedes Gespräch mit einem Einheimischen in den Himmel heben. Bleiben wir bescheiden. Im Zweifel sind unsere Taten auf die gleiche Weise an der gleichen Stelle schon tausend Mal getan worden. Die Bedeutung einer Reise richtet sich nicht vorrangig nach dem Abenteuerfaktor, nach der Schwere der Herausforderungen, nach dem Grad der Exotik. Sondern allein danach, inwiefern wir an ihr wachsen. Inwiefern wir neue Erkenntnisse gewinnen oder zumindest neue Fragen zu stellen lernen.

»Die Welt ist ein Buch«, so der heilige Augustinus von Hippo, »und wer nicht reist, liest nur eine Seite davon.« Wahrhaftig und schön gesprochen. Wir leben auf dieser Erde und haben die einmalige Möglichkeit, sie in ihrer Vielfalt zu erkunden. Und sie ist wunderschön! Am liebsten würde ich alles von ihr sehen. Nicht zu schaffen, aber kein Grund, es nicht zu versuchen!

Egal wie und wo, wichtig ist allein: Sei weltwach! Lass Gewissheiten zurück, bleib offen für Neues. Wie Goethe schon feststellte: »Die meisten Menschen wollen etwas sein – keiner will etwas werden.«

Gib der Welt die Chance, dich zu verändern, so wie es Andreas Pröve, Pierre, Charlotte und all die anderen Reisenden getan haben, die in diesem Buch zu Wort gekommen sind. Viele ihrer Mitmenschen warfen ihnen vor, unvernünftig zu sein. Ich glaube nicht, dass sie das waren. Ich denke, sie haben genau das getan, was das Wort »reisen« ursprünglich meinte: Sie haben sich *erhoben*, sind *aufgestanden*. Diese Bedeutung hatte das althochdeutsche Verb *rīsan*, auf das *reisen* zurückzuführen ist und aus dem sich auch das englische *to rise* entwickelte. Indem sie sich aus den festgefahrenen Mustern ihres Alltags befreit und an sie gestellte Erwartungen abgestreift haben wie eine fremde Haut, haben sie bemerkenswerten Mut bewiesen. Sie haben den Hals gereckt und sind aufgestanden, um sich aufzumachen in die Welt, die ihnen eben noch so unerreichbar schien.

Durch diese Art des Aufbruchs, egal, ob er klein oder groß ist, beginnen wir die Angst vor Veränderungen zu überwinden. Weil wir uns verändern. Durch neue Erfahrungen und neues Selbstvertrauen. Wir erkennen, dass das ganze Leben eine Reise ist und uns viel mehr Möglichkeiten offenstehen, als wir geglaubt haben. Und dass wir uns unsere Träume nur dann erfüllen können, wenn wir vor die Haustür treten, dorthin, wo die Luft frisch, die Sicht weit und die Gedanken frei sind.

DANK

Ich danke meiner Mutter dafür, dass sie den Mut bewies, mich ziehen zu lassen – ob zum Schüleraustausch nach China oder gen Wagga Wagga. Mit ihrer Unterstützung schenkte sie mir die Zuversicht, die ich brauchte, um meine ersten größeren Reiseschritte zu unternehmen.

Mein Dank gilt meinem Vater dafür, dass er mir seine Leidenschaft für die Natur vermittelte, ob in zahllosen Nächten am Lagerfeuer irgendwo im Wald, im Kajak auf Flussgewässern, in die wir bedenklich oft kippten, oder am Seil an Felswänden, die mir häufig deutlich zu hoch erschienen.

Ich danke meinem Mann Cedric dafür, dass er das im Kapitel »Kleine Alltagsflucht im Königsforst« beschriebene Mikroabenteuer über sich ergehen ließ. Dass ich ihn dazu bewegen konnte, mit mir eine regnerische, windige Februarnacht in Hängematten im Wald zu verbringen, lässt sich nur mit seinen überschaubaren Outdoorerfahrungen erklären. Sprich, er wusste einfach nicht, worauf er sich einließ, und kam mit, weil er mir vertraute. Das Ergebnis: Keiner von uns beiden kann sich an eine Nacht erinnern, in der wir erbärmlicher gefroren und schlechter geschlafen hätten als in dieser. Was ich im Kapitel unerwähnt gelassen habe: Es war seine Geburtstagsnacht.

Er trug all das nicht nur mit Fassung, sondern hat mich später – trotz dieser mahnenden Vorzeichen – sogar geheiratet.

Zudem danke ich meinen Reisegefährten und engsten Freunden Bastian, Falk und Simon für einige meiner wertvollsten Erinnerungen. Meiner Mitarbeiterin Janna für die engagierte, ideenreiche und kompetente Unterstützung dabei, »Weltwach« weiterzuentwickeln. Und sämtlichen Gästen des »Weltwach«-Podcasts, die meine Hörer und mich an ihren Erfahrungen und Erkenntnissen haben teilhaben lassen und unsere Show damit erst zu dem gemacht haben, was sie heute ist.

Ein herzlicher Dank geht auch an alle Menschen, die direkt und indirekt zum Entstehen dieses Buches beigetragen haben, allen voran an meine außerordentlich geduldige und fachkundige Lektorin Margret Kirsch für die äußerst angenehme Zusammenarbeit.

Und schließlich möchte ich dir danken: für die Lektüre dieses Buches! Um über »Weltwach« und unseren Podcast auf dem Laufenden zu bleiben, kannst du dich auf www.weltwach.de für den Newsletter anmelden. Darüber hinaus freue ich mich, von dir zu hören, ob auf Instagram, Facebook oder per Mail. Erzähl mir von deinen Reiseabenteuern und davon, auf welche Weise du dich ins Abenteuer gestürzt hast oder stürzen wirst. Denn all das, was in diesem Buch steht, sind nur die Gedanken und Erfahrungen meiner Gesprächspartner und mir. Deine mögen ganz anders, aber genauso wahrhaftig sein. Ich freue mich, wenn du sie mit der »Weltwach«-Community teilst.

 **LITERATUR**

Altmann, Andreas: Leben in allen Himmelsrichtungen. Reportagen, München 2019.
Arnu, Titus: »Warum wahre Abenteuer so wertvoll für uns sind«, *GEOadventure*, Nr. 1, 2018.
Bauer, Thomas: Fremdes Japan. Wie ich versuchte, 88 Tempel zu erobern, und mich dabei in Japan verlor, Berlin 2017.
Baumann, Bruno: Der Wüstengänger. Meine Reisen durch die Sandmeere der Welt, München 2011.
Bundesministerium für Umwelt, Naturschutz, Bau und Reaktorsicherheit (Hrsg.): Naturbewusstsein 2015 – Bevölkerungsumfrage zu Natur und biologischer Vielfalt.
Chhikara, Nagender, und Franzisket, Christina: Culture Curry. Auf den Spuren der Liebe durch Indien, München 2018.
Dunn, Elizabeth, und Norton, Michael: Happy Money. So verwandeln Sie Geld in Glück, Kulmbach 2014.
Ehrenberg, Alain: Das erschöpfte Selbst. Depression und Gesellschaft in der Gegenwart, Frankfurt am Main 2015.
Foerster, Christo: Mikroabenteuer. Ideen, Ausrüstung, Motivation, Hamburg 2019.

Harris Poll (Hrsg.): Millennials. Fueling the Experience Economy, http://eventbrite-s3.s3.amazonaws.com/marketing/Millennials_Research/Gen_PR_Final.pdf.

Hengge, Helga: Abenteuer Seven Summits. Über 7 Berge um die Welt, München 2015.

Herrmann, Frank: FAIRreisen. Das Handbuch für alle, die umweltbewusst unterwegs sein wollen, München 2016.

Hoffmann, Ruth: »Da geht noch was!«, *GEO*, Nr. 4, 2020.

Kaplan, Rachel, und Kaplan, Stephen: The Experience of Nature. A Psychological Perspective, Cambridge 1989.

Lorenz, Erik (Hrsg.): Abenteuer im Gepäck. Grenzgänger und Weltreisende erzählen, München 2020.

Malraux, André: Der Königsweg, München 1993.

Messner, Reinhold: Mein Weg. Bilanz eines Grenzgängers, München 2017.

Oschwald, Jessica: »Glücklich durch Verzicht«, *FOCUS Magazin*, Nr. 9, 2015.

Politycki, Matthias: Schrecklich schön und weit und wild. Warum wir reisen und was wir dabei denken, Hamburg 2017.

Pungs, Nadine: Das verlorene Kopftuch. Wie der Iran mein Herz berührte, München 2018.

Reggentin, Lisa: »Gibt es ein Entdecker-Gen?«, *National Geographic*, Nr. 1, 2013.

Rohrbach, Carmen: Muscheln am Weg. Mit dem Esel auf dem Jakobsweg durch Frankreich, München 2005.

Rohrbach, Carmen: Mein Blockhaus in Kanada. Wie ich mir den Traum von Wildnis und Einsamkeit erfüllte, München 2019.

Schnabel, Ulrich: Muße. Vom Glück des Nichtstuns, München 2012.

Schnabel, Ulrich: Zuversicht. Die Kraft der inneren Freiheit und warum sie heute wichtiger ist denn je, München 2018.

Schumacher, André: Eine Familie, zwei Räder und das Abenteuer unseres Lebens, München 2018.

Schweizer, Jochen: Warum Menschen fliegen können müssen, München 2014.

Sieböck, Gregor: Der Weltenwanderer. Zu Fuß um die halbe Welt, München 2011.

Sparmann, Anke: »Draußen sein«, ZEITmagazin, Nr. 20, 2017.

Stevenson, Robert L.: »Fußwanderungen«, Essay, in: ders., Reise mit dem Esel durch die Cévennen, Moers 2017.

Tarr, Irmtraud: Das Donald-Duck-Prinzip. Scheitern als Chance für ein neues Leben, Gütersloh 2006.

Thoreau, Henry David: Walden. Ein Leben mit der Natur, München 1999.

Thürmer, Christine: Weite Wege Wandern. Erfahrungen und Tipps von 45 000 Kilometern zu Fuß, München 2020.

Timmerberg, Helge: Die Straßen der Lebenden. Storys von unterwegs, München 2017.

Trojanow, Ilija: Der Weltensammler, München 2007.

Trojanow, Ilija: Gebrauchsanweisung fürs Reisen, München 2018.

Warwitz, Siegbert A.: »Abenteuer« in: ders., Sinnsuche im Wagnis. Leben in wachsenden Ringen. Erklärungsmodelle für grenzüberschreitendes Verhalten, Baltmannsweiler 2016.

Wüstenhagen, Claudia: »Die Kunst des Scheiterns«, ZEIT Wissen, Nr. 4, 2013.

Yogeshwar, Ranga: Nächste Ausfahrt Zukunft. Geschichten aus einer Welt im Wandel, Köln 2017.

Zweig, Paul: The Adventurer. The Fate of Adventure in the Western World, Princeton 1981.

Zweig, Stefan: »Reisen oder Gereist-Werden« in: ders., Auf Reisen. Feuilletons und Berichte, Frankfurt am Main 1987.

»MALIK ist der beste Gastgeber, bei dem ich
je untergekommen bin: menschlich wunderbar,
voller Leidenschaft für Abenteuerreisen,
hervorragende Bibliothek.«
STEPHAN ORTH

»Die Zusammenarbeit mit MALIK hat alles, was
zu einer guten Partnerschaft gehört: gegenseitige
Achtung, Respekt, Zuwendung. Ein Verlag mit Herz.
Und jetzt beim 25. Jubiläum können wir quasi auch
unsere ›Silberhochzeit‹ feiern.«
CARMEN ROHRBACH

»Hinter jedem erfolgreichen Autor steht ein
starker Verlag – und mit MALIK habe ich den
besten. Danke für alles – ihr seid spitze!«
CHRISTINE THÜRMER

»MALIK ist zum anspruchsvollen Reiseverlag
geworden: Spannend, hintergründig, oft auch
witzig erzählen Abenteurer von ihren
Erfahrungen – erlebtes, nicht
erfundenes Leben.«
REINHOLD MESSNER

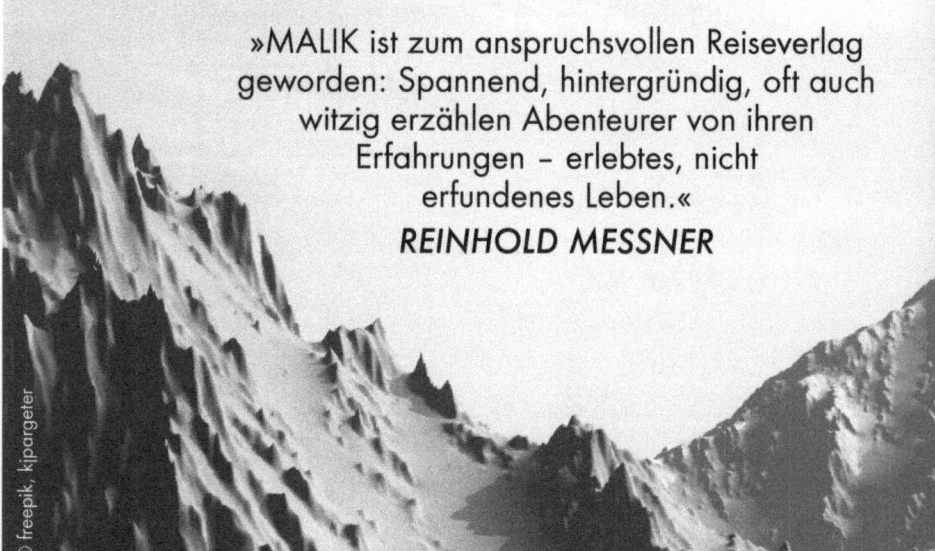

SEIEN SIE EIN TEIL DAVON

25 JAHRE MALIK VERLAG

»MALIK-BÜCHER LASSEN UNS IN GEDANKEN KOFFER PACKEN UND MIT DEM HERZEN SCHON AM ZIEL SEIN!«
HAPE KERKELING

MARIA BLUMENCRON • CHARLES FOSTER • ALEXANDER HUBER • THOMAS HUBER • ZLATAN IBRAHIMOVIĆ • GERLINDE KALTENBRUNNER • JAN KAMMANN • HANS KAMMERLANDER • HAPE KERKELING • ANDREAS KIELING • JULIANE KOEPCKE • JON KRAKAUER • REINHOLD MESSNER • STEFFEN MÖLLER • RÜDIGER NEHBERG • STEPHAN ORTH • CHRISTOPH REHAGE • CARMEN ROHRBACH • DIRK ROHRBACH • ANNE SIEGEL • UELI STECK • CHRISTINE THÜRMER • HELGE TIMMERBERG • NICOLAS VANIER • KRISTINA VOGEL • ANA ZIRNER • UND VIELE WEITERE

Mehr Infos unter
piper.de/malik

Neuland im Morgenland

Hier reinlesen!

Stephan Orth
Couchsurfing in Saudi-Arabien
Meine Reise durch ein Land zwischen Mittelalter und Zukunft

Malik, 256 Seiten
€ 18,00 [D], € 18,50 [A]*
ISBN 978-3-89029-570-1

Als Saudi-Arabien erstmals Touristen einreisen lässt, zieht Stephan Orth sofort los. Von Couch zu Couch erkundet er das Königreich – und erhält als einer der ersten westlichen Besucher Einblicke in eine verschlossene Gesellschaft. Ein radikaler Wandel hat das Land erfasst: Frauen fahren Auto und Hunderttausende feiern beim Wüsten-Rave. Doch jenseits der Glitzerwelt gelten drakonische Strafen und an der Grenze zum Jemen sind die Bomben nicht zu überhören. Orths bisher aufregendste Reise!

Leseproben, E-Books und mehr unter www.malik.de

MALIK